世界探検全史

道の発見者たち

フェリペ・フェルナンデス-アルメスト

関口篤 訳

上

青土社

バビロニアの世界地図、西暦前600年頃。二重の円周は海を表し、その中がバビロン。平行線はユーフラテス川。海の外側のくさび状の形は、伝説上の土地またはほとんど知られていない土地を表している。

ポリネシア人の探検。

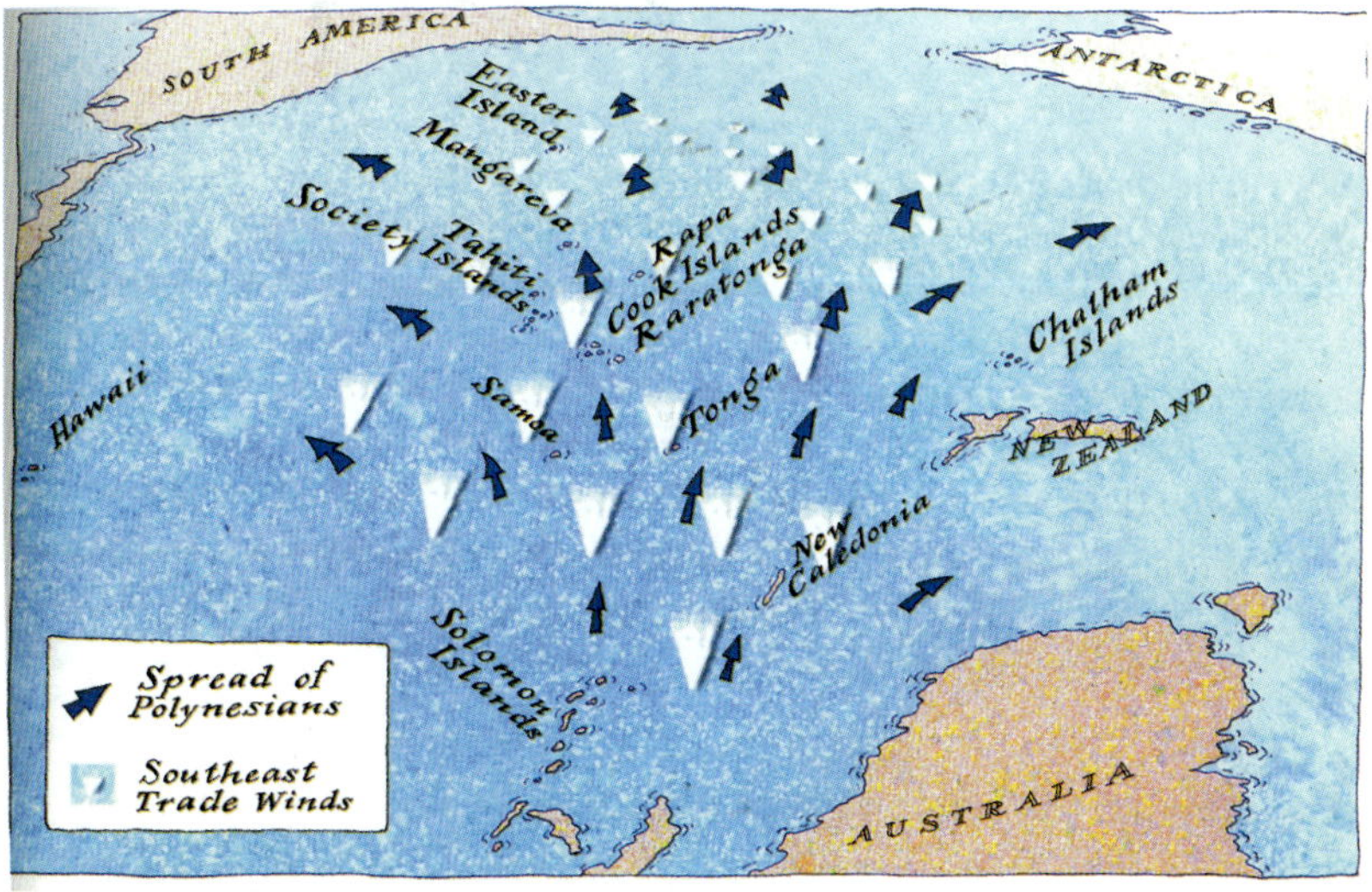

ペルシアの地理学者アル・イスタフリによる世界、1193年。南が上、ヨーロッパは右下隅の小さな三角形。地図製作者のペルシアの家が真ん中。

ポルトガルの航海者ディオゴ・デ・シルベスが発見した島々を訪れている。マップの製作はマリョルカの地図製作者ガブリエル・デ・バルセーカ、1439年。この地図でアゾーレス諸島は初めて北西から南東へ並んで描かれた。フランスの女流作家ジョルジュ・サンドがこぼしたインクのしみが見えている。

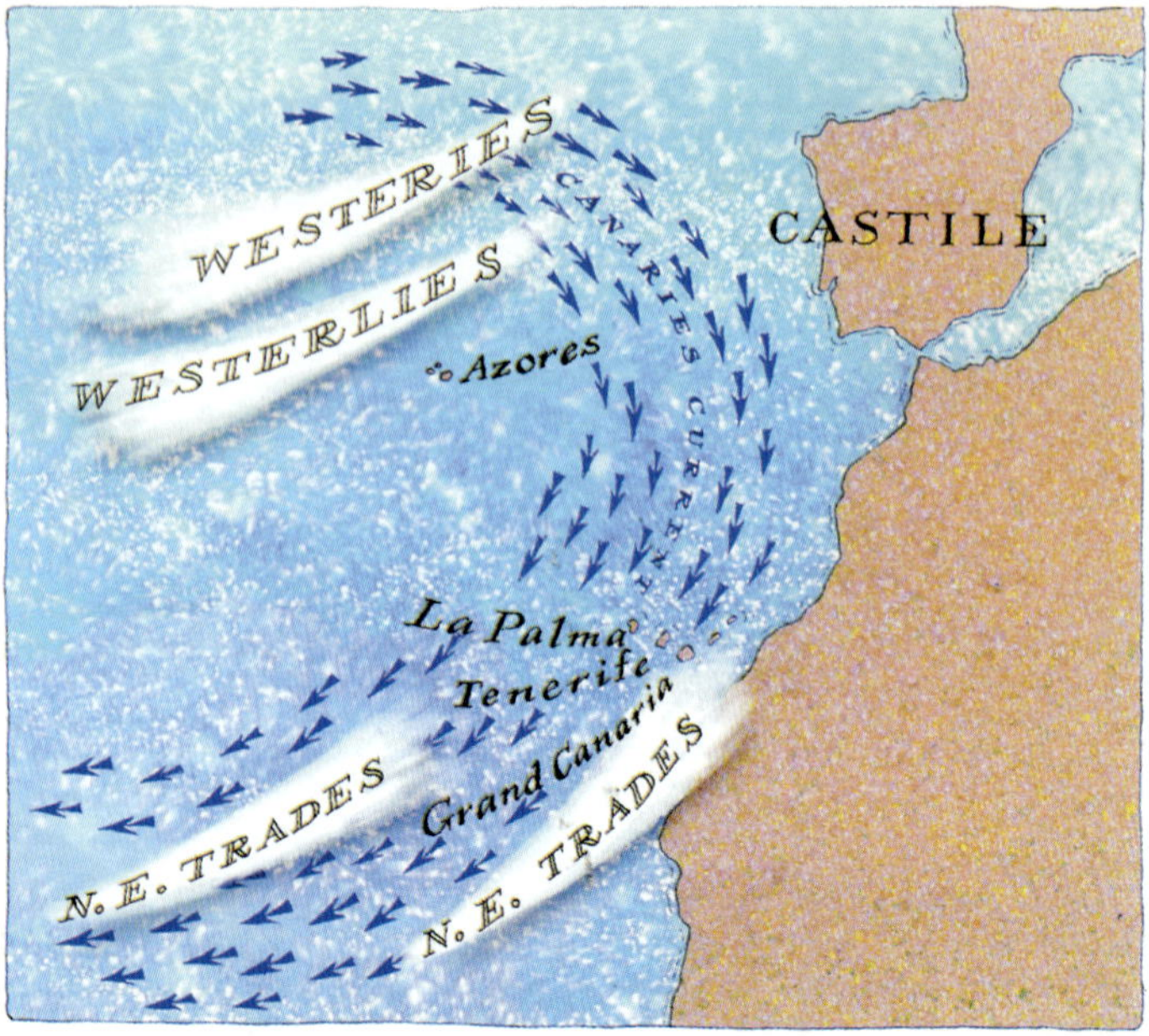

カスティリア王国と
大西洋の風向き。

大西洋の貿易風。

リスボンの港湾地区、ゲオルグ・ブラウントフランツ・ホーゲンベルクの絵画より、1572年頃。

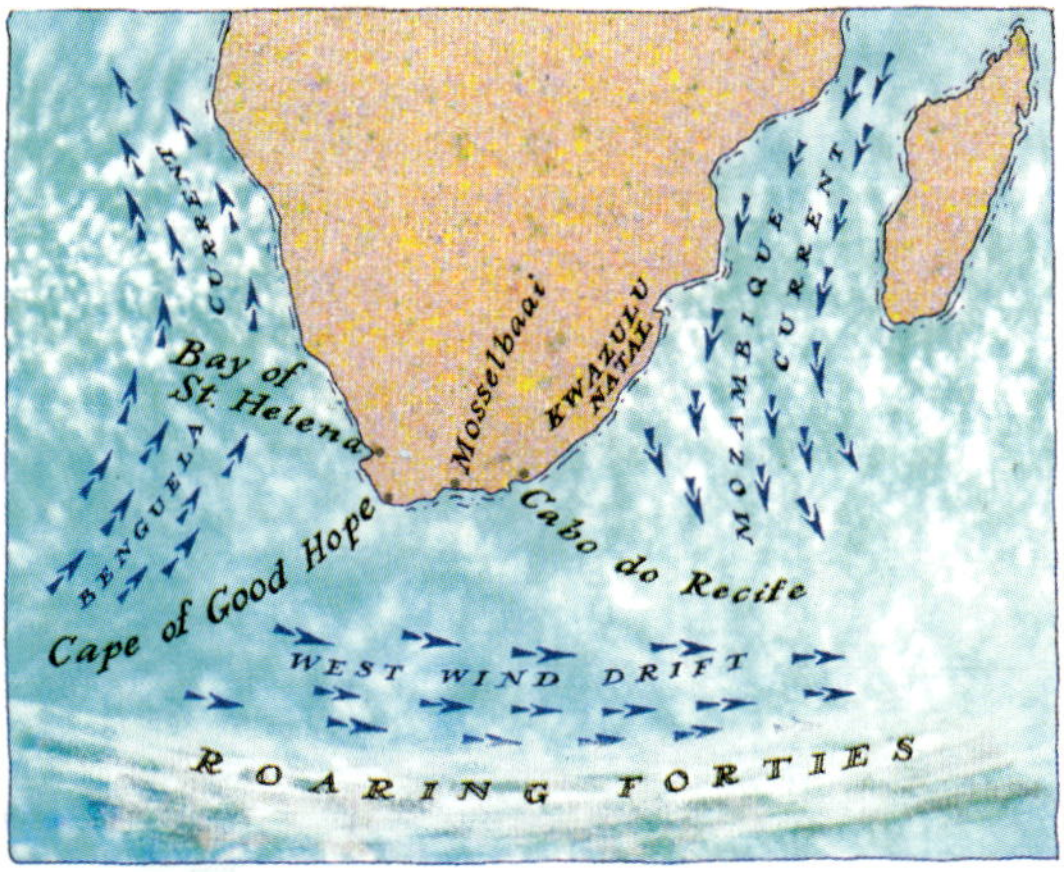

喜望峰からの回り込み、風向きと海流。

←上　1502 年にリスボンで製作され、イタリア半島のフェルラーラ大公により買い取られた世界地図。情報を組み込むと同時に装飾的なことが特徴。当時の最新の情報に基づいて、アメリカ大陸の海岸線とカリブ海が推測を交えて描かれていて興味深い。

↑　ムラーノ（ヴェネチア近郊）の聖ミケーレ修道院の僧フラ・マウロの手になる世界地図、1459 年。探検者の情報を数多く取り入れているのが特徴。本図はアフリカの最南端の岬から通じているインド洋を示している。

←下　メルカトールのダブル半球世界地図、1587 年。南方の大陸は推測。

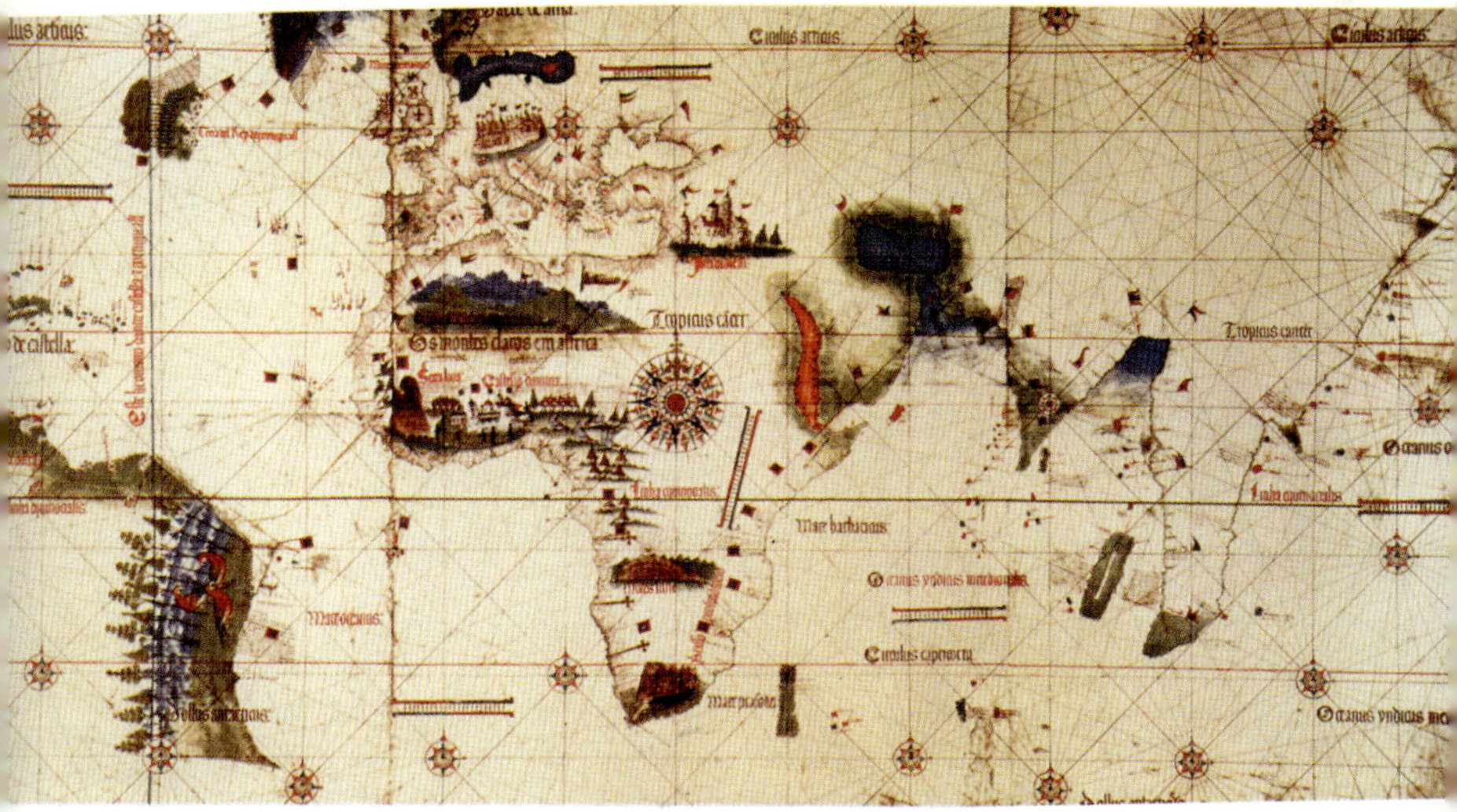

ORBIS TERRAE COMPENDIOSA DESCRIPTIO

ドイツの博物学者アレクサンデル・フォン・フンボルト（花を摘んでいる人物と考えられる）が 1802 年六月にチンボラソ山（エクアドル）に登るところ。

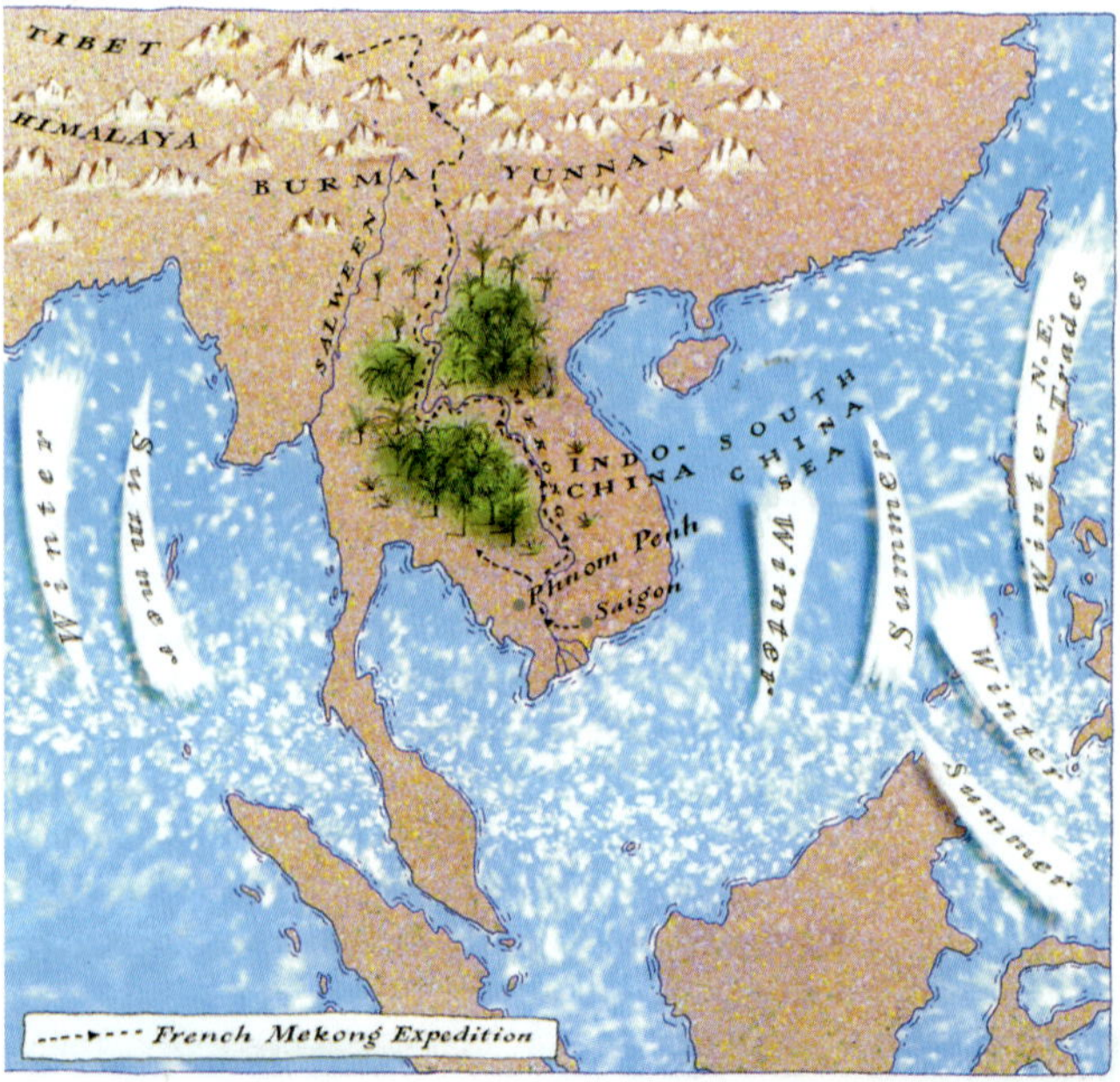

東南アジア、季節風のシステムと内陸部との交通。

世界探検全史

道の発見者たち

上巻

目次

はじめに　11

1
手を伸ばす　通路の最初の発見者、文化の採集から大いなる帝国へ　19
分岐の発端
「アイスマン」がやってくる
合流の始まり
初期の地図の謎
文明間のコミュニケーション
地中海から大西洋へ
シルクロード
モンスーンの探検者
合流の限界

2
到達する　約一〇〇〇年以前までの海洋の探検　79
最後の文化の分岐——太平洋でのポリネシア人の探検

大いなる合流――北極海と大西洋
インド洋海域――季節風ルートの拡大と展開

3 躍動する　古代後期と中世における陸地の探検　121

シルクロードの延伸
モンゴル効果
ステップ地帯の踏破
国内の探検――日本とヨーロッパの実例
キリスト教圏の辺境の彼方
アフリカ
アメリカ大陸内部のルート

4 跳躍する　中世後期の海路の転換と大西洋への進出　179

なぜイベリア半島か？
大西洋志向の起源――ジェノヴァとマリョルカ

イベリア人がやってくる
大西洋のアフリカ側へのポルトガルの探検
アフリカの突出部をまわる
世界の他の地域の海洋志向
ヨーロッパの奇跡？
風向きに戻る

5 躍進する　一四九〇年代の前方への大跳躍　245

コロンブス
キャボット
ダ・ガマ
カブラル、ヴェスプッチ、アンダルシアの航海者
コロンブスの周辺の世界——大西洋以外の探検

訳者あとがき　303

原注　7
索引　1

下巻・目次

6　世界一周
7　連結する
8　突破する
9　グローバル化

世界探検全史

道の発見者たち

上巻

ラファエル・デル・ピーノへ

さらば吾に愛と憧れのあの両の力を与えたまえ
神々の思いと人間の考えのいずれをも凌ぐあの力を、
吾は跳ね群がる大地の果てを窮め
神を生み給うた大海を横切らねばならぬゆえ

――ホメロス「イリアッド」第十四巻

息子よ、まず心に留め置くがよい、この世界で我らは類似と謎のあいだを旅するのみ、真実の精髄はこの世界にはなく、この世界でこれをむんずと手に取りひしぐことは出来ぬ。吾らは未知の世界へ漂い出る。ただし、それも比喩に過ぎぬ……

——クーサのニコラウス、ニコラウス・アルベルガティへの書簡

はじめに

本書のテーマは出会い――文化と文化の出会い――とそれを可能にした野心、想像力、努力、技術の向上などの総合的な行く末である。同時に本書は人間の心と心の出会いの結果でもある。この種のものを書きたいとする思いは、少なくともこの十数年――タイムズ紙の企画「世界探険アトラス」に編集者として参画して以来――私の頭の中で鳴り続けていた。しかし、ある夕食会の会話で、友人のカルロス・マルティネス・デ・カンポス（スペイン地理学会会長）とヴィルギリオ・オニャーテ（スペイン地理協会理事長）がこの件で私を鼓舞し、ともかく前へ進むよう促してくれるまでは、この手に負えないほどに巨大なテーマに取り組むなど、実に思いもよらないことであった。

ことを決定的に推し進めてくれたのは技術者／事業家／著名な慈善家のラファエル・デル・ピーノ・イ・モレーノ老師であった。お会いした時点でこの老紳士は、自ら設計したヨットで、往時の偉大なる海の探検者たちが開拓した海路をたどる旅を完了していた。老師はこう述べた。「私の眼の黒いうちに、あなたが世界の探検の歴史を書き終えるのを見たいものですな」。この抵抗しがたい申し出に、私はなにか不吉な影を感じた。齢すでに八〇歳代とはいえ、老師はまだまだ壮健そのもので喜ばしい生気に満ちておられたからである。しかし、私が本書執筆の初期段階にあった頃、悲しい事故がおきてラファエル老師はほとんど全身麻痺の身になられた。これで私ははっきり心に決めた。この企画こそ私の畢生の大事業と。老師はこの艱難を模範的な剛毅さで耐えられた。私が老師に負うところはきわめて大きい。まずこの本を完成させるという一念発起とも言うべきものがある。それに本書のテーマの核心にまつわる老師の関心とさまざまなアイディアがこれに加わる。老師の名を冠した基金にも、地図や挿絵の使用料などの面で大いにお世話になった。この基金の寛大な援助がなければ、私は執筆に十分な時間を割くことができなかっただろう。デル・ピーノ基金のアマデオ・ペティボ常任理事からは、この仕事全体を通じて無限の援助と理解と支持を示していただいた。同理事とヴィルギリオ・オニャーテの御両所は、執筆の区切りがつくつど、原稿に目を通し、有益なヒントを随所に出して、私を裨益していただいた。

本書の版元オックスフォード大学出版局で原稿の校閲を担当した皆さん、特に編集局のルチアナ・オフラハティ、ノートンのスティーヴ・フォーマン、デスティノのモーリシオ・バックの各編集者には、その専門的な知識と忍耐力に深くお礼を申し上げたい。私は本書の原稿の大部分をロンドン大学の歴史／地理学部とクイーン・メアリー校の芸術センターで執筆したのだが、そこの同僚諸氏は学び教えるという点で想像しうる最良の環境を私に提供していただいた。大学の管理者諸氏が啓蒙に満ちた協力を惜しまなかったこともここに特に書き添えておきたい。原稿を書き終えたのはタフツ大学の歴史学部においてであったが、ここでも私は幸運にも寛大な歓迎と無限の協力に浴することができた。探検に関する私の知識の大部分は、ハクルート学会の同僚メンバー諸氏とタイムズ紙の企画「世界探検アトラス」の諸協力者から長期にわたって頂戴したものである。言うまでもないが、無知または事実の誤認で本書の値打ちを落とした箇所があるとすれば、その責任はすべて私個人にある。

フェリペ・フェルナンデス-アルメスト

Asia
Saudi Arabia
India
SEASONAL MONSOON WINDS
SEASONAL MONSOON WINDS
SEASONAL MONSOON WINDS
S.E. TRADES
S.E. TRADES
ROARING FORTIES
NG FORTIES

貿易風——大西洋、インド洋

WESTERLIES
WESTERLIES
WESTERLIES
WESTERLIES
WESTERLIES
Europ
N.E. TRADES
N.E. TRADES
N.E. TRADES
Afri
S.E. TRADES
S.E. TRADES
S.E. TRADES
South America
ROARING FORTIES
R

WINTER
WINTER
SUMMER
TRADES
N.E. TRADES
Marquesas Islands
Tahiti
Mangareva
Rapa
S.E. TRADES
S.E. TRADES
S.E. TRADES
ROARING FORTIES
Easter Islands

貿易風——太平洋

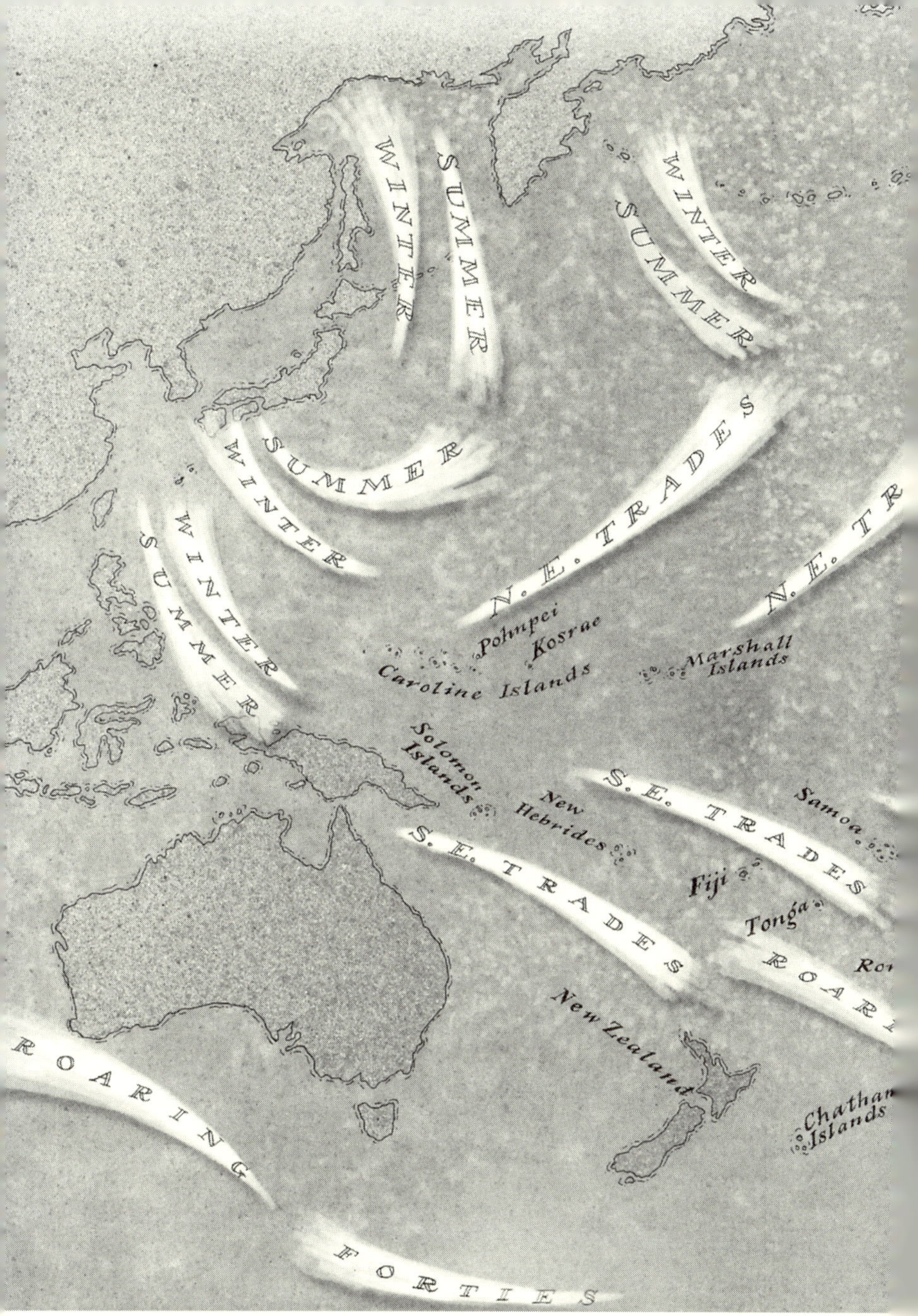
WINTER
SUMMER
WINTER
SUMMER
SUMMER
WINTER
WINTER
SUMMER
N. E. TRADES
N. E. TR
Pohnpei
Kosrae
Caroline Islands
Marshall Islands
Solomon Islands
New Hebrides
S. E. TRADES
Samoa
S. E. TRADES
Fiji
Tonga
ROAR
Ro
New Zealand
Chatham Islands
ROARING
FORTIES

1

手を伸ばす

通路の最初の発見者、文化の採集から大いなる帝国へ

そんなにも多くの神々と、それほど多くの信条と、
それほど多くの通路が、いたるところで曲がりくねって……
エラ・ホイーラー・ウィルコックス「世界が必要とするもの」

歴史には告げるべき二つの大いなる物語がある。第一は、人間のさまざまな文化が散り散りに分岐していた――無知または他者に対する侮蔑により互いに分離し、しかもその相違の溝を次第に深めていった、きわめて長期にわたる物語である。第二はこれが合流を始める近年の比較的短い物語――人間の諸グループが接触し始め、文化を交換し、互いの生き方を真似し、再びお互いに似始めてきた物語で、これが本書のテーマにほかならない。

第一の物語は、ホモ・サピエンス（人類）の出現から今日にいたるほぼ一五万年の人類の歴史の大半を占めている。それは、人間の文化が形成され、それが互いに相違の溝を深め、次第に互いに異質なものになり、今日にいたる記録である。その今日とは、いたるところで相違点ばかりが目立ち、皮肉にも多元論が求めもしないのに唯一の偉大なる共有価値と成り果てている。はるか時空のかなたからこの太陽系惑星の人類を眺めている宇宙の観察者を想像してほしい。この観察者は、私たちが自らの歴史に囚われているために手にす

ることができないでいる客観性をもって私たちを眺めている。彼女に――私自身の家庭生活の経験から、知恵すべてと存在すべては女性形で表現するほうが適切と私には感ぜられる――この惑星上の私たちの種の歴史をどのように特徴づけるか尋ねてみよう。彼女の返事はしごく簡単なものになるはずだ。「宇宙の端っこのごくちっぽけな場所にいる、注意しないと見過ごすほどの生き物ね。特にコメントはありません」。さらにしつこく食い下がると、彼女はきっとこう言い捨てる。「あなた方の歴史で目立つのは、部族単位間の違いが増え続けていることね」。

第二の物語――私たちにとっては大問題だが、宇宙の観察者の目には多分とまらない――は、おそらく第一の物語とその最後の一万年ほどで重なり合っている。文化の交換のスピードが増し、その範囲も拡大するにつれ、第二の物語は明らかに優勢となり、今日においてはグローバルな文化は次第に均一性を増し、私たちにとっては今や全世界規模で人間の経験のもっとも目立つテーマに成りあがっている。[1]

いずれの物語も、私はあえて主張するのだが、探検の物語である。しかし、以下の記述で第一の物語が数ページ以上を占めるには、私たちはそれについて知るところがあまりにも少ない。複数のソサイエティ（社会）というものは、これを率いて対照的な環境や異なる郷土へ赴く「通路の発見者《パスファインダー》」なしでは、単独には発生するはずがない。また、接触、交易、争い、病の感染などによりこれらを結びつける往還の通路を発見した後の世代の探検者なしでは、各社会は相互の関係を維持したり、相互に裨益《ひえき》したりはできなかったはずである。探検者は歴史のインフラストラクチャー（基本的施設）の技師であった。文化の土手道の建設工、連結の鍛冶職人、織物の紡ぎ手だった。

文化の合流は生き残った証拠をさまざまに残している。孤立の時代はほとんど何も残していない。合流は私たちが自分のものと考える物語である。私たちがその中で生き、かつその将来を理解するために必要な世界の基本概念でもある。これこそ、本書をそっくりその説明に捧げることの正当化でもある。しかし、この相互裨益に先立って、まず人間の各単位社会をリードした通路の発見者たちの仕事ぶりを概観しておきたい。この仕事もまた探検の勝利だったからである。これをスケッチしてその背景に尋ね入ることにより、私たちは後世の探検者の成果をさらに生々しく見ることが可能となり、私たちが今生きている世界の形成でそれがどれほど重要だったかも理解できるからである。

分岐の発端

歴史学者の大いなる設問に「なぜ歴史は始まったのか?」という大テーマがある。この設問の要点は、人間をほかの社会的／文化的な種と比較することにより直ちに理解が可能となる。人間の社会は、ほかの種の社会より、はるかに急激に変化する。私たちが歴史と名づけるこの変化は、ほとんどの種において、きわめて微量かあるいは遅々としている。または、まったく変化なしか単なる反復に過ぎず、たとえば、鯨の群や蟻のコロニーなどの歴史というものはほとんど考慮の外ということになる。一方、チンパンジーの一部族の歴史を書くことは確かに可能である。ジェーン・グッドールは野生で観察したチンパンジーの群におけるリーダー争いを記録に留めている。彼女の物語は、ごく単純な人間のグループ内の力学――たとえば、ギャングや規律のゆるい士民の首長争い――に似ていないこともない。もう一人の霊長類学の先達フランス・デ・ヴァールもチンパンジーの権力争いの構造を探求し、チンパンジーの政治の原理をマキャベッリのそれになぞらえている。リーダーシップを目指す各ライヴァルは、同士を募り、逆転のチャンスをうかがい、クーデターを決行するというのである。[2]

しかし、それでも、研究の現段階で私たちが知っている限り、人間以外の動物で私たちにもっとも似ているとされるチンパンジーの社会でさえ、人間の文化のあの眩いばかりの絢爛さにはいっさい恵まれていない。チンパンジーをはじめとする人間以外の群居タイプの動物においても、予期できるパラメーターの範囲内では確かに政治的変動は発生する。リーダーは代わる。同盟が結ばれ、分裂し、再び結びつく。しかし、そのパターンは常に同じだ。文化の他の分野で、チンパンジーのグループは人間のグループほどには互いに隔たっていない。チンパンジー以外の種についてもまったく同様である。

それでも、チンパンジーを筆頭とする人間以外の動物も、確かに文化を備えている。生きる環境に対応して、新しい習慣、技術、戦略などを開発する。特に食べ物の採集と分配の面ではそれが著しい。これらの戦略を学んで教え、これを次の世代へ次々に伝えている。一方、稀なケースではあるが、食べ物の分配を儀式化しているチンパンジーもあるらしい。たとえば、狩猟タイプのチンパンジーは、取得した食べ物をかなり固定したパターン――部族内の上下関係や猟に優れた固体の性的な戦略――に基づいて分配するという。いったん文化的な新手段を身につけると、群居タイプの動物はこれを伝承として次世代に伝える。その結果、文化的な分岐が発生する。こうして、離れて暮らしている諸グループは、次第に同一性を失い始める。たとえば、アフリカのゴンベの森林では、チンパンジーの中にはシロアリを木の小枝で吊り上げるグループもあれば、石をハンマーと鉄床代わりに使って木の実を割るグループもいる。アフリカ東部の高原地帯では、代々「一雌一雄」制を守っているヒヒのグループもあれば、多婚タイプの雄を中心に暮らすヒヒ社会もある。ボルネオとスマトラでは、オランウータンは固体ごとに異なるゲームで遊ぶという。日本の動物学者の眼前で展開された信憑性の確実な一例を紹介しておきたい。イマという名のニホンザルの天才的な一固体は、サツマイモを洗う方法を発見し、これを部族内のほかの固体に教えた。これが一九五〇年のこと。それ以来、同じ部族のニホンザルたちはこの習慣を続け今日にいたっているが、今でもこの習慣はこのコロニーに限られているとのことである。[3]

この種の背景から考えるなら、人間の文化が変化し分岐しても当然ということになる。結局のところ、人間は霊長目の一種である。とすれば、私たちの歴史が霊長目の特性を示すのは当然ということになる。しかし、私たちが知りたいと切に願うことは、人間の社会がなぜこれほどに分岐し、なぜこれほどに急激に変化を続けているのかということになる。

この疑問を理解する上での最良のポイントは、私たちからもっとも近い共通の先祖である一人の女――というよりはDNA連鎖――から出発することである。この約一五万年以前の存在に古人類学者は「ミトコンドリアのイヴ」の名を与えている。[4] さて、このイヴの時代、次のように推測してもそれほど不当ではないと考えられる。東アフリカに居住していた数千人程度の人間は同じ文化と、同じ経済と、同じ技術と、同じ食物と、これほどの黎明期にこのような概念が存在していたとするなら、同じ種類の宗教と言語も共有していた。ところが、ゆっくりと、だが最初は発作的に、よく判らない、氏名さえ不詳の探検者たちがこのコミュニティからミトコンドリアのイヴの人々を、新しい環境へ連れ出し始めた。これに適応するため人々は変わり始める。人々は互いの接触を失い始め、比較的に孤立した環境で差異を深めていく。[5]

そこで、探検の歴史の最初の大いなる問題は、「人々はどのようにして世界中に広がったのか?」、「なぜそれが可能だったのか?」、「誰がなぜ人々を率いたのか?」、「その間に人々はどのようにして変わったのか?」となる。

以上はいずれも大難問である。これを解くために必要な参考事項はいっさい存在していない。動物のほかの種は、もっとも良好に適応した環境に断固として執着する。移動する場合は、季節に左右され、環境的にもっとも安定した地域を求める。散る際にも隣接した地域を求め、なにか危険が発生して再移動を強いられても、たいていは元の地域へ戻ってくる。キツネは人間とほぼ同様に広範囲に分布している。しかし、いる地域が異なればキツネの異なる種のあいだの遺伝子の相違は、人間の場合よりはるかに大きい。人間がなぜどのように移動するかを理解するための助けは、環境を変えたほかの種のケースに求めることもできる。このケースについて近年の優れた研究例の一つに、アフリカのルワンダのマウンテンゴリラのケースがある。この種は、低地の熱帯林の比較的競争の激烈な環境から、現在の高地の比較的寒冷な環境へ、敗者として移動したらしい。この種はゴリラの他の種に比較して体格も貧弱で力も弱いが、それは低地から高地への移動の結果、完全な草食動物として、食べ物の確保が犠牲にされた結果ということらしい。しかし、新しい環境で彼らはなんとか生き延びて現在にいたっている。しかし、これは以前の住環境からごく隣接した地域への移動ケースで、人間の最初の植民者の長距離の移動を説明するモデルとはなりえない。

人間のグループの移動のケースでも、新しい環境を喜んで求めたことも、これに容易に適応できたことも、比較的稀である。約五世紀にまたがる近年の参考文献も豊富な諸ケースでも、もっとも成功した植民は、移民グループの出発元の場所に類似した到達先を求めた例が多い。一般的に、植民者は移動した先の国で故郷の感触を再現しようと試みる。植民者たちは、ニューイングランド、ニューフランス、ニュージーランド、ニューサウスウェールズなどを創設した。いずれも故郷の国／地名にニュー（新しい）という接頭辞をつけただけである。これでいくらかでも故郷を偲ぶよすがとなる。植民者はニュースペインを打ち立てた。この新天地に順化するとさらにニューメキシコへ移動した。彼らは文化に襟巻きのように執着した。旅行カバンには身体的な環境の品々をどっさり詰めこんだ。馴染み深い動物や穀物も帯同した。これは、通常は故郷に類似した土地を発見することを意味している。

十九世紀から二十世紀にかけては、世界の多くの馴染みの薄い土地へヨーロッパからの移民が大量に押しかけた時代だった。ヨーロッパの人々は到達した土地に居つき、これを「新ヨーロッパ」に変えた。南北アメリカと南アフリカとオーストラリアで、彼らの故郷と気象風土に共通点がある地域である。この期間の終わりに近く、彼らは基本的には一時的なエリートとして——帝国の版図の行政、防衛、開発、または搾取を目的に——住み着いた熱帯的環境の大部分を放棄した。この地域は、今でも移民社会の中心的な居住区域となっている。昨今、中国からの移民集団は、中央アジアの特定部分をシナのように見え、シナの匂いがし、シナの音がする地区に変えつつある。西側世界各地にある「チャイナタウン」と同じことを彼らはやっている。複合文化の成功を維持する上での私たちの現今の心配のすべては、この事実から発生している。人間が新しい環境に移動する場合、彼らは通常は古い環境を拒絶しないものである。

アフリカのイヴの故郷は決してエデンの園ではない。しかし、そこは私たちの女先祖と彼女の子孫たちには好適な土地だった。ここで彼らは自ら進化してきた欠陥を補うことができた。彼らは木登りを苦手にしていた。しかし、草原と森林が混在する地域で彼らは直立し遠くを見ることにより、この欠陥を補った。彼らは生け捕った動物に草を食わすために火を使いこなすことができた。武器や道具のための材料も発見／工夫した。たとえば、猟の獲物を殺すために使う焼きを入れた棒や弓、さらには動物の死体をさばくために用いる鋭利に尖った石材などである。競合相手の種に比べると、人間は視覚、嗅覚、聴覚においていずれも劣る。動作は鈍く遅い、歯にも爪にも威嚇力が欠けている。消化力も低い。体力も軟弱で、もっぱら地面にへばりついている。一方、私たちは——少なくとも人間の種として良好な機能に恵まれている人々は——二つだけ大きな身体的長所を備えている。第一は長い追跡で、発汗により身体を冷たく保ちつつ、比較的長い時間にわたりエネルギーを保持できる能力である。第二は、ライヴァルの襲撃者を退けるための投擲《とうてき》力の俊敏さである。これを可能にするのは、物を投げて正確に対象物に当てる腕の筋力と、良好に組み合わされた眼と腕の瞬時の連携動作である。

以上の理由すべてにより、ホモ・サピエンスはサヴァンナ（アフリカの熱帯または亜熱帯地方の寡雨地方の樹木もまばらな大草原）に居ついてもよさそうなものだった。しかし、彼らはほかの苛酷な環境を避けがたく目指した。行く先は深い森林と沼沢地である。ここでは彼らの習熟した技術が役立つ範囲はごく限られる。寒冷地では、この気象に彼らはまったく慣れていない。砂漠と海洋では、今までまったく無縁であった技術が厳しく求められる。以上の新しい環境では、未知の疾病にも備えが必要となる。それでも移住者たちは、歴史上最初の探検者に率いられ、新しい環境にじわじわと浸透しこれを横切り続けた。私たちは、これがどのように起きたかを理解するため、今でも苦闘を続けている。

これは——あるいはこれと極めて似たことは——それ以前にも起きていた。大ざっぱに一五〇万年ほど以前の大昔、ホモ・エレクタスと呼ばれる原人が東アフリカから出発し、今日のアフリカとユーラシア大陸の大半に広がったらしい。これは、私たち自身の種が達成した文明よりはるかに遅々とした雑多な文明だった。これに要した期間は少なくとも三〇万年で、おそらくは五〇万年ほどと推測されている。一方、ホモ・サピエンスは、これよりはるか広範囲に広がっている。アジアとアフリカではホモ・エレクタスの到達範囲に匹敵し、ヨーロッパではさらに深く浸透し、オーストラリア大陸にまで達している。しかもこれに要した期間は、ホモ・エレクタスの場合の三分の一以下、一〇分の一程度とする説もある。[6] いずれにせよ、ホモ・エレクタスの浸透／拡散はホモ・サピエンスのそれを予告するものだった。到達した土地もほぼ同じである。ホモ・サピエンスの場合もそうだが、移動したグループはなんとか大洋を乗り切ったらしい。この時代にインドネシアでアジアの大陸団塊から分離した部分にホモ・エレクタスの化石が発見されている。ホモ・エレクタスは、船団の舳先に専門の——「プロの」と言いたい誘惑に駆られるが——探検者一団を擁していたとさえ考えられる。クライヴ・ギャンブルの説では、原人社会においては若い男性はしばしば食料集めで外に出された。理由は、この間に年長の男性が女性と親しくするためと、若い男は比較的に動きやすいということらしい。この分業化はさらに他の分野にも拡大する。まず、季節別の移動のルートの調査、さらには遠方の食料獲得の可能性の確認などである。[7] ホモ・エレクタスとホモ・サピエンスの間の類似点を性急に求めることには危険も存在する。なにしろホモ・エレクタスは、移動が始まる前に、ほぼ五〇万年もアフリカにじっと止まり続けていたのである。これは、ホモ・サピエンスが主として存在していた全期間の二倍ないし三倍の長さに相当する。類似の移動／拡散は、明らかに現代人類の先祖に当たる種——ホモ・ヘルメイで知られる種——によってほぼ二五万年以前に行なわれている。しかし、その後の厳しい氷河作用はアフリカ以外のホモ・ヘルメイ種のすべてのコロニーを死滅させた。アフリカに残ったこの種もやがて消滅するか、多分私たちの先祖により死滅の運命をたどった。

私たちの先祖が地上に出現した時期にホモ・サピエンスが移動したルートと時期の大まかなことは、現在の地表上の人口の血液型、DNA、およびある程度までの言語の差異により再構築が可能となっている。[8] ただし考古学上の証拠は甚だ心もとなく、時には相反する結論が対峙するのもいたしかたがない。大ざっぱに言うなら、差異が大きいほど関連する人々の先祖はほかの人類との接触が長らく途切れていたと推測される。つまり現在の目的地への移動がそれだけ早期に行なわれたことを意味する。

しかし、この推測の信頼性と正確度となると疑問が残る。孤立が長く続くことは稀である。記録に残る歴史において人口の移動が極めて活発だったユーラシアとアフリカの大部分においては、人種／民族間の混合が頻繁に発生している。言語については、差異をはかる上で広く合意された手立てというものが存在していない。したがって、かかるあやふやな証拠に基づく主観的な判断は誤った結論を導くおそれが大きいと考えなければならない。それでも、現在までに成立している最良と目される推測を紹介するなら、あのアフリカのイヴの子孫たちはほぼ一〇万年以前ごろに現今の中近東に定着していたらしい。しかし、このコロニーは挫折するが、それから二万～三万年後に再出発したらしい。アフリカ系以外のすべての人間は、この単一の移動グループの末裔で、さらにその子孫は驚くべき速度で世界中に放射状に分散していった。彼らの一部は、七万四〇〇〇年以前にはすでにマレーシアのペナンの近辺に到達している。その頃、火山の爆発による灰が彼らの居留地の一つを覆った。中国におけるもっとも早期とされるホモ・サピエンスの考古学上の証拠は、少なくとも六万七〇〇〇年以前のものとされている（ただし、薄気味悪いほどホモ・サピエンスに酷似したこれより早期の人骨の発掘例もないではない）。

移動／入植は、当初はアフリカとアジアの海岸沿いに進捗したらしい。海沿いにまず浜辺を確保し、次に島から隣接の島へ跳び移る。こんなに早い時期に航海技術がすでに実用に供されていたことは、驚きと映るかもしれない。しかし、六万年ほど以前と推測されるオーストラリア大陸への最初の入植者は、疑いなくこれを用いていた。この時点で今日のオーストラリアとニューギニアは、すでにアジア大陸からは分離していたからである。見方によれば、オーストラリア大陸の人類について奇妙なことは、彼らがこれほど早期にやってきたということではなく、その後これほど長期にわたり孤立を続けていたということである。容易に横断可能なモンスーン（季節風）の吹く狭い海が彼らをジャワ島とニューギニアから隔てていた。はるかに時代が下って新しい探検者の波がやってくる以前、オーストラリア大陸とニューギニアのあいだにはかなり長期（数世紀）にわたる交易があったに違いない。その証拠があるわけではないが、ジャワ島との接触がなかったとはとうてい考えられない。オーストラリア大陸の最初の居住者が海を渡ってやってきたという事実はなかなかに挑発的である。しかし、それはその後の歴史でオーストラリアへの航海がほとんど見られないという事実を甚だ神秘的にしている。[9] 大部分の古人類学者から蔑視されている一説によると、ホモ・サピエンスは「水生猿類」から進化したことになっている。[10] もし本当なら、これは私たちの海への適性を説明しているのかもしれない。しかしこの説は贔屓目に見てもいかにも奇怪至極で、人類と水生哺乳類との間の不完全な類似に全面的に依存した説として退けるほかはない。

新しい土地でいったん入植が定着すると、移住者は内陸部を目指した。そのルート発見の作業を私たちが再構築できる可能性は甚だ低い。ただし、以下の二つの推測は適当と考えられる。彼らは猟鳥獣類を追い、水辺から離れないように心がけた。したがって、おそらく、インド洋に注ぐさまざまな河川の流域を探検することからスタートした。しかし、それ以遠ではどうしたのか？ 考えられるのは、中央アジア諸山脈の麓のインダス川上流部と黄河流域から、後にシルクロードで知られるにいたる地帯への経路である。さらに可能性が高いのは、アムール川の源流部からシベリアのステップ地帯を横切り、ゴビ砂漠の北部へいたる経路である。バイカル湖とシベリアのいくつかの大河の渓谷部に当たるこの地域には、三万年を超える遺構が各地に散在している。[11]

ヨーロッパにホモ・サピエンスが到達するのは約四万年以前からである。ここで私たちの先祖はネアンデルタール人に出会い、これよりさらに生き延びた。すなわち、これを根絶やしにした。ヨーロッパへの入植グループは、彼ら自身の別個の直接ルートでアフリカから出発したのではない。アジアへの入植グループの子孫たちであった。彼らはチグリス川とユーフラテス川の源流部からアナトリア高原の沿海部をめぐり、地中海の北側の沿海部やドナウ川の流域を目指した。遺伝に基づく証拠はもう一つのルートも示唆している。おそらく以上から一万年ほど後に開発された、ロシアのステップ地帯から北部ヨーロッパの平原を突っ切る

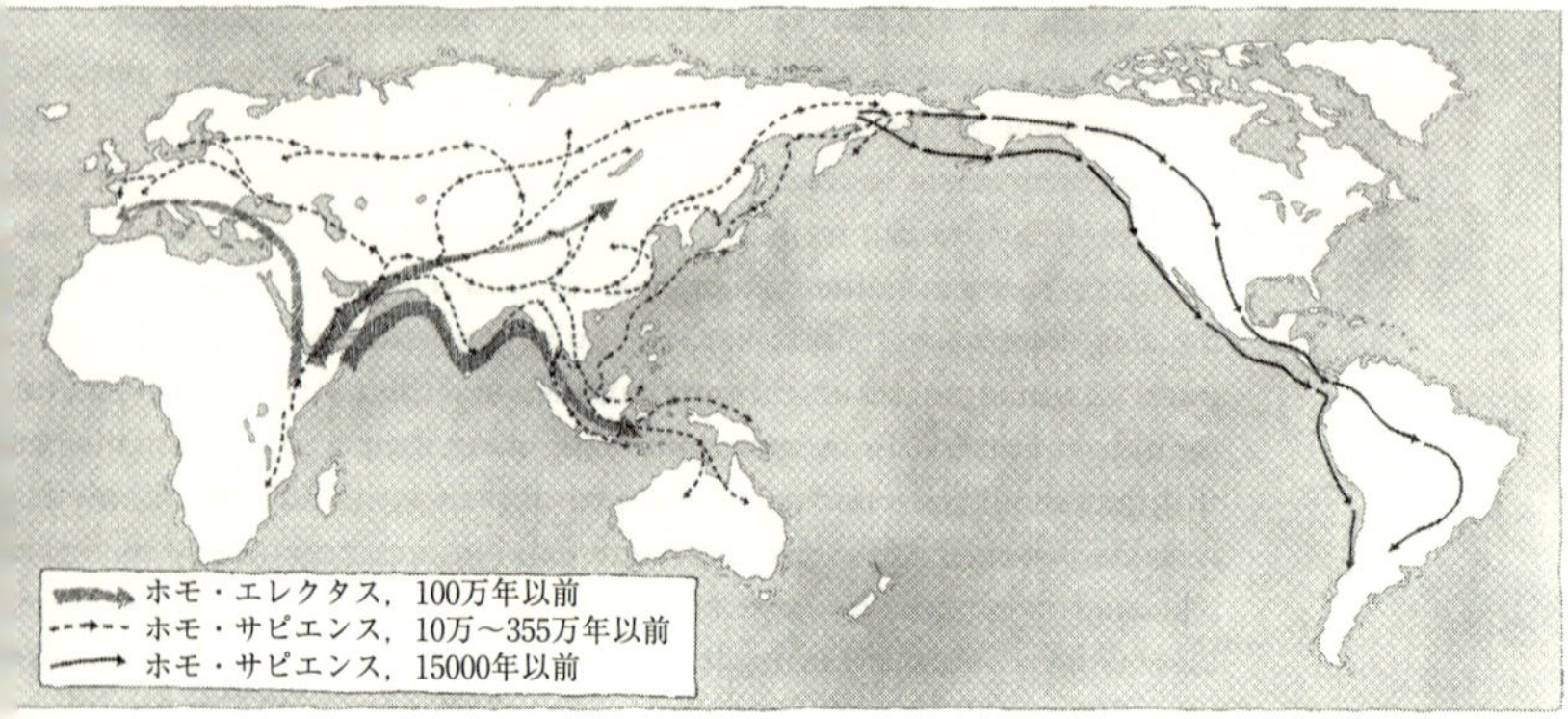

ホモ・サピエンスとホモ・エレクタスの探検路

ルートである。[12] アジアの北方とアメリカ――問題の時期には寒冷な気候の分厚い障壁により孤立していた――に対する入植は多分かなり後のことになる。ただし、年代については今でも喧《やかま》しい議論が続いている。詳しい考察は後段に譲るが、新世界アメリカに一万五〇〇〇年からさらにさかのぼる時期に入植／定住が行なわれた広く認められる考古学的証拠は、今のところまだ提示されていない。再びしかし、遺伝学上の証拠はこの点でも明白らしい。アメリカに定着した移住者は、アフリカから出発したグループと同じグループの子孫とみるほかはない。世界で現在人が定住している地域で残るのはポリネシアだけである。この地域に人間が入るには大海を航海する技術が求められる。この技術は三〇〇〇〇年ないし四〇〇〇〇年以前までは、まだ地球上に存在していなかった。

　この規模のホモ・サピエンスの増殖は、もし正しければ、爆発的な人口の増大を意味している。現実に移動した人間の数など私たちには判るはずがない。すべては推定である。しかしその推定も、全プロセスの終わり頃の時点では百万単位となる。あのアフリカのイヴの子供たちは、一〇万年以内に居住可能な旧世界の大部分に広がるほどに劇的に増加した。しかし、人口の増加が移住の原因だったのか、あるいは人口増は移住の効果の一つだったのか？

当時、すべての人間が食べ物を手に入れるのに血眼だったと考えられる。食料の調達者は通常家族の数を制限する。彼らは、子を産むカップルの数を減らすために、誰と誰が番うことができるかを厳しく定めるか、あるいは人口抑制のためのいくつかの方策を実行した。彼らの避妊の主要な手段は授乳期をできるだけ引き延ばすことだった。赤ん坊に乳を飲ませている母親は比較的に受精しにくい。子沢山は食べ物探しの生活には不向きだ。移動生活では母親は二人以上の幼児を管理することは容易でない。[13] したがって、食料調達のコミュニティは人数ではかなり安定を保っていた。ところが、地上の人口の増加は通常のパターンをあっさり凌駕するものだったらしい。この説明には、当時の人々の相互に関連する二つの側面を考慮することが必要となる。増加と移動である。

この説明への援助となる一つの要素に「火を用いた食べ物の調理」が考えられる。これには栄養を改善し人数を増加させる上での巨大な可能性が含まれていた。食物のおいしさと消化が格段に向上したからである。私たちのような生き物——腸は短く、顎は弱く、歯はなまくらで、胃はたった一つで、したがって噛みこなして消化するエネルギー源が極めて限られている——にとっては、利用可能な食べ物の範囲を増大させるものならなんでも進化の上で大いなる助けとなったのである。しかし、火を用いた調理がいつ始まったかについては、実に見事に判っていない。しかし、論争の余地のない証拠は、一五万年以前にさかのぼり、人口爆発の初期段階ときれいに一致している。一方、五〇万年前に洞窟の中で火を燃やした痕跡は、調理を前提にした原人の所業とする可能性もきわめて高い。中国の周口店（北京近郊）はきわめて説得力の高い例を私たちに提供している。一九三〇年、イエズス会の学者神父ピエール・テイヤール・ド・シャルダン——近代生態学の先駆者の一人——がこれを発掘し、神父アベ・ブルーユ——近代考古学の輝かしいスターの一人——が直ちにこれを炉床の遺構と確認した。「あり得ないことだが」とイエズス会の神父は言った。「これは周口店で見つけたものです」。考古学者の神父は応じた。「どこで発見されようと私は気にしない。これは人間が拵えたもので、その人間は火の使い方を知っていました」[14]。さらに近年になると、古人類学の分野の世界の最高峰の一人リチャード・ランガムは、「火による食べ物の調理は二〇〇万年以前にさかのぼる」との説を唱えている。ただし、この説は直接的な証拠に基づいたものではなく、原人の歯の進化した形状に基づいている。その歯が火で調理された食べ物を反映し、その時期に小さくなり角も丸くなったということらしい[15]。しかし、そんな黎明期の飼いならされた火の証拠など残っているわけがない[16]。同じ不確実さは、猟の効率を上げて食べ物を改善したかもしれないほかの技術の年代比定にも当てはまる。火による焼きを入れた槍（知られている最古の例でも一五万年をさかのぼるに過ぎない）、あるいは柵をつくり石組みを配置して獲物の動物を追いこむ仕掛けの構築などである。

もし人間が新しい技術により移動する力を与えられなかったとしても、おそらく彼らは新しい圧力によりそうしたものと考えられる。貯蔵した食物の枯渇、あるいは生態学上の非常事態などがその必要性を説明できる。しかし、これらの線に沿った推測を支持する証拠はいっさいない。欠乏と非常事態が人口の増加と両立するとはとても考えられない。私たちが知っているほかのあらゆるケースで、すべての種において、食物の枯渇は人口の減少を招いている。

しかし、ほかにももう一つ圧力の要素が考えられる。戦争である。疫病、飢饉などの自然災害は人間の行動を妨げる傾向がある。一方、戦争は人間を技術の向上に駆り立てる。しかし、戦争とはいったいいつ始まったのだろう？　これは歴史のもっとも魅力にあふれた問題の一つである。尊敬すべきおおざっぱな言い伝えの一つによると、戦争は人間にとって「自然なこと」らしい。第二次大戦の英軍の総指揮官であったモンゴメリー陸軍元帥は、戦争を正当化できる理由を求める人々に対し、「メーテルリンクの『蟻の生涯』という小説を読みたまえ」と促すのが常だったという。二十世紀の一連の文化人類学者たちも同じ心情だった。他の動物からの類推により、「人間は進化の過程で激しい攻撃的な本能を植えつけられた」らしい。[17]一方、ロマンチックな原始主義者はこれに次のように異を唱える。「人間の性格は、競争により壊されるまでは、本質的に平和一辺倒だった」。また、一九二〇年代から三〇年代にかけての偉大なるリベラルな文化人類学者マーガレット・ミードはこう主張した。「戦争は発明されたもの。生物学的な必然にあらず」[18]。当初、証拠は曖昧と見られた。現在世界で知られているもっとも初期の全面戦争は、農耕がまだ揺籃期の一万一〇〇〇年ほど以前に、現代のエジプトとスーダンの国境近くのジェベル・サハバで起きた戦闘である。これ以前の全面戦争の考古学的証拠を私たちはまだ知らない。[19]この戦闘での殺戮は慈悲なき激しさだった。人間を単に選び出して殺すだけではない。切り刻み根絶やしにした。多くの死体は繰り返し突き刺されていた。それに加え、これは全面戦争だった。敵の戦闘員だけが相手ではない。女子供も巻き添えにされた。二二ヵ所もの刺し傷のある女の死体も発見されている。この種の皆殺しという戦略は、「近代性」と「文明」を代表する国々のあいだと同様に、初期農業に従事している人々のあいだでも今日見られる現象である。以上の事実から次のような推測の誘惑に駆られる。もっとも初期の戦争は、資源の管理を競う入植済みの複数のコミュニティのあいだで行なわれた。少なくとも、戦争は新しい苛酷さを帯びるか、あるいは人々がいったん入植し収穫を期待する段階に入ると次第に組織的な様相を強めていった。

しかし、コミュニティ間の組織された戦闘は実はこれよりはるか以前に起きていたらしいのである。ジェーン・グッドールは、一九七〇年代に、ガボンの森林の中でのチンパンジーのグループ間の戦闘をはじめて報告している。チンパンジーたちは、元の社会から分離した「離脱グループ」を排除するために格別の残酷さで戦った。これは、人間の移住が進行するプロセスに対する鍵となる。すなわち、闘争が離脱グループを安全地帯へ移ることを強いたか、または、それを促したとする考え方である。もし正しければ、この考え方は次の問題を提起することになる。どのような圧力が一〇万年以前に戦争の原因になったのかという問いである。再び、人口の増加か？ あるいは、減少する食べ物のストックの奪い合いか？ または、「動物」の攻撃性向というあの一般論に戻るべきなのか？[20]

地上に人間が満ちるには実に多大の時を必要とした。したがって、このプロセスにはさまざまな要因がからんでいる。場所も時代もさまざまに変わる。それに応じてその要因の組み合わせもさまざまに変わる。移住の中には、その類だけの、ほかのルーティンの要因には影響を受けない、「単発の」出来事もあった違いない。今私たちは先駆者のことを革命家と、辺境開拓者のことを革新者と好んで考えたがる。したがって、コミュニティをそっくり移動へ誘う上での保守的な力をおそらく低く見積もりがちである。記録に残っている近年の移住には、米国アパラチア地方のキリスト教アマン派の人々やアルゼンチンのグランチャーコ地方のナチの信奉グループなど、宗教や思想の面で迫害を受けたグループも含まれている。今までの生き方を保持するために新しい環境を選択するリスクを冒した人々である。筆者は、約五万年前に「落ちこぼれ」としてオーストラリアに移住した世界最初の「ボートピープル」のことを好んで想像する。彼らは新しい大陸に定住し、そこで今までの生き方を続けることができた。一般的に、人々が新しい環境へ移動する場合、彼らは「追い出される」のではなく「引き寄せられた」と考えたい。彼らを移動させたのは、古い家での資源の枯渇ではなく、別な場所での豊富な資源が彼らを引き寄せた。新しい機会の底辺にあるもの、さらにそれを促した要因となるものは、逃れがたい環境の変動だった。全地球規模の気象の新しい傾向だった。

「アイスマン」がやってくる

世界への人間の拡散／移住は、私たちのそれに先立ってホモ・サピエンスが経験したもっとも激烈な気象変動の期間の大部分にまたがっている。気象の変動が大規模移住の「原因」になったと言っているのではない。しかし、それは逃れることができない影響だった。惑星の寒冷化と温暖化は規則的に繰り返される。常にいずれか一方が進行している。約一〇万年ごとに、地球の軌道に歪みが生ずる。これにより地球の北半球は太陽から離れる方向へ引っ張られる。これより頻繁かつ不規則な周期で地球はその軸の上で傾きよろける。これらの諸現象が合致すると、気象は劇的に変動する。氷河期に入ったことになる。大いなる寒冷化は一五万年ほど前に始まった。地球を一周する大移動の開始の時期とほぼ一致している。人類が寒冷を歓迎しただけでなく、むしろそれを積極的に望んでいたかのような按配である。

次に、それから約二万年の後、寒冷化は終わる。世界は氷河期から抜け出し始めた。私たちは地球の温暖化を現今の問題と考えている。確かにそれに違いない。しかし、私たちが今日経験している異常に温暖な地球の気候は、この二万年にわたり一貫して継続している温暖化の途中のかなり劇的な位相の一つに過ぎない。実際のところ寒冷な気候は当時の人間には適していた。人間の骨格は貧弱で、私たちの先祖の捕食者や競争相手の大部分と比較すると、生き残りの適応度は劣っていた。繰り返しになるが、私たちはのろまで力が弱く、歯は鋭利さに欠け、爪は短い。消化系統もひどく気難しい。私たちの進化の上での利点の大部分は知力にある。身体的には私たちは障害者に近い種で、自然の出来損ないにほかならない。しかし、大きな気象変動に際しては、人間の身体は進化のレースで高得点をあげうる二つの重要な長所を備えている。

第一は、私たちの体がさまざまな気候に良好に適応できることである。私たちの身体に入り込み行く先々どこにでもついてくる微生物と、ほとんどあらゆるタイプの生息環境に見かけるキツネを除外すれば、私たちは創造された生き物のなかでもっとも環境に適応できる身体を備えている。激しく急速な気象変動のさなかでも、各種の変動地帯を横断し移住のルート探検を人間に可能にしたのは、大体においてこの長所であった。

私たちの第二の大きな長所は、先祖のサヴァンナの故地ですでに充分に開発されていた得意技、すなわち、矢を投ずる上での比較的に優れた腕前である。ほかの霊長目も確かに物を投げる。しかし、なにかに当てることはまず稀だ。人間の手と目の共同作業は、速すぎて追いつけないか、あるいは至近距離では大きすぎるか強すぎて制圧できない競争相手の種を殺す手段としての矢の開発を、人間に可能にした。しかしここで指摘しておく必要があるが、矢の使用は、相手を殺す上で氷河期のハンターたちが好んだ手段ではなかった。もっとも容易で生産的な戦略は、大型四足獣の群を崖際に追いつめ、これを下に追い落とすことだった。あまりに多すぎて食いきれなかった動物の残骸の骨片が、ハンターたちの恐ろしい道楽の証拠として今日にいたるも各地で発見されている。しかし手近に断崖がない場合は、もっとも効果のある次の手段は、川、湖水、沼沢などに動物を誘い込むことだった。これに成功すれば、あとは槍の腕前に物を言わせる。いずれにせよ、飛び道具は防御にも、殺しの現場に腐肉を狙う鳥獣を寄せ付けない目的にも役に立った。

この二つの長所――気候に適応できる身体と飛び道具の腕前――の組み合わせで、人間のコミュニティは氷のほんの間近にまでにじり寄る。寒冷な気象は我慢できる環境であるに止まらない。寒さは、食料用に大型の動物を狙う飛び道具装備のハンターにとって、むしろ歓迎すべき環境だった。獲物が大きければ大きいほど、得られる報いも大きい。小型ですばしっこい獲物にこっそり忍び寄るより、マンモスを崖から追い落とすほうが比較的少ないエネルギーでこと足りる。手に入る食べ物の量もはるかに大きい。それに、気温が低ければ低いほど、動物が蓄えている脂肪の量も大きい。それに脂肪は――現代の栄養士からは不当に蔑まれているが――、歴史の全期間の大部分においてもっとも評価の高い人間の食物だった。エネルギーが高度に圧縮された効率的な食べ物だからである。

氷のきわで生活は良好だった。氷が後退すると人々はこれに追随した。スカンジナヴィア半島の最北の地域にも、一万一〇〇〇年以上前にすでに人間が定住していた。明らかに辺境の高地にも西暦前七〇〇〇年にはすでに人々が住みついていた。森林も北へ後退するアイスキャップ（山頂部をおおう小形の氷河）を追って広がった。寒冷を好むシラカンバは、一万一〇〇〇年以上前にすでに広大な森林を形成していた。オーク（ナラ、カシなど）も、七〇〇〇年前にすでに今日と同程度に広く分布していた。[21] 適応力の低い人々にとって、森林はツンドラ（凍土帯）よりきびしい環境だった。トナカイのハンターたちの北方へのあわただしい移動は、解氷にさらされた地域への人々の定着がいかに急速だったかを説明している。

この間、急激な気象の変動に直撃された地域のはるかに後背地では、環境は多様化し種の種類も増大した。氷が消えると人間にとっては最良の環境が出現した。肥沃な土壌、船で移動できる河川、鉱物資源をたっぷり抱いた山岳などである。その証拠は現今世界各地で確認することができる。鹿や豚、さらにはオーロック（野牛）やヘラジカの骨が大量に混じった一万～二万年前の南フランスの良好な作りの貝塚、それから少し時代が下り、どんぐりなどの木の実類や食べられる草などが人間の生命を支えるに充分な量で繁茂した、肥沃な三日月地帯、およびカリフォルニアと日本の一部の地方などである。居住の様式が多様化すると、移住はさまざまな方向へ分散を始める。その結果、文化の多様化はさらに先鋭の度合いを増した。文化は環境に適応するからである。

そうであったとしても、アメリカ大陸に人々が定着したいきさつは、なかなかに説明が難しい。長らく次のようなことが定説とされてきた。氷河期の終わりごろ、現在のベーリング海峡の海床がまだ地表に露出していた時期、狩猟の一種族がアジアからやってきてこの半球に急速に拡大した。アメリカの考古学は現実にはまだ揺籃期に過ぎないが、これまでに確認されている証拠だけでも、この「神話」をきっぱり否定している。遺構は、ユーコン川からウルグアイまで、ベーリンク海峡の近くからはるばるビーグル湾（オーストラリア大陸の北西突端部）まで、長い期間にわたりさまざまな層位学上の文脈にまたがり、しかも巨大な範囲の文化的多様性を伴いつつ散在している。とすれば、結論は絶対に一つしかあり得ない。移住／入植者はさまざまな年代に、それぞれ固有の文化を携えてこの大陸へやってきた。その一部は確かにアジアから陸の橋を通ってやってきた。ほかは疑問の余地なく海を渡りやってきている。

一方、信頼度の高い証拠のうちで、一万五〇〇〇年以前からさらに遡る居住遺構は皆無である。しかも解せないことに、知られているもっとも初期の遺構の一部は現在の合衆国東部のオハイオ川とサヴァンナ川に挟まれた地域で見つかっている。[22] 今から約一万二五〇〇年前、狩猟コミュニティの一家が現在のチリのモンテヴェルデで獣皮で外張りした長さ二〇フィート（六メートル）の木造家屋に住まっていた。彼らはマストドン（象に似た大型哺乳動物）を殺し、塩を海岸から運び、山からはハーブ類を調達していた。この移動半径が約六四キロ強。噛みかけの海草の一片にまでも彼らの歯形が残っている。穴の内部の粘土の内張りには少年の足跡が今もくっきりと押しつけられたままである。[23] この人々がベーリング海域からの移住の結果としてアメリカ大陸の最南端部にやってきたのなら、その移動の経過を知るのは実に興味深いことに違いない。なじみの薄いさまざまな環境に適応しながら風土の異なる多くの気象地帯を突きっての行進は、実に稀な快挙と言うに値する。

さて、以上を含む多くの物証と議論を再構築するなら、私たちは、世界に人々が定住した全体像の納得できる説明に到達することが可能となる。地球全体の寒冷化が頂点に達した頃、それは始まった。人間のグループの一部がサヴァンナに別れを告げ、沿海地方を目指した。ラグーン（干潟）や砂礫の水たまりなど食べ物の豊富な地域である。彼らは冷たいステップ（樹木の生えていない大草原）やツンドラ地帯や氷の縁に食べ物を発見した。寒冷化が頂点に達しアイスキャップが北方に退き始めると、彼らの一部はこれを追った。移住グループは二重に躍動的だったらしい。容易に動いただけではない。環境の変動には従った。気性が激しくすぐに仲間割れするが、共同して生活を組み立てる建設的な意欲も備えていた。残存している物証がこれらに照明を当てているわけではないが、いくつかの推測は可能である。危機とチャンスはリーダーの交代を促す。分離グループのリーダーは、新しい土地を目指す。通路の発見は、気象の変動でトップにのし上がった新タイプの首領にとって、多分求められる資質の一つだった。

移住が停止しても、文化的な分岐は継続した。人々が固定したコミュニティに定着すると、それはさらに盛んになる。それまでに、もっとも広く分散したグループのあいだでも、文化の多くが共有されていたからである。グループすべては食料入手の経済を共有していた。したがって、食べ物もその習慣も技術も類似していた。また、認識考古学の証拠から私たちが知るかぎり、精神的な生き方も類似していた。それはおそらくシャーマニズムと神性を備えた多産な女性のカルトに基づいていたはずである。私たちは文化の全世界規模の統一はグローバリゼーションのこの時代の新しい現象と思っている。これほど悪しき現象はない。グローバルな文化の偉大なる時代——歴史でもっともグローバル化されていた時代——は石器時代だった。その時代が終わると多様化が加速する。人々の一部が食べ物の採集を捨て農耕を開始し、遊牧を忘れて都市の生活を始めると、種がそれまでに経験したもっとも激しい文化の相違が発生し始める。

そんなわけで、宇宙の観察者は——筆者が彼女の心を正しく読んでいたとしての話だが——正しかったことになる。分岐は人間の過去の大部分を支配してきた。しかし、これはほとんどの人間の歴史の見方ではない。また、明らかに歴史家たちもそう書いてきたわけではなかった。私たちは、分岐の歴史よりも合流の歴史のほうに圧倒的に関心がある。私たちは合流の時代——歴史の大部分の標準から見れば異常な時代——に生きている。なぜなら、私たちは「グローバル化」人間だからである。私たちの社会は重なり合い、相互に依存し、大いなる熱意と速度をもって影響力を交換している。私たちのグローバルな経済と情報ウェブは、似たような文化を世界中に広めている。

これは単なる「欧米化」の物語ではない。消費主義、個人主義、資本主義、民主主義の全世界スケールでの勝利でもない。あるいはアメリカ流儀の「ソフトパワー」（居丈高ではなく、柔らかに他国を引き付ける外交政策）や、ビッグビジネスのグローバルな説得力や、「マクドナルド化」や「コカコーラ型植民地化」政策などの宣伝でもない。むろんこれらの現象のすべてが、あらゆる土地をあらゆる人々に親しみ深いものにし、私たちの複合世界を共通の文化という衣装で飾る上で大変な力を発揮していることには、疑う余地はないが……。合流の兆候は、世界をさらに深く変えようとしている。最後まで残った「糧食あさり」の文化も消滅しようとしている。広範な訴求力を備えたごく少数の地域が世界の人々の大半と同盟関係を分け合い、「宗派を超えた」対話が互いをいっそう似たもの同士にしつつある。言語は死につつある。方言はその姿すら消えようとしている。英語とおそらくは数少ないほかの有力な「第二外国語」がグローバルな国際語になろうとしている。食べ物もしかり。同じかきわめて類似した主要な食物の種が世界のあらゆる場所で栽培され、それがあらゆる場所で人間の口に入っている。環境の変化とはその程度が次第に増大することを意味するらしい。

さて、以上の諸分野における世界の現今の状況——世界中が文化的交換の渦に巻き込まれている現状——には、広範な背景とはるかに遠い淵源と歴史前の長い時期が控えている。文化の合流は、文化の分岐とほぼ同じ程度に古い現象だった。社会が分離を開始すると、ほぼ同時に各社会は相手に対し相互に手を伸ばし、隣接のコミュニティに接触を図り始める。そのあいだで文化的な差異が生じると、直ちに特定の技術でいずれかがスペシャリストになり、やがてそれはやや拡大したスケールでほかのコミュニティに対して「売り物」となる。新しい環境に適応すると特定のコミュニティは、たちまち他の風土の人々には馴染みが薄い物品の「御用達」になった。

分岐は終わったと考えること、また、分岐と合流は異なるレベルと異なる方策では同時には進行できないと考えることは、早合点に過ぎるかもしれない。しかし、それにしても合流は今日も猛スピードで進行している。おそらく最近の五〇〇〇年間というもの——宇宙からの観察者にとっては気にするにはいかにも取るに足りない瞬時かもしれないが——合流は特に顕著に目立っている。探検は接触の通路により世界を結びつけた。移住と交易と文化的な交換が巨大なスケールで続いた。そのような理由で、私たちは分岐よりも合流についてはるかに多くのことを知っている。特にこの五〇〇〇年というもの、合流こそが大部分の人々の経験だった。文化の合流の起源と背景について人々は関心を抱いてきた。それがその過去を深く追跡することを私たちに可能にしてくれる。

物語の発端を再構築するには、証拠が欠けている部分を想像力で埋める必要がある。自分の地区で入手できない物品を確保するために近くの居住地区に接触する必要が生じた場合、その両文化間の経路を発見することは、重要な活動となる。おそらくある程度までは専門化された領分でもあった。もっとも初期の長距離交易の物品は贅沢品だった。必須物品が手に入らないところに人間は定住するはずがない。魔術的な物品――紅土と火――が多分最初の交易の対象になったと考えられる。一部の文化にとって、火はその土地で点火するにはあまりにも神聖な対象だった。それは遠隔地で手に入れ、消さずに必要な場所まで運ぶべきものとされた。物質至上主義の現代社会にも、この古代の思い込みの名残は残っている。オリンピックの松明の火や、戦死者にささげられる「永遠の」灯火などである。有史時代、オーストラリアの原住民のコミュニティの中には、隣の部族から火を入手することに固執するものもあった。自ら火をつくれないことが理由ではない。かかる神聖なことを禁ずる習慣がその理由だった。紅土は、墓所すべてではないにせよ、きわめて広い範囲で用いられた魔術の物品だった。四万年をさかのぼる埋葬にも供え物として神聖視されていた。供え物が発見された最古の埋葬地でもこれが発掘された例が報告されている。その供え物は、発掘場所から数百マイルも離れた土地で採掘されたもので、世界最古の交易品である可能性が高いとのことである。軟膏類と香料と身辺の装飾品のたぐいがこれに続いた。

顧みるに、贅沢な物品が初期の交易を支配していたことは別に驚くに当たらない。アメリカの文化人類学者メアリー・W・ヘルムズは、人々が外来の物品を珍重した心躍る例をいくつも紹介している。[24] この種の心情は人間の文化に共通した現象とも考えられる。物品はそれが旅してきた距離に応じて価値を増す。同じ調査によれば、人間も物品と同様に動いた距離に応じて尊敬を受けた（ただし、文化の文脈によっては、恐怖や困惑の対象として、否定的な評価の対象となることもあったが）。文化の合流のルートを敷いたもっとも初期の探検者の身元は残念ながらよく判っていない。しかし、少なくとも彼らの一部が尊敬の対象だったことだけは確実である。動いた距離を神聖視され、異国風の物品を所持していることで憧れの対象となってい

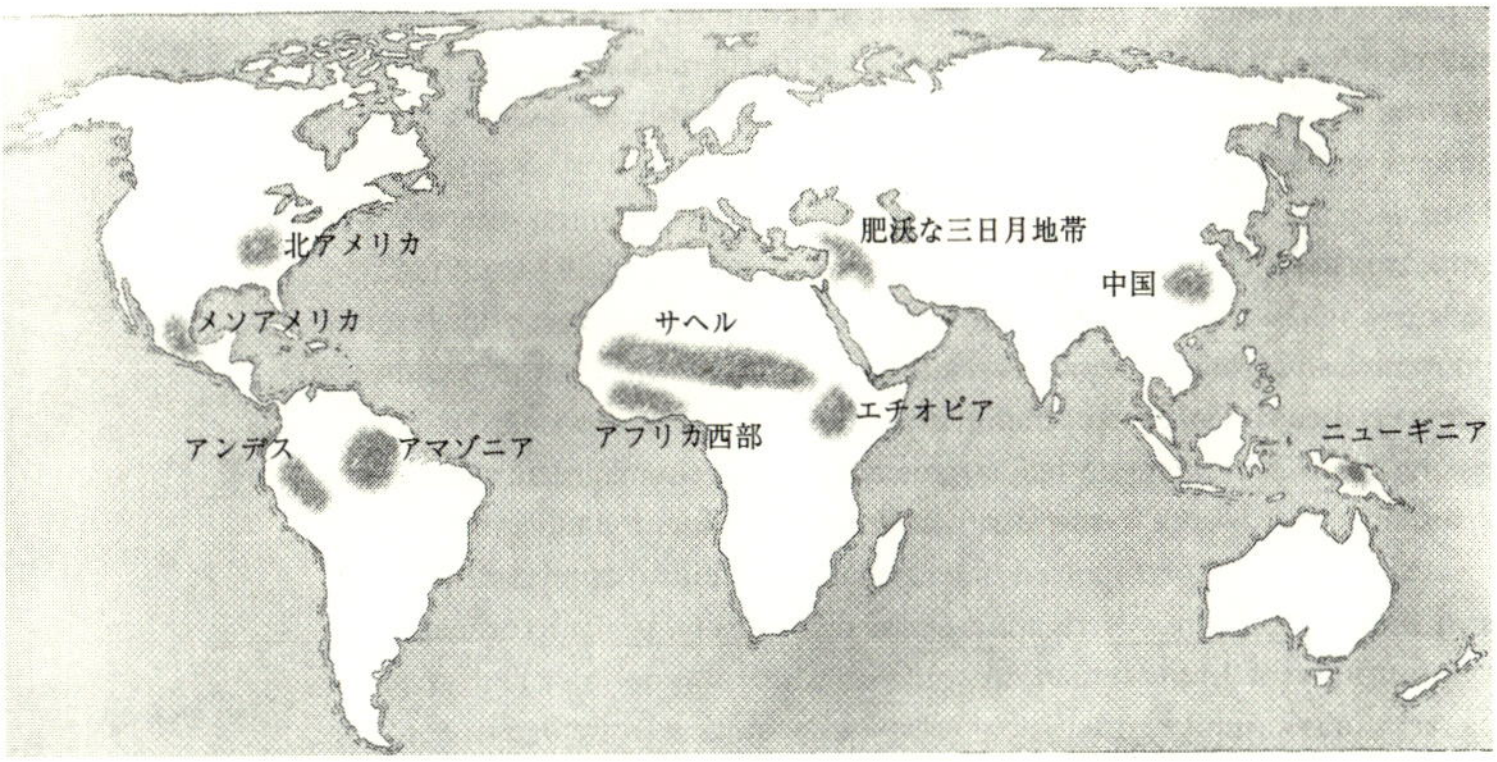

最初期の農耕地域の出現、前7000～9000年

た。

アナトリア（現トルコ中央部で、黒海と地中海のあいだの広大な高原）とレバント（地中海沿岸で、現ギリシアとエジプトのあいだの沿海地方）で今から九〇〇〇～一万一〇〇〇年以前に出現した既知のもっとも古い農耕集落の遺構において、相互に離れたコミュニティ間で接触の通路をつくり、これを維持しようとした努力の具体的証拠の集積が始まっている。この探検者たちの仕事の痕跡は、集落のうちでもっとも驚異に満ちたチャタルフユックで目にすることができる。この町は、チャルシャンバ川の河口の一つに沿った沖積土平原の上にあり、ここで川は現在は消滅している湖に流れこんでいた。小麦と豆類の栽培を生業にしていた人々は、三二エーカー（一三ヘクタール）の広さの蜂の巣状の街区に住み、住居は泥レンガのつくりで、仕切りは私たちが親しんでいる道路ではなく、平らな屋根の上の歩道であった。チャタルフユックは、ほかの定住集落との連係で栄えていた。ここには壁画も残っている。図柄は、おそらく交易か同盟関係で結びついていた他の類似の定住集落と考えられている。交易の品々は、紅海やトロス山脈の地方からチャタルフユックに到来していた。遺構の壁画にははっきりと山が描かれている。これは、おそらくは探検者の報告では最古として知られる記録と考えられている。[25]

チャタルフユックよりも小さいが、これを偲ばせるさらに古い遺構は、比較的に遠隔のヨルダン渓谷（イスラエルのガリリー湖水から死海を通り、アカバ湾にいたるヨルダン川の渓谷）と連絡を保っていた。この渓谷地帯にはさらに多くの定住集落が集中していた。チャイオヌのような村々である。そこの住民たちは、手を用いてこしらえた物品を基礎材料と取り替え、この時代の水準では裕福になり、黒曜石からつくった美しい刃物や鏡、次第にレベルを高めていった銅製錬技術による製品などのお宝を蓄えていた。

ユーラシア大陸の中近東で私たちが思い浮かべるパターンが、町が出現した所ではどこででも繰り返された。たとえば、今から四五〇〇年ほど以前、現今のペルーの沿海地方、特にスープ渓谷の沖積土平原に大型の農耕定住地が出現した。ここでは三〇件を超える遺構が発見されている。ここは交易の中心地だった。各地の異なる生態系の物品を組み合わせ、目に鮮やかな貝殻製品、山の珍味、アンデス以東の森林地帯の羽毛産品などの交換機能を果たしていた。[26] ここでも、交換機能を支える物証に通路の発見者の仕事を見ることができる。食べ物や建物と衣服の材料は、特定の場所に大きな人口が集まり始めた時にのみ、長期／広範な交易の世界に入ってくる。理由の一部は、定着した農耕人口に食物の余剰が発生し、これを近隣の人々の特産品と交換できる余力が生じるため。このほかにも、定住地の人口がそこで入手できる物品の供給量を追い越すことなども考えられる。特に塩である。都市化は専業化につながる。職人は市場が存在するところに集まる。必ずしも主要な材料を産出する地域にはこだわらない。

探検者は「ベクトル」だった。文化を身につけ移動した。農耕／定着の生活は、それ自体が文化の変身可能な形態だった。人間の接触により広がる。[27] 農耕／定着地は、ギリシア東部では前七〇〇〇年の時期にすでに存在していた。しかしヨーロッパの西部と北部が農耕を受け入れるのは、土地の眺望が開け広葉樹の森林が後退する今から五〇〇〇年〜六〇〇〇年以前のことになる。この次第に良好性を増す環境の中に、（証拠は乏しくおおむね推測に頼るほかはないが）探検者たちが、侵入者としてあるいは穏やかな入植者として、時には単なる旅回りの商人として、南東から入ってくる。この連中は一揃いの農耕の道具と印欧言語を新しい土地にもたらした。後者の印欧言語は現代ヨーロッパの大部分の言語のはるかなる先祖となる。

これと類似の移住／入植地が、ステップ地方以南の中央アジアの諸地方に農耕を広めたと考えられる。アナトリアとヨルダン渓谷の沖積層で進行していた農作技術は、この地方の耕作可能なあらゆる地域を入植地に変えた。海抜六〇〇メートル以上のザグロス山地（現イラン西部）で発見されたある遺構の住民は、今から八〇〇〇年～九〇〇〇年以前の時点で、野生の穀物を栽培品種に変えている。トルクメニスタンの南部は、西暦前七〇〇〇年～四〇〇〇年の時点では、現今よりも概して気候が湿潤だった。それでもそこはすでにオアシスの散在する土地になっていた。今から六〇〇〇年以前までには、広範な灌漑作業が随所で行なわれている。これは、はるか西からの技術を導入したものと考えるほかはない。インド亜大陸には食物採集と農耕のあいだの期間が欠けている。食物採集者が定住生活に転じた期間が見当たらない。したがって、この期間に良好な造作の村落が突如出現していることは、外部からの影響と考えるほかはない。南西アジアからのルート発見者の経路は、バルーチスターンのメールガールでもたどることができる。この地で発見されているカラス麦と小麦に家畜の山羊の骨を混ぜて塗りつけた泥レンガは、今から約九〇〇〇年をさかのぼる農業システムの存在を裏づけている。[28]

北アメリカ大陸の多くでは、文化の交換はゆるやかだった。気象の障壁と敵対的な地勢がこれを阻んでいた。[29] しかしそれでも、人間の通路発見者《パスファインダー》はその先頭を切っていたに違いない。農作の動きは、メキシコ中部のオアハカを発祥地とするトウモロコシの北方への広がりで計ることができる。しかし、これは実にゆるやかな千年紀にまたがるプロセスだった。この穀物が北漸し次の気象ゾーンに突き当たるたびに、その新環境の一連の条件に適した新種のトウモロコシの新規開発が求められた。一方、北アメリカの人々の一部は、種あるいは根も食べられる土着穀物の栽培に乗り出し始めた。キクイモ、ヒマワリ、サンプウィードなどである。南アメリカ大陸でも、アンデス高地を横切りアマゾン川の北方の盆地地帯に広がった農業の考え方の伝播ルートをたどることができる。

アフリカ大陸の農業の始まりを解説するにあたって、今から約九〇〇〇年以前にエジプトのサハラに出現した肥料の複合物が、ナイル渓谷のそれと無関係と考えることはできない。同様に、ナイル渓谷での小麦の栽培が、スエズ地峡の反対側における類似の種類のさらに早期の開発から独立していたと考えることにも無理がある。これが正しいならば、荒地で道を拾いながら進んだ人間たちはこのプロセスで多大の貢献をしたことはまず間違いがない。今からおよそ四五〇〇年以前と二五〇〇年以前のあいだに西アフリカから南を目指した農業の拡大は、おそらく移住／入植という文脈で行なわれたものと考えられる。これは考古学上と言語の証拠からたどることが可能になっている。バンツー語を話す人々は、今日のカメルーン西部とナイジェリアの故郷から出発して大西洋岸沿いに南下し、東を目指したグループは拡大するサハラ砂漠の際を横切ってナイル渓谷に向かい、そこからは南へ方向を変えた。

太平洋の島々における農業の起源は、いまだに諸説紛々の状態にとどまっている。特にサツマイモ――豚とともにこの地域の大半における食料生産体系の基本――がいつどのようにこの地域に到来したのか、私たちは知らない。今までのところこの地域の農業でもっとも広く受け入れられている説は、ニューギニアからの産物の流出で、海洋を行き来する移住者によりゆっくりと広がり、多くの適応を経過しつつ根づいたというもの。

初期の地図の謎

人々がルートを地図に記録する前に、私たちは交易の範囲と文化の伝播からルート発見の程度を推定する必要がある。言うまでもないが、人間は新石器時代にはすでに地図を保有していた。アフリカのロックアートには、地形の特徴とこれに関連する動物、人間、住居などが共通して描かれている。線と点は、シャーマンがトランス状態でたどるルートを示している。捕獲対象の動物をキャンプへ誘導するルートや霊の世界へ導くルートなどである。川と山地の地図——明らかに狩猟の場所への案内図を意図したもの——は北アメリカ大陸の南西部に広く分散して見つかっている。意図がはっきりしている例もある。星のマップや天空の変事を示したマップである。世界のもっとも古い文化にあっては、村落や町の平面図、埋葬地や神聖な場所を示すマップなどの発見例もある。

さて、抵抗しがたい推測をここで提示しておきたい。「初期の地図はおそらくルートを記録する工夫ではなかった」との推測である。もっとも初期の形の地図に対する鍵は、今日の世界の諸文化のあいだにもっとも広く分布した種類のものにある。もし宇宙の図表——宇宙の聖なる秩序の表示——を地図に数えるなら、それはこのカテゴリーでもっとも優勢な地位を占めるはずである。たとえば、中央アフリカのドゴン族は、宇宙をアリに似た生き物として描いている。胎盤状の頭は天を示し、両脚の部分は地球を表している。[30]同じくアフリカのコンゴとアンゴラの特定の地方では、四つの部分に分かれた宇宙図——十字型またはダイア型で、太陽に似た形のフィニアル（先端装飾）が付属している——が葬儀用や贈答用の多くの品に姿を見せている。[31]中央アジアと中国では、西暦前三千年紀までさかのぼる岩面線画のなかには、宇宙図のシンボルを含むと理解される例もある。

ドイツ西部アウリッヒの近くで発見された黄金の円盤。中央の大陸が同心円の輪で囲まれている。内側から第1は海洋、第2は別の大陸（山がある）、第3は島々（三角で表示）がある別の海洋。

宇宙の図表に次いでもっとも広く分布している種類のマップに、設計図タイプの世界の表示図がある。世界を一つの全体として描こうとした試みで残っている最古のものは、おそらく今から七〜八〇〇〇年前にインド中部のマディア・ブラデシュ州のジャオラで洞窟の壁面に描かれたものである。真ん中ののっぺらぼうの円の周りに、複雑な図柄——鍵形、稲妻形、菱形、ダイヤモンド形、櫂《かい》状の形など——が幅広の縦の帯状に並んでいる。鱗の多い動物の皮を引き伸ばして乾かしたような印象である。[32] 一方の端部には水生の植物と魚類が姿を見せ、あと二つの端部にはアヒルに似た水鳥が描かれている。飛ぶ鳥が外側から構図全体に近づいている。

言うまでもないが、ルートの探索者たちは、消滅する可能性がきわめて高い地図の形で、彼らの発見の記録を共有していた。埃の上になぐり書きするとか、木の枝や種子や小石で表現するなどである。現地の情報提供者が砂の上に書いたり、藁や木の枝や小石で示したマップは、アフリカやアメリカ両大陸を旅する初期のヨーロッパ人の記録にしばしば登場する。実際問題として、この種の現地の手助けがなければ、渡来のヨーロッパ人たちは途方にくれたに違いない。しかしルートをすでに知っている人間にとっては、自分の知識を記録したり、ほかの知らない人に伝えるのにこの種の手段を用いることは、多分例外的なことだった。ルートを記録する明らかな手段は、これを自分の頭で覚えることだった。風景や空の模様、歌または詩の力、儀式や身振りなどの助けを利用してである。今日でも、コンゴのルバ族の成人儀式では、壁にチョークで描いた地図の助けを借り、相手に主な建造物、寺院、川の位置を覚えるよう求めるという。[33] 十八世紀と十九世紀のカロリン島の航海者は、歌うことで暗誦した星座のマップの中心を知っていた。彼らはこれを「パンノキの摘み取り歌」と呼んでいた。

これとは別に、ルートの探索者は自らの発見の記録を風景の上に目印で直接マークすることもあった。ギリシア神話でアリアドネが迷宮で用いた毬の糸のようなものである。私たちが知るかぎり、この種の目印は絶無ではないにしろ、ほとんど残っていない。ただし、これ以外には説明のしようがないケルン（小さなピラミッド状の石塚）や岩面彫刻についてはさまざまな推測が可能と考えられる。しかし、経路マーカーの使用は、まだ文字を使うにいたっていない人々の方法に似たその後の社会による後代の証拠で良好に証明されている。インカ族は、知られているかぎり、私たちが通常理解している地図というものを持っていなかった。

しかし、彼らはルートの発見で、目立つ山頂の社《やしろ》とか、軍隊や巡礼者が通過した稜線沿いの踏み固めた跡などに頼った。北アメリカ大陸でイロクォイ族に出会ったヨーロッパからの訪問者は、交易、戦争、狩猟のルート沿いで樹木に彫った印があるのに目を留めていた。定住した社会にとっては、狩猟のルートを記録しておく必要性は次第に減少していったものと考えられる。ただし、狩猟そのものは食糧取得の補助手段として、あるいはエリート階級の気晴らし、すなわちスポーツとして残った。人間に役立ったほかの種類の地勢の記録もある。農耕定着の描画記録でもっとも古いものの一つに、前述のチャタルフユックの町の平面図がある。しかし、探検の歴史の観点に立つなら、地図は副次的な資料にとどまり続けた。

文明間のコミュニケーション

これまでのところ文化の合流を促した通路探索の物語は、比較的短距離の移動——たとえば近東で初期の農耕定着地同士を結びつけた移動——と、かなり長距離ではあるが遅々とした文化の伝達に終始したもの——たとえば農業が他とは独立して発生した数少ないセンターから新しい地域へ農耕技術が広まったもの——に限られていた。大きな物語——ばらばらに分離した文明同士の相互接触——はまだ起きていない。その物語は、西暦前第二千年紀にユーラシア大陸とアフリカの四つの偉大なる文明がそれぞれ外部へ手を伸ばしたことで始まる。ナイル川、チグリス川とユーフラテス川、インダス川、および黄河のそれぞれの流域である。その進出はきわめて盛んで、ユーラシア大陸を横断する接触が確立され、中国とインドと近東が連結され、前一千年紀には地中海地域にまで接触は拡大される。（その後の展開でサハラ砂漠以南のアフリカとアメリカ両大陸の文明がループ状につながるが、これについての詳述は後の章にゆずる）。

西暦前第二千年紀の初頭、インダス川流域の各定住地はこの長距離接触により繁栄した。その辺境の居留地は明らかに交易を前提に配されていた。遠隔地からの船やキャラヴァン（隊商）を受け入れたり守ることである。現今のアフガニスタン北部にあるショートゥグハルでは、ラピスラズリ（青金石）や銅が取り引きされていた。同じ地域でキャラヴァン市場の立つムンディガックでは、四角の保塁を備えた畏怖すべき城壁の背後で、巨大な城砦の廃墟が周囲の風景を圧して広がっている。側面に深く丸いピラスター（付け柱）をむ

「大帝禹の行路」の地図。西暦 1136 年に石版に彫刻されたもので、表示に碁盤目が使われている。河川や沿岸部が驚くべき正確さで描かれている。

き出しにして幾条も連らなり、今では無残に侵食されてはいるがそれでも巨大で、うずくまる動物のあばら骨のように見え、それが平原のはるか彼方から続く交易のルートをじっと見つめている。川の流域の定住地の配置は、カンベイ湾の港町ロサルでも対照的な環境で再現されていた。ここから、世界でもっとも長期にわたり続いた海上ルートのいくつかが、アラビア海沿岸の文献情報の乏しい諸王国を介して、この地とメソポタミアとのあいだで両文明をつないでいた。

この諸ルートを開拓した先駆者たちを知る術はまったくない。インダス川流域の人々は解読できる記録を残していないし、メソポタミア側の人々は地元の諸ルートと、内陸奥地のトロス山地やイランの山脈地帯からはるばる届いた貢物のことしか記録していないからである。中国においては、西暦前第二千年紀の国内探検にかかわる伝承が残っているに過ぎない。この探検は黄河流域を道や運河が縦横に走る状態に変え、次第に先端部を南に向けて揚子江流域にまで達している。夏王朝の始祖である禹《う》大帝の伝承は、このプロセスを象徴し、この人物を技術に長けた英雄的な皇帝、風景の彫刻者と讃美している。「大帝禹の行路」(図版参照)とは、後に中国の地図に与えられた別称だった。この別称の用例は一一三六年にさかのぼる。

以上とは対照的に、エジプトの場合は比較的に内容の豊富な探検の記録が残っている。ここで私たちは血の通う肉体を備えた探検者とそのパトロンに出会い、その名前を知り、その冒険を共有することができる。西暦前第三千年紀以降のエジプトは、ナイル川により結合された細長い王国だった。国内の往還は単純で、王家の川旅のルートは「ファラオの荒れ野」のあいだを進むのみだった。川をはさむ両岸の砂漠は、歴代のエジプトの王たちの領土的野心を制限した。ナイル川沿いに南方へ帝国を拡大することが王たちの常々の目的の一つだった。エジプト人の注目は、ヌビア国が供給する豊富な象牙と傭兵部隊により、南方へ引き付けられた。それに、黄金をエジプトでは「海の砂のように豊富にする」川を経由する交易が加わる。

エジプト人の南方への探検

中央アフリカへの版図拡大の可能な地域に対するエジプトの探検は、西暦前第三千年紀の真ん中あたりで始まっている。この時期、専門の探検家と呼ぶに相応しいハルクフッフは三度にわたる遠征を行なっている。彼は「香料、黒檀《こくたん》、香油、動物の牙、武具類など、すべて優れた産品」を国に持ち帰った。少年王ペピは、ハルクフッフが捕らえたピグミーに心を奪われた。「聖霊の土地を起源とする聖なるダンスを舞う」という。ファラオは遠征隊の指揮者に手紙を出し、このピグミーを守るために最大の注意を払うよう命令した。「一夜に十回は彼を見守ること。余はシナイとプントが産するあらゆる品にましてこのピグミーを見ることを欲するゆえ」。

接触と交易は、第二の急流以南の地域における、エジプトに擬してのヌビア国の形成を促した。前二〇〇〇年頃から、エジプトはこれを意のままに操り従わせようと試みた。時には砦を築き、時には侵入し、また時には第三の急流以南にまで自国の国境を押し進めた。ヌビア人が力をつけ、手に負えなくなるにつれ、これに対するファラオの呪詛は積み重なった。前一五〇〇年頃、ついに堪忍袋の緒が切れたツトモセ一世は第四の急流以南にまで軍を進め、当時クシュで知られていたこの国を打ち破り、ヌビアを植民地にした。エジプト人はこの土地の随所に砦と神殿を点綴させた。ラムセス二世に捧げられてアブシンベルに建てられた最後の神殿は、それまでの二〇〇〇年間にエジプト人が建てたもっとも壮麗な記念碑であった。この神殿は権力のシンボルとして今に至るもその偉容を誇っている。しかし西暦前第二千年紀の終わり頃、多大な努力と多大な感情の投資を注ぎこんだ挙句に、緊縮の必要性からヌビアの放棄を迫られたことは、エジプトにとっては痛恨のきわみだったに違いない。[34] 当時、移住者と侵略者の巨大な渦が地中海の東部地方を麻痺状態にしていた。歴史家が時に「青銅器時代の危機」と呼ぶ時代である。

同じ時期、エジプトは紅海沿いで新しい商業ルートの開発に努めていた。そのもっとも生々しい証拠は、西暦前第二千年紀の中頃に、ハトシェプスト女王――畏怖すべき女ファラオ――の埋葬神殿の壁半分にわたって描かれている。その情景は、当時エジプトが知っていた世界でもっとも遠い土地へ向けての船団による遠征である。その土地は香料と象牙、黒豹と猿、亀と麒麟、黄金、黒檀、アンチモンなどで満ち溢れている。私たちはプントという土地がどこにあるか知らない。しかし、この壁画によるとそれは明らかにアフリカの匂いがする。風土は、熱帯または亜熱帯と見受けられる。現ソマリアがもっとも可能性の高い候補地になる。ハトシェプストは聖なる神アムンレに捧げる香木の庭園を計画していた。遠征の目的は、その香木を買うことだった。その目的の底辺に潜む考えははっきりしている。女のファラオが甚だ異常と見られる国で彼女の支配を正当化することである。真のファラオに相応しく、彼女は神アムンレの愛により受胎された。彼女の母親の体が「聖なる香り」により貫かれた。その香りは「プントの土地の香りだった……」。

　遠征のルートは紅海の長旅である。紅海の帆走は航路が曲がりくねっているため長く危険なものとなる。香木は、嵩《かさ》は小さいが高価な商品である。そこでエジプト側はその入手に備えて五隻の船を送る必要があった。エジプトの進んだ農業技術が生んだ大量の食品を支払いに充てるためである。プントは「あらゆる驚異」を保有しているとエジプトの文献は記録している。一方、エジプトはその見返りに「あらゆる良質の品々」を提供した。プントの黄金は雄牛の形をした錘《おもり》で計量された。香木は生きたまま鉢に移し替えられ、エジプト船に積み込まれた。エジプト側は「パン、ビール、ワイン、食肉、果物」で対価を支払った。

　エジプト側の文献に粉飾／誇張がないとするなら――多分その通りと考えられるが――プントの人々は探検グループの到来に目を丸くした。「エジプトの人間は知らないはずのこの土地にどうやって来ることができたのか?」。両手を上にあげて「びっくり」を示した。「空の通路からこの地に降りたのか? それとも」、同様に「まさか」の意をこめて「船で海から来たのか?」[35]と聞き足した。はるかに後世、コロンブスは、最初の大西洋横断の航海の終わりで自分たちを迎えてくれた島人が同じ言葉と同じ身振りを使ったと述べている。海伝いにやってきた探検者を迎えた側が彼らを天から降ってきたと想像する主張は、ほとんど信じられないということと同義の常套的表現だったらしい。

紅海とナイル川上流への探検と並行して、エジプト人は地中海東部の海上ルート網の開拓にも手を染め、クレタ島やレバント主要部の諸都市とのあいだで航路を定めた。地中海で彼らの航海の手が届く以遠の島々にも、それまでの数千年紀にわたり海洋文化が存在していたが、その土地の船乗りが習得していたルートの範囲については、詳しいことはいっさい判っていない。前第四千年紀、マルタ島には世界最古の石造の記念碑が存在していた。それから一〇〇〇年後、ほかの西地中海の島々では、上流階級は巨大な部室を備えた墓所を所有していた。前第三千年紀の終わりごろには、キクラデス諸島の王宮には豪華な物質的文化が栄えていた。ハープ弾奏者の優雅な彫刻、宝石に飾られた鏡、バスタブなどである。前第二千年紀のクレタ島には、交易都市や王宮の貯蔵庫などが散在していた。今も残っている壁画の一部に描かれた珍奇な品々で、エジプトとの交易を窺うことができる。ギリシア南部の諸都市はその直後あたりから勃興してくる。ここでは琥珀の交易が盛んに行なわれた。仲介の商人によりこの地へもたらされたものと考えられる。彼らの建築物の一部は、それまでにすでに数千年を閲しているヨーロッパ北東部――特にイギリスとブルターニュ地方――の墓所ときわめて酷似している。前第二千年紀という早期の時点で、探検者がギリシアからイギリスまたはスカンジナヴィア半島へ横断したとか、あるいは海路をぐるりと回って到達したことは、まず考えられない。交易者が大陸を横断するいくつかのルートをつないだものと考えられる。

地中海から大西洋へ

西暦前第二千年紀の終わりごろ、ユーラシア大陸のすべての偉大な文明は、消滅、場所替え、あるいは変形を経験する。クレタ島とギリシア南部とアナトリアのそれは崩壊した。地中海東部は、前八世紀までは、書かれた記録が皆無の「暗黒時代」に入る。インダス川流域の諸都市は灰に帰した。この地域の文明の中心が次の一千年紀に再出現した時、それはかつての中心地からはるか離れたガンジス川流域や現在のスリランカに移っていた。中国は黄河文明域の辺境から侵入してきた王朝により征服され、前七世紀までは中国の歴史家が「戦国時代」と呼ぶ状態に分裂していた。一方、エジプトは、前十三世紀頃にレバントの諸都市を破壊した侵入と移民からかろうじて生き残っていた。

しかし、この時代のエジプトの一旅行者の記録――時代も前一〇七五年と特定できるので信頼度もきわめて高い――は、この時代に混沌から再び出現した新しい世界の感じを良好に伝えている。「星々の光のみに導かれて」とこの人物は言う。彼、すなわちエジプトの大使ウェナムンは、現在のレバノンの沿岸部にあった都市国家ビブロスへ赴く途中で「大いなるシリア海」を横断した。彼の使命は、エジプトの船隊用の木材をそこの沿海部の山地から買い付けることである。

上陸するとウェナムンは土地数区画を借り、アムン――ファラオに神託を授ける神――への祭壇を築いた。当初、現地の王ゼケルバールは彼に会うことを拒んだ。王の言い分では、木材資源を自分の目的に優先させるということらしい。ウェナムンを数週間待たせたところで、王は呼び出し状を突然送ってきた。しかも真夜中に。どうやら交渉の策略らしい。しかし、ウェナムンの報告は、これを予言の言葉によって生じた劇的な心変わりと述べている。

「私は王を見た」とウェナムンは言う。「高い公式の間に座していた。王が背を窓に向けると、大シリア海の波が彼の後頭部をうっていた」。大使はこれに続く対話を一語一語そのままに記録している。疑いなく入念に手入れはされている。それでも、訴求力は甚だ強い。むろん、いずれの側にも身構えはあった。

「私は御地へやってまいりました」とウェナムンは口火をきった。「神々の王であられるアムンの偉大にして神々しい船のための木材契約が成立しているからです」。大使はゼケルバール王の先代と先々代である父親と祖父の先例を言い立て頑張った。しかし、王は材木が貢物として献上されたような言外の含みに反発した。

「先代も先々代も商売でそれをやったのだ」と王は応じた。「お前が金銭を支払うなら、私はやってもよい」。値段についての暫時のやり取りの後、両者はふたたび険悪に肩をそびやかせた。ゼケルバール王は怒号した。「天を開いたレバノン国に声を大にして呼びかけたい。材木は海に与える」。

「間違っておられる!」とウェナムンは反撃した。「アムン神に属さない船などありません。海もそうです。王が『ご自分のもの』とおっしゃるレバノン国もしかりです。アムン神の命ぜられるままになさりませ。そうするなら、今後も王はお健やかにお過ごしなされます」。

印象深い修辞の力であった。それでも、エジプト側はゼケルバール王の言い値で支払った。黄金四「壷」、銀五壷、数量不明の亜麻布、五〇〇頭分の雄牛の皮、五〇〇巻きのロープ、レンズ豆二〇袋、魚類二〇樽である。「これに王はにこやかな表情を示し、三〇〇人の人手と三〇〇頭の牛を提供した。彼らは必要量の材木を切り出し、一冬をかけてこれを海へ送り出した」[36]。

この記録は、小説を凌ぐその生々しいドラマ性、さらには実際の対話の迫真性だけでなく、後にフェニキアと呼ばれるにいたるレバント沿海部での都市の復活と古代交易ルートの復活または再開を伝えるその全体図によっても、読者を捉えて放さない。八世紀以降はギリシアで起きるビブロスなどの都市は、英雄的な探検者の揺籃の地となった。この諸都市にほかの選択肢はなかった。後背地は限定されていて、そこの住民は交易者として富を蓄積するほか道はなかった。この間、ある詩人が嘆いたように、「ギリシアと貧困は姉妹」だった。[37] ギリシアの都市のほとんどは、富を蓄えるには製造——主としてオリーヴオイル生産と窯業——に頼り、程よい市場の発見が求められていた。しかし、流入してくる人口を養うには地元経済はいかにも貧困だった。海を越えて植民地が外へあふれ出た。

フェニキアの交易者は、西暦前第一千年紀の前半にスペインの南西部でまず活躍した。ギリシアの伝承によると、同じ第一千年紀の初めより以前に、フェニキアの植民地ガディール（現カディス）が設立された。ただし、実際の年代は前九世紀より以前ではないとされている。[38] スペインの東海岸部へのギリシア人の入植は、前七世紀までに行なわれている。流入してきた東方の人々は、銀で富んだ文明の中でもう出来上がっている市場を見出した。歴史家ヘロドトスは、別の場所——アンダルシア南部の大西洋岸のタルテッソス——で、同地の発見の経緯を伝えている。

コレオスを船長としてサモス（ギリシア南東部の島）を出た船が、エジプトへ向けて航行中に、東風によりヘラクレスの柱（ジブラルタル海峡）を超えてさらに西へ吹き寄せられ、神の摂理によりタルテッソスに着岸した。この時点でこの地は商業的にはまだ未開発だった。そこで、彼らが故郷の島に帰った時、私たちが知っているほかのどのギリシア人よりも自分たちの積荷で大もうけをした。ただし、エイナ島のソストラトスだけは例外で、彼に比肩できる人間はいなかったからである。

ヘロドトスは、歴史的な文脈と状況の具体性でさらに注目に値する話も紹介している。

フェニキア人は、ギリシア人のうちでもっとも早い時期に長距離の海上航海を行なった人種であった。丸型の積荷船ではなく五〇人漕ぎの舟で、アドリア海とエトルリアとイベリア半島とタルテッソスを発見したのは彼らだった。タルテッソスに来ると彼らはこの地の王のアルガントニオスという人物と友誼を結んだ。王はタルテッソスの支配を始めて八〇年、生まれてから一二〇年に達していた。フェニキア人たちはこの王に大いに気に入られた。そこで王は彼らにイオニアの地を離れ、自分の国のどこでも好きなところに定住するよう申し入れた。しかし、彼らの同意が得られない。ペルシアからの軍事的圧力が猛烈に強いのだとのこと。そこで王は彼らの町の周囲にぐるりと城壁をめぐらすに必要なお金を彼らに与えた。王はこれを惜しげもなく出した。[39]

これを換言すると、フェニキアとタルテッソスとの関係は、前六世紀の中頃にはすでに良好に確立していたことになる。カタロニア（スペイン北東部の地中海側の地方）への最初のギリシアの植民が定住してから、ほぼ一世代後ということを意味する。前五四六年のキュロス二世大王による攻囲に耐えた有名な城壁の強さを吹聴するための伝説的な説明とする説もある。ギリシアの植民地を自らの領内に誘致したいとする王の熱意は、フェニキアの通商独占主義者と張り合う意図、あるいはフェニキアや自国内の脅威から防備を強化する意図とも考えられる。あるいは、拡大しつつある通商サークルを利用するための船隊と起業家の獲得を意図したものとも考えられる。

大西洋に面したタルテッソスは、さらに遠方の市場と富の源泉への途中に位置していた。フェニキアとギリシアの通商開拓者の交易ルートは、ヘラクレスの柱からさらに北へ金属類を豊富に産出するイギリス諸島へ伸びていた。彼らの入植地《コロニー》は、新しい経済圏の形成における中継ぎ地だった。これを経由して物品、人間、ものの考え方などが、地中海を大西洋側のヨーロッパから隔てている分水嶺を突き抜けて各地へ拡散することが可能となった。前四世紀、現在のマルセーユにあったギリシアのコロニーには、シェトランド（スコットランド北部）やエルベ川に通ずるルートの信用できそうな話が流布していた。インド洋の一部も長距離交易の海上ルートとしてすでに確立していた。

その世紀の終わりごろ、一人の旅行者――商人風ではなく、いかにも廉直な学問の探求者と見える人物――がマルセーユから航海の旅に出た。しかも彼は証拠の記録をさまざまに残した。目的は北部ヨーロッパの市場の調査と考えられる。この人物の名は、ピュテアス。彼はどうやらイベリア半島をぐるりと回るのではなく、故郷のマルセーユから陸路で直接大西洋側へ出るルートを取ったらしい。オード川をさかのぼり、さらにガロンヌ川とジロンド川を経由して大西洋へ出るルートである。この旅の記録は後世の筆写による断片の形でしか残っていないが、彼が報告している発見の一部は、ほかと容易に区別が可能となっている。ピュテアスはブルターニュ（現フランス西部）についてこう書いている。「多くの岬が大西洋へ突き出した巨大な陸塊」。さらに今はコーンウォールと呼ばれている錫の産地を見聞し、スカンジナヴィア半島の琥珀《こはく》の交易についてもさまざまな見聞記録――必ずしもすべてが現地での調査事項とは限らないが――を残している。また、ブリテンは数多くの島々に囲まれていると報告し、オークニー諸島、ヘブリデス諸島、アングレシー島、マン島、ワイト島、そのほかに、シェトランド諸島とシリー諸島とおぼしき島々の名をあげている。彼はブリテン島とアイルランド島の間を、到達可能な北限の土地を探して航海したものと思われる。ピュテアスは、ブリテン島をほぼ三角形と記述し、その面積まで推測している。潮の満ち引きには仰天したらしい。

ルート沿いに彼はノモン（指柱形の用具）を用いて緯度を測った。北極星とガード星の関係についても記述を残している。

ところで、ピュテアスは一体どれほど遠くまで足跡を印したのか？　彼は到達した北限の地点を「テューレ」と呼んでいる。彼の言葉にもっとも近い証拠が、西暦一世紀中頃の文書に引用されている。彼の著書とされる『海洋について』で彼が記録した観察事項の中に、次のような記述がある。「蛮人は、太陽が沈む場所を私たちにしばしば指差した。これらの場所では夜が極めて短い。二時間ほど、場所によっては三時間ばかりだ。日没後、まだごく短い時しか経過していないのに、陽がまた昇ってくる」。土地の知識からこれほどの詳細を引き出せるほど、彼は北の果てへ達したものと考えられる。[40]

ジブラルタル海峡を西へ出ると、北上するケースと同様に、アフリカ側の大西洋を目指し、黄金の交易を目標に南下することができる。この交易は、ヘロドトスによると、サハラの海岸で「沈黙交易」というもので行なわれた。買い手は砂浜に品物を積み上げて引き下がる。しばらくしてその場所に戻り、土地の人間が代金の替わりに置いて去った黄金を受け取る。

ヘロドトスは、前七世紀から六世紀へ変わる頃、エジプトのファラオから命ぜられた紅海からインド洋へ赴くフェニキア人の航海のことを記録している。

秋が来ると、彼らはその時たまたま居たところから浜辺を目指した。それから一区画の土地にトウモロコシの種をまき、実が刈り取れる時期まで待った。収穫が終わると、彼らは再び航海に出た。これで二年間がまるまる経過したことになる。彼らがヘラクレスの柱を再び目にして、無事に家郷への航海を終えるのは三年目に入ってからのことだった。帰路、彼らは「リビアを回ると太陽は右手にあった」と述べた。

（私としてはこれを信用しないが、信じる人もあるかもしれない）。このようにしてリビアの版図が初めてわかった。[41]

おそらく前五世紀末頃と考えられるが、カルタゴの一人の冒険家がアフリカの海岸沿いのきわめて野心的な航海のことを記録した碑文を残した。この碑文はその後繰り返し拓本されたため、甚だ不鮮明な形でしか残っていない。しかし、一応は首尾一貫した物語がそこからは浮かび上がってくる。海岸沿いに一連の交易中継地をつくると、ハンノは、まず象の国に入り、次は鰐と犀《さい》の国に行き着いた。火山からの溶岩流が海に達している土地では、彼は「毛むくじゃらの体をして、現地の通訳たちはゴリラと呼ぶ」獣を狩猟した。以上の詳しい話のいずれかが信用できるとすれば、この探検グループはシェラレオネまで南下し、カメルーン山を見たことになる。

ほぼ同じ時期、地理学者や詩人を含むさまざまな筋を総合した説話によると、もう一人のカルタゴ人ヒミルコが大西洋を広く探検したことになっている。信じられないような素っ頓狂な話――海のモンスターや大洋のど真ん中の浅瀬など――にまじって語られる巨大な藻の群落や無風海域の話は、サルガッソー海や赤道無風帯を思い起こさせる。ヒミルコの航海は作り話かもしれない。しかし、中部大西洋の海域に対するカルタゴ人の知識は、実際の経験に基づいたものと考えられる。[42]

探検は宇宙形態学《コスモグラフィ》の肥やしになる。ギリシアの地理学者は次第に知見を深め、世界の地図の構築にとりかかり始めた。私たちが知っているギリシアの最初の世界地図は、前五〇〇年頃にミレトゥスで公示されたものので、ペルシアの脅威に対しギリシア諸都市に武装決起を促すことを目的にした政治色の強い地図だった。これは、広大なヨーロッパにより支配される世界像を示していた。矮小なアジアやアフリカを圧して巨大なヨーロッパが聳え立っている。ヘロドトスが言う「まったくの根拠なしで描かれた世界地図」という罵倒から判断するに、この種の思惑で成立した地図が世間に流通していたらしい。しかし、やがて正しい地図がほしいとする希求は、学問的にも戦略的にも抵抗しがたい流れとなる。前四世紀、アレクサンドロス大王の世界制覇という構想は、「世界全体」という考え方を決定的にした。学者たちはピュテアスのような旅行者の記録を漁った。エジプトとメソポタミアの地理学者／地図製作者の仕事——今は失われて参照できない——は、この種の努力を大いに支えた。石板に彫られた形で今にいたるまで生き延びてきた西暦前第一千年紀中頃のバビロニアの地図は、ユーフラテス川を示し、またバビロニア、アッシリア、アルメニアなどの所在地を描き、さまざまな可能性を示している。前二〇〇年ごろ、アレクサンドリアの図書館館長だったエラトステネスは、地球の大きさを驚くほど正確に算定した。これには地表上で同じ経線上にあると推定される二地点でノモン（日時計）が作る影の長さを測定し、その差で緯度一度に相当する距離を定めるというものである。彼は、当時知られていた世界は地表上の陸地のおおよそ三分の一を占めるに過ぎないともほぼ正確に推定している。二世紀、プトレマイオスは緯度と経度の碁盤目で世界地図をつくることを提案している。ただし、この提案は早すぎた。経度はまだ大まかにしか推定されていなかったからである。しかし、この提案はさまざまな試みを刺激した[43]。

精力的な推測が知識のギャップを埋め始める。ヘロドトスは、中央アジアを夢魔の土地と思っていた。「そこを訪れた旅人は幸い帰れたとしても幽霊になっている」。ストロボンは、前一世紀にホメロスの世界図を再現しようと考えていたが、仲間の地理学者を嘲笑った。彼らはこう考えている。「大西洋の遠い果てに、多分幾つかの知らない大陸が今も俺たちの発見を待っていると思うと、なんと悩ましいことよ」。ストロボンはこう断言した。「俺たちが住んでいる世界の外のことなど、地理学者が思い煩う必要はまったくなし！」[44]。

サハラ砂漠を越えた向こうに何があるかという謎と、特にナイル川はどこから発するかという問題は、ギリシアの地理学者にとっては最大の興味だった。プトレマイオスは、インド洋は陸で閉じているかもしれないと考えていた。アウグストゥス帝の重臣マエケナスは——家臣同様に出入りしていた詩人ホラティウスのお世辞に同調する気分もあってか——中国人がどこまで向上してきたか思い悩んでいた。[45]

シルクロード

ローマ帝国初期の重臣マエケナスが本気で中国人の動静に気を使っていた可能性はかなり低い。ただし、ユーラシア大陸を横断する交易ルートは、当時確かに急速な開発の途上にあった。ローマ帝国と中国は直接の接触はまだなかったが、少なくとも相互の知識融通の段階には入っていた。ユーラシア大陸の交易は、これに続く二つの一千年紀の歴史形成で重要な要素となる富の不均衡をあらわにした。すでに西暦前一世紀の時点で、ローマの博物学者プリニウスは、この懸念を表明している。ローマ世界は、交易相手が欲する物品をほとんど産出しない。一方、ユーラシア大陸を横断してはるばる渡来するシルク（絹）や、アラビアとインド洋地域の香辛料と香料は、どこにでも大きな需要が存在する。ヨーロッパ側がこれに支払う対価は現金しかない。今日、私たちはこれを交易の逆バランスと言うはずだ。これに対する資金の調達——さらにはこれの克服と逆転——が、西側の歴史、長期の視点からは世界の歴史の主要なテーマとなる。

海路は、グローバルな歴史にとって、陸路より重要となった。より多くの物品をより速く運ぶことができる。量が多くなればそれだけ経済的効果も増す。それにもかかわらず、ユーラシア大陸横断輸送の初期段階では、ほとんどの長距離交易は、限られた量の高価な物品を中心とした小スケールのものだった。物品の輸送は、全量で海洋や大陸を突っ切る方式ではなく、一連の市場と仲介商人を順次に経由する「中継ぎ市場経由」に依存した。この時期では、ユーラシアを陸で結ぶルートは、文化的接触の歴史にとって少なくとも海上のルートと同様に重要だった。

プリニウスの時代には、交易はすでに高価な物品を中心とする形態に入っていた。西暦前第一千年紀の中頃から以降、中国のシルクはヨーロッパ一円に広まった。アテネやブダペスト、さらにはドイツの南部から西部のラインラント地方にかけての各地の墳墓から、今もその残片が発見されている。同じ一千年紀の終わり頃には、カスピ海南部から黒海北部地方にかけて、さらにはユーラシアのステップ地帯が南西に広がるあたりの、当時は黄金で栄えた諸王国へいたる地域にも、中国の物品が浸透したルートをたどることができる。前四世紀、アレクサンドロス大王の軍隊は、ギリシアから出発し、ペルシアの公道を使って現在のトルコとイランを通過し、エジプトとメソポタミアを席巻しペルシア湾に到達している。進軍の最東端の到達点はパミール高原に達し、インダス川をさらに東へ渡っている。商人たちもこの諸ルートを使ったに違いない。

以上の交易に関する最初の文献による証拠は、バクトリア——アレクサンドロスの軍が征服した中央アジアで興されたギリシア支配の王国の一つ——に向けて前一三九年に出発した中国（漢）の外交使節の報告書に見ることができる。この人物の主な使命は、まず漢の北部国境地帯に襲撃を繰り返すステップ草原の軍事勢力に対抗して同盟国を募ること、第二は、中央アジア深くの最良の馬の飼育者から中国の軍隊で使う馬匹《ばひつ》を調達することであった。彼の使命は、歴史上の大冒険の一つとなる。まず、ステップ草原の連中に捕らえられ、一〇年間人質として幽閉された。なんとか脱獄して使命に戻り、パミール高原を横断してオクサス川を渡るが、ついに同盟の可能性のある勢力に出会うことなく、チベット経由で故国を目指した。ところが再び捕らえられ、再び脱獄した。ステップ地帯で得た妻を伴ってようやく故国へ帰り着いたのは、出発してか

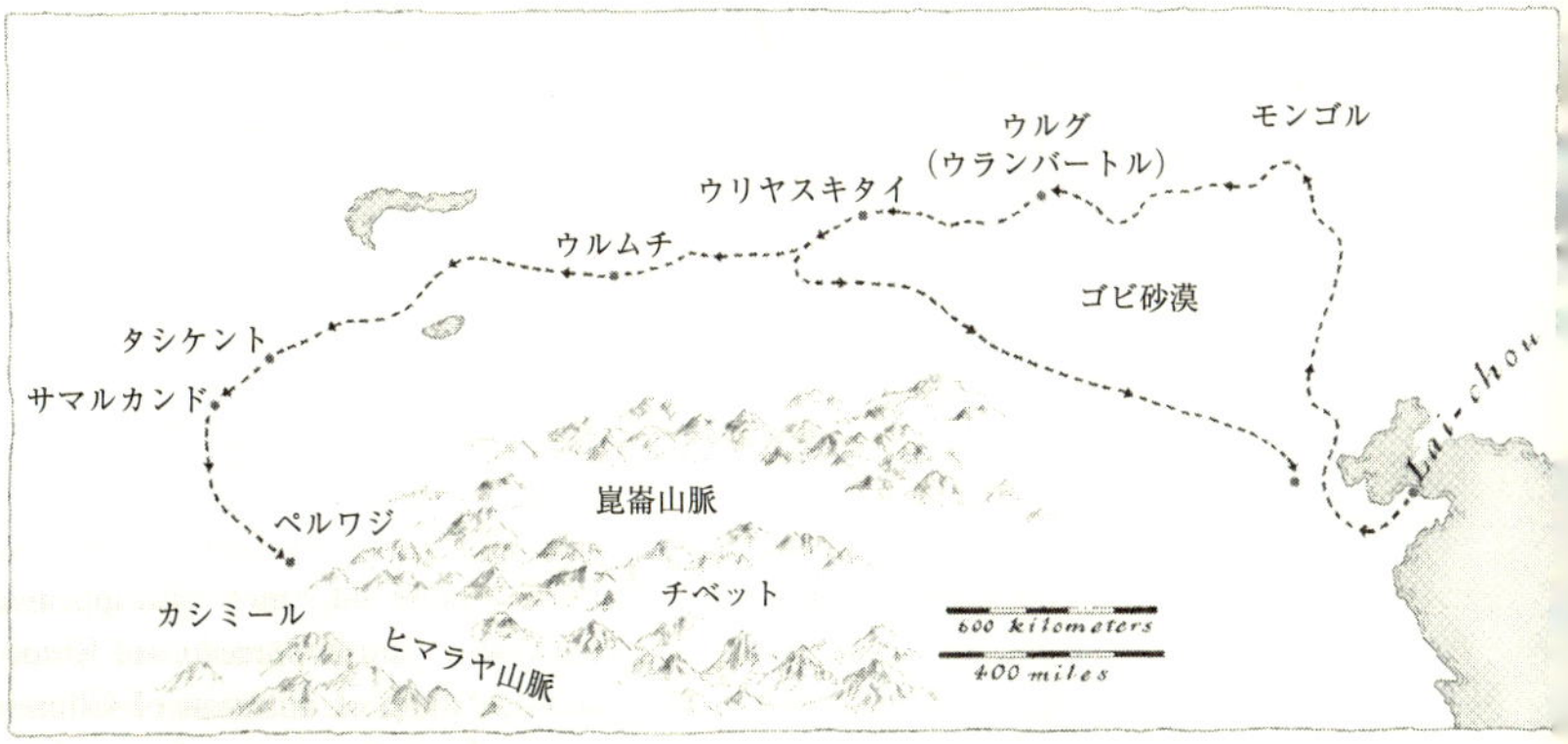

中国の外交使節張騫の足跡

ら一二年後のことだった。しかし交易の歴史の観点からは、張《ちょう》騫《けん》の報告書はきわめて価値が高い。パミール高原の彼方の諸王国には「漢におけると同様に、町並み、家、邸宅がある」。フェルガナ（現ウズベキスタン共和国東部の州の州都）では、馬は「血の汗を流し（よく働くこと）、天馬の血筋と見受けられる」。バクトリアでは漢の衣服を目に留めた。「どうやってそれを手に入れたのかと問うと、この地の商人がインドで購入したものだ、と人々は答えた。ここから南東に数百里の国ということである」。張騫の時代から、中国に「あらゆる方角から珍しい物品が入り始めた[46]」。

前一一一年、中国（前漢）は帝国の最西端のその先で砂漠と山岳地帯の縁に、敦煌の前哨地を築き、守備隊を駐留せしめた。この地への旅行者が休息をとる洞窟の一つに刻まれた詩によると、ここは「アジアの喉元」だった。「西方の大洋へ通ずるいくつもの道」が、首筋の動脈のように合流する地点である。今、私たちはこのいくつもの道を「シルクロード」と呼んでいる。道は山脈の手前で南北に分岐しタクラマカン砂漠の縁を西へ向かって伸びている。中国の史書はこれを「吠え叫ぶ悪魔の太鼓叩きが出没する」恐怖の旅と記述している。強風の擬人化と考えられる。しかし砂漠はいかにも強力で、山賊さえも寄せつけない。しかも山脈は、その彼方に住む遊牧民の掠奪からも旅人を守った。タクラマカン砂漠は横断するのに三〇日を要した。山脈からの水が潤している砂漠の縁を選んでの旅である。中央アジアの市場、またはインドへ到達するには、世界でもっとも険阻な山々をよじ登る必要があった。

敦煌砦の設置から数年後、六万と称せられる中国の大部隊がこのシルクロードを西へ向かって進軍した。目的は、西方の峠道の安全確保と、フェルガナの馬匹飼育者に取り引きに応ずるよう強制することだった。洞窟内の有名な彩色壁画が興味深い。中国軍に捕らえられた「黄金の人々」の前でひざまずく中国の将軍ウディを描いている。(画家は人々を仏陀の姿にしている。多分気まぐれにやったことと思われる)[47]。前一〇七年、中国軍はフェルガナに侵入し、水流の進路を変え、貢物として三万頭の馬を獲得した。この間、中国からのキャラヴァン隊商はペルシアに到達し、中国の交易産品は地中海のレバント海域でごく普通のものになっていた。

西暦七九年、中国は使節甘英《かんえい》をローマへ送った。しかし、彼は黒海から引き返す。この使節に成功してほしくないこの土地のローマの敵から警告を受けたからである。彼らは使節にこう述べた。「ご家族も故郷もお忘れになりたいのなら、どうぞローマへ行かれるがよい」。可能な限りの資料を集めて彼は本国へローマ人についての贔屓目の報告を送った。「この土地の人々は中国の人々に比肩しうる気風を備えております。……大秦(ローマ帝国)はインドおよびペルシアと海上交易を行なっております」。ローマと中国の両帝国が相互の直接取り引きにもっとも近づいた瞬間だった。[48]

ローマ世界の商人が海路経由でインド洋海域と交易しているとの使節甘英の断言は正しかった。アレクサンドロス大王の大遠征は、アラビア半島の各地の市場とインドの誘惑にギリシア人を誘った。それまではペルシアの商人が独占していた利権である。前六世紀終わり頃、探検に熱心な帝王ダリウス一世がペルシアを支配していた。彼はスエズからインダス川にいたる海洋の調査を命じた。この調査は、同海域の航海の可能性を拡大したものと思われる。それまでの紅海は、隠れた岩礁や危険な海流で通り抜けはきわめて困難と考えられていたからである。調査の結果の一つとして、ペルシア湾の島々における刑罰コロニー（囚人の送り先）の設置がある。

アレクサンドロス大王は前三二三年に死亡する前、海洋遠征隊を出動させていた。目的は、紅海ルートからインド洋海域へいたる直接体験をギリシア人に積ませること、およびペルシア湾からインダス川河口への航路を調査することである。その後ギリシア人は、アラビア海の沿岸地域についての独自の航海指図書、地図、各種情報などを積み上げ始めた。紅海とペルシア湾岸については言うまでもない。紅海の探検に関するデータは、おそらく前二世紀中頃に、現トルコ南部のギリシアの植民地であるクニドスに集められた。エジプト内のギリシアの植民地からの遠征を記録した文書の残片も、ここから発見されている。内容は、象と芳香料の交易、あるいは軍事行動に関するものである。プリニウスはアデンからインドにいたる航海の長さを知っていると思っていた。インド西部の港、それに東アフリカのほとんど全長におよぶ港の名が、彼の著書『アラビア海周航記』に載っている。一世紀の中頃に出たと推測されるインド洋の商人用のギリシア語によるガイドブックである。[49]

アラビアは実質的に長距離通商の要だった。地中海地域とインド洋地域のそれぞれの海事世界を結び付けるだけでない。香料と化粧品に使われる芳香剤、特に乳香、没薬、およびカシア桂皮というアラビア・シナモンなどの産地でもあった。アラビア半島の海岸部には、長距離通商を専門とする重要な港がずらりと並んでいた。たとえば、今日のアルジュバイルに近いと推測されるゲルハは、もっぱらインド産の物品の荷揚げに使われていた。そこから近いタイジは、輸入品の保管に適した港とされていた。周囲一マイル半（二・四キロ）以上で厚さ一五フィート（四・六メートル）に及ぶ石造りの壁に囲まれた倉庫を備えていたからである。前三世紀に、アラビア半島南部のマインから、ある商人がエジプトの寺院へ香料を納入していた。何故こんなことが判るかと言うと、この人物はエジプトで死亡し、その石棺に彼の人生での事跡が彫られているからである。

　オーマンの交易諸都市は、キリストの生誕前後の二世紀にわたって、ローマとギリシアの物書きに大いに人気があった。イエメンは香辛料を豊富に産出する土地で、そこの住民は「その日に使う分のカシア桂皮とシナモン（クスノキなどの芳香性樹皮）を毎日薫じている」と言われていた。西暦二世紀のある文献の著者は、アラビア半島の主だった交易諸部族に言及して、「シバ人とゲルハ人より金持ちの部族はないと思われる。彼らは、アジアとヨーロッパから入るあらゆる物品の仲介業を独占している。シリアを黄金で豊かにしたのも、地中海のレバント地域の人々に交易のチャンスやさまざまな物品を供給したのも彼らである」と述べている。アラビア半島の立地条件と、繁忙を極めている港湾諸都市は、世界征服を目指したアレクサンドロス大王の臨終の言葉「アラビアを征服したかった」を裏づけている。[50]

　アラビア海で開発された諸交易ルートは、これよりはるかに広範な一連のリンクの確立に大いに貢献した。すなわち、それはアジアのほとんどすべての沿海部を連結し、さらにアフリカ東部の沿海部の大部分にまで延びるものだった。この時代のインドの地理学者が描いた世界地図は、これに要した探検の中味を雄弁に物語っている。まず指摘が必要なことは、この地図が「家に座している気分」の産物ということである。

ヴェーダ後の時代の有名な世界地図「四大陸世界」は、ヒマラヤ山脈を中心にした地図である。四つの「島大陸」が山塊のコア——メルーまたはシネルー——から放射状に伸び、これを岩石の七つの同心円が囲んでいる。南に位置する最大のものがジャンビュドヴィパで、インドの大部分はこれに入っている。東方にはバドラヴァティが位置し、ネパールと北部のビハールの一部がこれに含まれるらしい。北方の大陸ウタラクルは中央アジアに相当するらしい。四つ目のケトゥマラは西方に伸びている。前二世紀以降、この地図は次第に「七大陸地図」というものに地位を譲ることになる。ところがこれは明らかに現実からはさらに乖離したものだった。今度は各大陸はそれぞれ別々の海に囲まれている。曰く、塩水、サトウキビの汁、ワイン、ギー（水牛の乳からつくる液状バター）、凝乳、ミルク、水である。これは基本的には仏教徒の地図だった。ジャイナ教徒用の地図はさらに奔放の度を深め、宇宙を一連の輪切りにしたピラミッドで表している。

しかし、この形式にとらわれた聖なる宇宙形態学《コスモグラフィ》をベースにして、当時のインド人は世界に無知だったと速断してはならない。それは、ロンドンの地下鉄のマップが地下鉄沿線の正確な表現とロンドンの人たちは思っていたと思い込むようなものである。探検者の報告にある実際の観察事項は、地図の比喩の下に隠れている。世界は、偉大なるヒマラヤ山脈の周りにグループ化されている。インドは三角の花弁状に表現され、スリランカはそこから露のように垂れている。別々の海については、想像上でほとんど知られていないものもあるが、そのほかは頻繁に往還するルートや交易の中心地などを表している。たとえば、ミルクの海は現今のアラビア海にほぼ対応し、サカのミルクが打ち寄せる大陸の人々に帰せられた太陽崇拝は、ペルシアのゾロアスター教徒の夜明けを迎える儀式に通ずるものが認められる。バターの海の中のクーサはエチオピアを表している。

インド人は、これらの海について直接体験を豊富に持っていた。ジャータカ——釈迦の前世の物語で宗教

ジャータカに出ている船。ジャワ島ボロブドゥールの寺院の壁に、レリーフ彫刻の形で揚げられている。

訓話の宝庫——には、前三世紀あるいは前二世紀の海上航行の説話が登場する。ここでは「星々の知識により」船を操ることは神に似た才覚とされていた。仏陀その人も星により自分の船を操り、「天空の光のコース」を知っていた。船のあらゆる装備や航海者が遵守すべき兆候に習熟していた。「魚、水の色、海底に散らばっているもの、鳥、岩など」である。「船を前へ進め、これを港に連れ帰る技術に習熟していたので、仏陀は商人を海上ルートで目的地へ送り届ける業に励んだ。仏陀はスリランカでは人肉を食う女悪鬼の誘惑から水夫を救った。さらに、敬虔な探検のためには沈まない船を工夫して建造しこれに与えた。ベナレスの町から来た商人は、悟りを開いた聖者の忠告に従って一艘の船を信用貸しで購入し、積荷を売り払い、金貨二〇万枚の利益をあげた。守護神のマニメクハラは、難破船の犠牲者を救った。中には商売と巡礼をまぜこぜにしていた者もいたし、「徳に恵まれ両親を敬っていた者」もいた。[51] 以上はすべて確かに伝説である。しかし、残存の話も具体性に富んでいることは、現実の航海という背景があることを暗示している。ペルシアにも類似の伝承がある。ジャムシドの説話に似て、王と船大工を兼ねる主人公は、「出発の港から帰着の港まですごい速さで」海洋を突っ切った。

インド洋の伝統でもある長距離海上航行の根拠は、季節風の規則正しさにある。赤道の北では、冬には北東の風が吹いている。しかし、冬が終わると、風向きは逆になる。一年のそのほかの大部分では、風は安定して南と西から吹く。空気が温まるとアジア大陸の陸塊に吸い寄せられ、大陸を超えて上昇する。風の変わり目を予測してこれを利用することにより、航海者は順風と逆風に自信をもって航海に出ることができる。

それほど注目に値する事実ではないが、海洋を舞台にする歴史は、圧倒的に風に突っ込む形で行なわれている。筆者がイギリスのタイムズ紙の企画「世界探検アトラス」で主任編集者の職責にあったときに驚きをもって味わった経験だが、発見の栄を得ることになる人物の大部分は、自然の力に逆らって進むことを選んでいる。つまりフォローの追い風を避けている。家路を目指すことは、どこか新しい場所へ行き着くことと少なくとも等しく重要であることがその理由と、筆者は解したものだった。フェニキア人とギリシア人が地中海世界を交易と植民地化のために開拓した時も、同じ現象が起きた。この海では卓越風（常時吹く風）は西風だからである。後述するが、同じ時期の南太平洋諸島の航海者たちは太平洋の島々を同じように探検し植民地化した。卓越風である南東からの風に突っ込む方向で航海していた。

インド洋の季節風の決まりは、この種の制約事項から航海者を解き放った。来る年も来る年も顔と背中に交代に風を受けるのがどんな感じか、読者には想像していただきたい。そのうちに将来の船乗りには判ってくる。風向きが冒険の是非に重大に関わってくることを。彼らは風向きが変わることを知っていた。それで、家に戻れるチャンスが消滅する恐怖を感ずることなく、敢然と船出のリスクを冒すことができた。インド洋には多くの危険が潜んでいる。暴風雨にも苦しめられる。特にアラビア海、ベンガル湾、赤道から約一〇度南の海域でそれが著しい。シンドバッドの物語には船が難破する場面が続出する。しかし、家路へ向かって吹く追い風が予測できるとすれば、その長距離航海は世界でもっとも恵み深い環境となる。これとは対照的に、大西洋と太平洋の風向きは固定しているため、古代の技術ではこれを横断することは不可能だった。この両方の大海をぐるりと回った航海のことを私たちは知らない。

ほかの航海可能な海と比較した場合でも、このモンスーン季節の安定度は、別の利点を船乗りに提供した。この時代、航海に要した日数については信頼できる記録は残っていない。しかし少し後代の統計から判断するに、地中海を東から西へ逆風で突っ切るには五〇日から七〇日はかかる計算となる。一方、インドとペルシア湾の港または紅海近くの港のあいだで、アラビア海をそっくり船で突っ切るには、いずれの方向の場合でも三ないし四週間で充分だったはずである。

ユーラシア大陸の主要な文明圏では、学者に知られている世界を文書化する上で地図の重要性が次第に増大しつつあった。それでも、新しいルートが地図に記載されることは稀だった。地図をつくった文化は、これをさまざまな目的で用いた。ギリシア人は外交に、インド人は宗教に、中国人はこれを戦争と行政に使った。前三世紀の中国の将軍の資格論文では、地図に対する知識の程度がもっとも高い比重を占めていた。「軍隊のすべての指揮者は、まず地図に対する知識を涵養しなければならぬ。山中の曲がりくねった道の位置、馬車が通行に難渋する可能性のある渓流、有名な山、通過可能な渓谷、流入する支流を伴う主要な河川、高地と丘陵地帯、草、樹木、雑草などが繁茂する地帯、道路間の距離、都市とそれを囲む城壁のサイズ、著名な都市と住民が去った都市、荒蕪地と耕作地、なかんずく軍隊が通過する土地の入口と出口などである」[52]。甘粛省天水で発見された前二三九年のものと推定される兵士の墓から、明らかにこの地域の軍用地図と推測されるものが出土している。川をはさみ居住地間に展開した軍団の通過ルートが生々しく点綴されている。中国のほぼ同時期の「地方官吏用」の行政地図も残片の形で発見されている。同国の多くの文献はその重要性を国の公式記録として確認している。しかし、世界全体の形は、初期の中国の地図製作者にとっては関心の対象外だったらしい。例外的に残っている宇宙の想像図では、球形または卵形の宇宙の中心で地球は矩形の立体として描かれている。漢代から残っている世界地図というものは存在していない。遠隔地の文化や遠い市場とのあいだの長距離ルート発見は、商人と船乗りの実践的な「アート」だった。地図製作に責任のある学者や行政エリートにとってはなんの関係もないことである。商人たちは発見したルートを単に覚えたらしい。船乗りは、最善のケースでは、これを航海指図書の形で記録した。

合流の限界

世界は、西暦前第一千年紀の後半において、以下にあげる三つの過程でちぢみ始めた。第一は、ユーラシア大陸を横切る長距離交易ルートが開通したこと。第二は、海上ルートにより地中海世界とヨーロッパの大西洋岸地域がつながったこと。第三は、季節風を利用した海上往還の開発により、アジアの沿海部とアフリカ東部の大部分との接触が始まったことである。これに加えるに——ただしこれは主として次章のテーマだが——地中海の沿海部とアフリカ西部で興りつつあった文明とのあいだで、サハラ砂漠を横断しての接触が細々ながらも始まろうとしていた。こうして、グローバルな歴史のインフラストラクチャーの骨組みがなんとか設定されたことになる。ものの考え方と技術の交換はユーラシア大陸を横切って今や可能となった。この地域に点在する諸民族に対するその効果ははっきりと形を取り始めていた。しかし、それらをつなぐ結び目はまだ数少なく弱々しいものにとどまっている。それに、世界の大部分――両アメリカ大陸、太平洋海域、オーストラリア大陸、アフリカの大部分、アジアの亜寒帯など――は、まだウェブ（蜘蛛の巣）の外で仲間外れのままだ。本書の以下の各章は、ルートの探索者がどのように既存の結合を強化し、頑強に抵抗する障害を排除していったかの物語となる。

2
到達する
約一〇〇〇年以前までの海洋の探検

それでなにが残るのだ？　周囲に黒々と横たわる
大海、それから祝福された島々。さあ、船出だ。

ホラティウス、叙情短詩　一六、四一～二

われらは巡礼者だよ、親方、だから行くのさ
いつも少し先へ。きっと、
雪に閉ざされたあの青い山の向こうだね、
あの怒りっぽい、いや、光っている海の向こうだね。

ジェームズ・エルロイ・フレッカー「サマルカンドへの黄金の旅」

私たちは水の世界に住んでいる。水は地球上の生活圏の九〇パーセント以上を満たし、地球の表面の四分の三強を占めている。世界のあらゆる部分を、世界の他のあらゆる部分で触れるには、海によるルートの発見が必須だった。航海可能な海岸沿いに行くのなら、それは容易である。すっかり囲まれた、あるいは大部

分囲まれた、比較的小さな内海なら、必要なのは少しばかりの大胆さでこと足りる。モンスーン季節風海域では、長距離の海洋横断航海がはるか以前から当たり前になっていた。

しかし、世界の大部分を覆っているのは、風向きが固定している大海である。この環境では横断はきわめて困難になる。探検者は風と海流のパターンをまず――暗号のように――解読することが求められる。それにより初めて航海者は、こちら岸と向こう岸のあいだの永続的な往還のルートを確立できる。世界を変える文化の交換が幕を開けるには、文化的に意義深いルートの開拓が必須であった。すなわち、生き方を変える考え方や技術において生産的な人々のあいだで重要な影響力を運ぶことが可能な通路である。

歴史のおおよそにおいて、かかる種類の人々の大部分は、人口の密集した狭隘な帯状の地域に住んでいた。日本、中国、朝鮮半島から南および南西アジアを通り、ユーラシア大陸を横切って地中海地域とヨーロッパ全域を包含し、新世界とメソアメリカ地域からアンデス山脈の北部および中央部にいたる帯状地帯である。ユーラシア大陸と南北アメリカ大陸の以上の地域を互いに接触させるには、大西洋と太平洋という広漠たる未知の巨海を横断する必要がある。船乗りたちが待つことを強いられたのは、これに適した技術の開発にとどまらない。十五～十六世紀にようやく台頭してくるスペインの探検者の出現まで待たなければならなかった。右手に文化の旗を掲げ端倪《たんげい》すべからざる根性を備えた連中である。この分野でのスペインの役割については、章を改めて詳述したい。氷がいかなる種類の航海をも妨げる北極海は、ここが文化の交換の場となるには、さらに長い時が必要となる。北極海は今でもグローバルな文化の交換で充分な役割を果たすには、まだ初期段階にとどまっている。航空機あるいは潜水艦によらなければその内部の自由な往還は不可能だからである。

それでも、今から一〇〇〇年ほど以前の時代――これが本章のテーマだが――探検者たちは大西洋の向こう岸への、広大な太平洋のど真ん中への、北極海へ通ずる往還の水路への長距離探検へ向けて、最初のステップを踏み出していた。太平洋への進出は、南太平洋諸島の土着の――特にポリネシア人の――船乗りの仕事だった。北極海の航海者は北太平洋地域の土着の人々で、アメリカ大陸の北岸あたりを縄張りにし、行く先々を植民地化し、すでにグリーンランドまで達していた。大西洋の横断はスカンジナヴィアの船乗りの仕事で、スカンジナヴィア半島から出発し、次第にアイスランドやグリーンランドへ足を伸ばし、ついにはアメリカ大陸と接触した。

以下の数ページで扱うこの人々の物語には、グローバルな文化の分岐の最後の偉大なるエピソードが登場する。文字による証拠のまことに稀なこの時代からこれらの物語を甦らせるには、考古学と文化人類学、口伝えのさまざまな伝承、近代以降の探検者が古代の先駆者のルートを再構築する努力においてやり遂げた仕事などに頼るほかはなかった。ばらばらに分離していた世界の人々の一部は再び接触することに成功するが、太平洋地域においては、居住可能地域のうちでの最後の未定住地区では文化の分岐が続いた。ここではポリネシア人の航海が、この惑星上の最後の居住可能地域を開拓し、外部世界との定期的な接触とは縁がない地域で、あるいは地区によってはそれさえ皆無な地域で、世界でもっとも孤立した極めて特異な文化を樹立した。これとは対照的に、北極海と大西洋の船乗りたちの冒険は、文化の合流の注目すべき一局面を形成した。彼らはグリーンランドで出会った。最後に彼らの物語を伝えた後、インド洋海域へ目を向け、季節風のルートが開拓と成長を続ける一方で、風向きが固定した海域でも長距離探検がようやく緒に就く展開を詳述したいと考えている。

最後の文化の分岐——太平洋でのポリネシア人の探検

おそらく五万年ほど昔に人類をオーストラリア大陸へ連れてきた移動は、ニューギニアとビスマルク諸島とソロモン諸島へも人間をもたらした。しかし、ソロモン諸島より先の海域では人間は概して住んでいなかった。その多くは今にいたるも人は住んでいないらしい。当時人間が定住した明らかな証拠はきわめて稀である。数千年の空白期間が経過した後、ようやく船乗り文化の人々がこの海域の探検を開始する。彼らが長距離の探検グループを送り出すのは、西暦前第二千年紀になってからである。それでも、彼らの前進は一時的で、しかもその活動はいかにも遅々としていた。

この船乗り文化は、どこでどのようにして存在を始めたのか？　太平洋を初めて手なずけた人々の形成の物語は——現今の知見で言える範囲は——西暦前第四千年紀の中頃のことで、東南アジアの島々で外向性のコミュニティが野心を抱えてうずうずと日を送っていた時期のことである。その頃、火山の大噴火——かつて人類を襲った最大級の噴火——でその地域は火山灰に覆われた。その灰の層の上に、以前より大きい定住地の痕跡が横たわっている。道具類——特に釣り針——は最高、交易される黒曜石の刃物は一般的、家畜——犬、ニワトリ、豚——は無数、陶器類は実に豊富である。西暦前第二千年紀中頃から以降は、陶土に歯形を刻印した複雑な模様を備えた丸型の壷が記録に登場する。この頃になると、この文化を実践していた人々——文化人類学者はこれをラピタ族と呼んでいる——は、東南アジアの沖合の島々の多くに定住していた。台湾、フィリピン諸島、スラウェシ島、ハルマヘラ島、ビスマルク諸島、それにこれらの周辺の島々である。これは、おそらく台湾を基地としての島伝いの探検を示している。

それから、二〇〇ないし三〇〇年の中絶期間をおいて、同一千年紀の終わりにかけて、同じパターンが繰り返された。今回は探検者たちは陸地をさらに奥まで進んでいる。彼らはニューギニアを巡っているが、定住地は設定していない。このことは、住民がごく少数かあるいはまったく無人の、小さな島を粘り強く探していたものと考えられる。換言するなら、これらの航海は交易が目的ではなく、領土の獲得が主眼だったと思われる。前一〇〇〇年頃までには、航海者たちは遠征の範囲を拡大し、ソロモン諸島からリーフ諸島、ティコピア島、バヌアツ島、ロイヤルティ諸島、ニューカレドニア島、さらにこれより遠方のフィジー島、サモア島、トンガ島などにも達している。これは実に壮大な航海だった。大海での一度に数百マイルの航海。それ以前のラピタ族による島伝いの航海では前例のない、当時の世界全体でも比肩できるものが見当たらない大航海だった。

以上の島々を地図上でプロットすると、底辺に存在する原理が明らかになる。航海はすべて、太平洋で年間を通して安定して南東の貿易風が吹いている海域で、風にもろに突っ込む形で船を進めている。風に向かって舳先を立てることは、航海技術についてなにごとかを語っている。すなわち、彼らの船は操縦可能な三角帆を備えていたに違いないことである。これによりさまざまな条件に対応することができる。時に風向きが変わっても——どれほど安定した季節風の海域でもこれは避けられない——これでなんとか克服できる。帰途のコースから大きく外れて難渋することはない。探検に値する島が見えるまで航海を続ける。あるいは、食べ物が残り少なくなっても、安全迅速な帰路が約束されている。海上の探検の歴史における大いなるパラドックスの一つは、以上で説明が可能となる。大いなる航海は風に押されて進むものと人は考えがちだ。むろんそのケースもある。しかしこれまで述べてきたように、さらにはこれより以降も本書で繰り返し触れるように、季節風の海域以外では、探検者は風に向かって頭を突っ込んだ。彼らにとっては、なにか新しいものを発見することと同様に、帰路を確保することも重要だったからである。

発見された島すべてに人間が住み着くと、それとのあいだに接触を保ち、交易物品の交換も可能となる。現に黒曜石を中心とする物品の交換は、ラピタ族文化が占有した全長四五〇〇キロに及ぶ海域で行なわれていた。すなわち、人々は追い風による長距離航海に習熟したことを意味する。とすれば、よく理解できることだが、彼らはコースに少し変更を加え、貿易風の主な通過帯の北と南の海域で探検を試みた。南では、接近可能な範囲内ではなにもなかった。しかし、北にはミクロネシアの島々があった。

現在までに確認されている考古学的な証拠から判断するに、ミクロネシアに最初に人間が住み着いたのは、今からほぼ二〇〇〇年以前のことである。それも、比較的近いアジアの本土からではなく、南東のソロモン諸島やニューヘブリディーズ諸島、あるいはフィジー島やサモア島からである。この新しい環境で、新来者が身につけてきた文化は、かなり突然に、しかも到達した島により極めて大きな変動幅を伴いつつ、変動にさらされた。これには説明が必要と考える。もっとも早期にこの変動が現われたのは、カロリン諸島の東端に位置するポーンペイ島であった。定住者の出発地からはもっとも近いが、東南アジアの本土からはもっとも遠いロケーションで、外部社会との交換がもたらす文化への修正の機会もかなり限られている、いわば離れ小島である。これに加え、ポーンペイ島は小島——養える人口は多分三万人が限度——ではあったが、西暦一〇〇〇年頃には甚だ野心的な活動の中心地になっていた。大規模な労働力が動員され、石を切り出して墓地や儀式のための記念碑的なセンターが造営された。亀を生贄にささげる儀式や聖なるウナギの養殖もこれに含まれる。近くのコスレー島でも、その直後に類似の歴史が始まる。それから二〇〇年以内に、舗装された道路の周辺に、堂々たる造りの高い壁をめぐらせた都市が出現していた。一八二四年に偶然にレルーの町にやってきたフランスの遠征隊は、「まったく当惑して」これを見守った。

ポーンペイ島で一体なにが起きたのかは、太平洋地域で文化が発展する筋道のモデルとして説明できそうだ。コロニーがその発生の起源の地から遠ければ遠いほど、そこの文化はより自由に、かつより広範に分岐するという現象である。

南太平洋のミクロネシアの先で、かつラピタ族の足跡の及ばない所に、世界でもっとも畏怖すべき辺境の一つがある。海は当時の技術では横断できないほど大きい。風はほとんど絶え間なく東南から吹いている。しかも途方もない距離が開拓可能な島々からここを隔てている。この環境の征服は、主として西暦第一千年紀の後半の仕事となる。これを成し遂げたのは、今私たちがポリネシア人と呼んでいる人々だった。

ポリネシア人は、密接に関連した言語を話す人々と定義することができる。ほかの面で彼らに共通する特性を見つけることはなかなか困難である。しかし、考古学と言語上の証拠を使えば、彼らが太平洋の各地に散った初期の数百年の時期に、彼らが送った生活を組み立てることは可能である。彼らはタロイモとヤマイモ（いずれもココナツミルクを補い食用にする）、パンノキ、バナナを栽培していた。またニワトリを飼っていた。名をつけた魚が一五〇種類もあり、これで道具をつくった。ウニの背骨からやすりを、牡蠣の貝殻から釣針をこしらえた。彼らはカワカワを飲んだ。根に催眠性の効果がある植物からつくる発酵性の飲み物で、トランス状態を誘導したり儀式で祝うために使用されるものである。[1] 聖なるものに関する彼らの考え方を考古学で辿ることはできない。しかし、言語やその後の証拠で推測することはできる。彼らが理解した世界は、マナにより律せられている。ものすべてを生かし、ものをそのものであらしめると信ぜられる自然の霊力である。たとえば、網のマナは網に魚を捕らえさせる。ハーブのマナは、それで人を治癒する。

ポリネシア人の文化は、その起源からして辺境の文化だった。それは、中部太平洋において、今から三〇〇〇年ないし二〇〇〇年以前に、多分トンガ島とサモア島で芽を出した。おそらく前述のカロリン諸島の都市建設文化と同じ筋道だったと考えられる。祖先の故地からかなり遠隔の場所にあり、相対的に孤立していたために生じたラピタ族文化からの変形として変転した文化である。ポリネシア人の進出の年代記については諸説あるが、いずれも深い霧に閉ざされている。しかし、ポリネシア文明の大まかな軌道——外向性と海洋性——には疑う余地がない。この人たちは、考古学の記録に初めて出現して以来、一貫して「船乗り」だった。東南の貿易風の通路に冒険の旅を繰り返した。その風は彼らの航海の範囲を制限はしたが、少なくとも故郷へ帰りつける良好なチャンスを船乗りたちに約束した。

西暦前第一千年紀の終わり頃から、それに続く一〇〇〇年ほどの期間に、相互に独立したさまざまな探検にスパートがかかり、探検に関するかぎり明らかに世界は「テイクオフ」の時代に突入した。遠くはイースター島を含む数千の島々から、考古学上の新たな発見が積み重なった。これについては編年が不正確だと激しい論議がかわされている。一部の証拠の価値について、考古学者のあいだで意見が分かれるからである。たとえば、定住した直接的な証拠がない場合、どの程度の重要性を環境上の証拠に与えるか、などである。環境上の証拠には、森林の遮蔽物の喪失に関する花粉の証拠、あるいはネズミやカタツムリ——太平洋海域では人間の移動に付随すると信ぜられている——の有無などがある。[2] 一方、ニュージーランドの島々——あまりに大きいので、最初の人間定住の証拠を発見できるチャンスはいかにも小さい——のケースでは、学者たちは土地の家系図伝承の世代数のカウントに伝統的に依存して、最初に渡来した時代を推測していた。この方法による答えはおおよそ西暦八〇〇年から一三〇〇年のあいだに分布していた。ほかのデータ——主として環境による修正と統計学の手品——を用いた推定が、もっとも真実に近そうな数値をはじき出した。最初の定住者は西暦一〇〇〇年頃にこの地に渡来したというものである。

ポリネシア人は、起源である島々に何故そんなにも長く閉じこもっていたのか？　その彼らが何故突然に島からはじけ出て、外界の島々にこんなにも広大に散っていったのか？　知識の現状でさまざまな証拠を総合して出しうる最善の推測は、次のようなことになる。彼らは探検を先行させて、後に植民に移ったこと。前第一千年紀の終わり頃から彼らにはさらに大きな空間が必要になった。理由としては、人口の増加と社会的／宗教的／法的力学の変化であぶれた人間が外に自由を求めたか、逃亡したことが考えられる。

思うに、彼らは、風向きの通路の彼方に横たわる太平洋の全体図を彼らなりに思い描き、風向きが未知の領域へ少しずつはみ出し始めた。もし危険が迫れば、貿易風の安全海域へ急いで戻ることができる。ポリネシア人の故郷の土地からは、クック諸島、ソシエテ諸島、タヒチ島、マンガレヴァ島を含むトゥアモツ諸島など、いずれも馴染み深い軌道上に並んでいる。船で向かい風に直接突っ込む通路である。北のマルケサス諸島と南のオーストラル諸島とラパ島は、風の帯からは少しずれているが、冒険好きなクルーであれば接近が可能な範囲内にある。

イースター島は大洋のはるか彼方にあるが、彼らの故郷の地から途中の島々を介して真っ直ぐの線上にある。最新のデータによると、この島への人間の定住は、四〇〇年よりさらに遡るとされている。この定住者がどの方向から来たかについては疑問の余地はない。冒険家トール・ヘイエルダールの主張は退けるほかはない。こんな主張である。「イースター島は、その起源においても内容においても、まったくポリネシア人に基づくものではない。この島に到着したのはバルサ材の筏に乗った南米土着民の航海者で、同島はこの人々の影響を受けている」。ヘイエルダールは、インカ族が持っていたようなこの種の小船でペルーから同島まで航海できることを実証し、見栄えのする物語を紡ぎだして世間に発表した。しかし、可能性と現実のあいだには大きな落差がある。[3] この島の文化は明らかにポリネシアを起源とする特性で満ちている。ヘイエルダールの仮説は考慮にも値しない。プーカプーカ島とフェニックス島は、かなり北方に位置しているが、ポリネシア人が故郷の地への帰りの航海で発見したと考えてよさそうだ。両島とも貿易風の経路上にあり、近年以降では太平洋を航海するヨーロッパの船舶にとって共通の目印になっている。

その後の進出の局面で、ポリネシア人は西暦五〇〇年頃までに北はハワイ諸島まで定住地とし、最終的には今から一〇〇〇年ほど昔に、ニュージーランド本島とチャタム諸島に植民した。この島々は、ポリネシア人の故郷からは風に逆らう位置にある途中の一連の島々とは異なっている。貿易風の通路からかなり離れているだけでない。ポリネシアの船乗りの見解では航路の「ブラックホール」に位置している。風によって船が進むことが期待できない。ニュージーランドは、西からは暴風雨帯で容易に到達できる。しかし、ポリネシア人が取った北からの航路では到達は困難を極める。ハワイ諸島もきわめて接近が難しく、近世初期に太平洋全域を股に掛けて探し回ったヨーロッパの航海者たちも、これを二五〇年にもわたって見落としていたほどである。

一つ一つがとんでもなく離れているかに見える多くの島に植民することは、驚くべき大事業である。そのためこれを調べた学者たちは長いことこれを偶然の出来事とみなしていた。彼らはこう考えた。「昔のポリネシア人が大海を船で数千マイルも乗り切れるはずがない。気まぐれな風でたまたま新しい陸地に吹き寄せられただけ」。むろんこれは誤った推測だった。コンピューターのシミュレーションでは、目的なしのただの漂流でポリネシア以遠の島々を一つでも発見できる可能性はゼロと出ている。つまり、誰もそんな手段ではハワイにもニュージーランドにも行き着けないということである。

長距離の航海は、小さな島での生活規範の一部でもある。資源を最大にする、経済的な機会を広げる、エコ・システムを多様化するなどだ。それは、冒険という文化により促された人々が達成した成果だった。その文化は、雄々しい航海についての多くの叙事詩に記録された。それは彼らの儀式でも表現された。たとえば、フィジー島より帰ってきたトンガの船乗りの名誉を称えるカンニバル祭りなどがある。この帰還は一八一〇年にイギリスの航海者に目撃されている。この海の民は、往時のヴァイキングのように、海を利しての逃亡もやっている。彼ら自身の言い伝えによると、海伝いの巡礼を行ない、遠い島の儀式にも顔を出している。「実践考古学者」のベン・フィネーは、一九七〇年代に、タヒチ島からハワイへと、ラトンガからイースター島への航海の再現を試みた。これにより植民時代の典型的な帆走カヌーでこの航海が可能なことを彼は証明した。このケースで彼は自分の行く先を知っていたが、一方で最初の発見者はそれを知る術もあるはずがなかった。しかし彼の積極行動は、それまでの推測がすべて間違っていたことを証明した。

さて、当時のポリネシアの船乗りたちの世界とはどんなものだったのか？　それに、大海での技術をどのように工夫し、保持していたのか？　比較的近年の南太平洋諸島の航海技術に関する文化人類学者の報告を参考にこれを再現してみたい。一般的には、新しい船で仕事を始める前夜、カヌー（オールでなく櫂で漕ぐか帆で走る小船、丸木舟が普通だが獣皮やズック張りのものもある）を建造した人間が儀式的詠唱に合わせて斧を聖なる囲いに打ちこむ。肥えた豚を生贄として神々に捧げた後、彼は翌日の夜明け前に起床し、木材を割って集める。その間、なにか前兆の有無を慎重に観察する。長距離の航海では、舷外浮材を取り付けるか、船体を二重にし、爪形の複数の帆を付けてマストと艤装《ぎそう》を軽く保つ。船尾に備えた櫂で船を操縦する。あるいは、「ダガーボード」――船首近くで海に沈めた木造の竜骨――で操縦する場合もある。これで風向きに逆らう形で真っ直ぐ船体の方向を定めるか、あるいは追い風にしたければ船尾の操縦に切り替える。積み込む食料は、乾燥した果実と魚類、ココナツミルク、それにパンノキ、さつまいも、野菜などをペースト状にしたものなど。積荷は制限されるので、長距離航海では空腹に長く耐えることが求められる。水は少量であれば、ひょうたん、竹や海藻の皮の中空部分などで貯蔵ができる。クルーは小編成でこと足りる。船尾に二人、帆に一人、たまり水の汲み出しに一人。予備が一人、これで交代での休息が可能となる。すべてのうちでもっとも重要なのは、航海者だった。彼の航海にかけた年季が、器具や固定した星がなくても、太平洋という空漠の世界で正しい航路の発見と維持を可能にする。[4]

現代の船乗りにはほとんど想像もできない手段で船を航路に保つこともできた。ポリネシアの航海者は、航路を文字通り「感じた」。「帆を見上げることは止めよ。お前の頬に当たる風の感じで船を操るべし」。これが伝統的な航海者の指針だった。しかも、これは一九七〇年代というごく近年に記録されたものである。船乗りの中には、夜になるとアウトリガー（舷外浮材）の上に寝転んで夜の匂いを「嗅いだ」者もあるという。ヨーロッパのある観察者によると、「もっとも感覚的なバランスは男の睾丸にある」とのことである。それは、季節風が起こす長距離の彼方の大波をチェックすることで、数度の緯度の変動を修正できるという。海流を感じることはできないが、航海者はそれに関する膨大な知識を積み上げている。近年インタビューに応じてくれたカロリン諸島の船乗りは、幅がほぼ二〇〇〇マイル（三二〇〇キロ）に及ぶ海域の海流をことごとく諳《そら》んじていた。また、緯度を太陽で判断し、正確な海路を星で監視していた。カロリン諸島の航海者は、指標となる星の一六個のグループを観察することで、自らの相対的位置を判断することを学んだ。その各グループの動きは、リズムを伴う詠唱で覚えた。今も生き長らえているその一例は、航海を星から星への「パンノキの実の摘み取り」に例えている。一七七四年のスペインからの訪問者によると、彼らは星の一つ一つをそれぞれ特定の目的港に正確に対応させ、夜間でも選んだ港を発見し、そこに珊瑚と石でできた錨をぽんと投げ込んだという。クック船長（通称キャプテン・クックで著名）に褒められたタヒチ島の船乗りツパイアは、南太平洋のほとんどすべての島々のことを知っていた。葦でできた海図は島々の位置と波のうねりの方向と力を示していた。この数百年間にマーシャル諸島で製作されたこの種の海図の一部は、ヨーロッパ諸国の博物館で今でも生き残っている。[5]

口承の言い伝えは、航海の範囲と船乗りの勇気を垣間見せている。もっとも英雄的な物語は、おそらくフイ・テ・ランゴリアのものと思われる。この人物は八世紀中頃にララトンガを出発して荒れ狂う海から屹立している白い岩だらけの土地を通過し、果てもなく氷が続く土地に到達した。ニュージーランドの発見を神に似たマウイの偉業としている神話もいくつかある。この人物は自分の血を餌にして巨大なアカエイを釣りあげた。もう少し実在のにおいが濃い存在に、明らかに人格を備えたクペがいる。この人物の主張によると、多分十世紀の中頃に、最高神マウイのまぼろしによりララトンガから導き出された。しかし実際のところは、尾の長いかっこう鳥の移動について行っただけと考えられる。彼の航海の指針はこうだった。「航路は、年の第二の月に、太陽、月、または宵の明星の没する右側とせよ」[6]。

西暦一〇〇〇年頃までに、ポリネシア人は彼らが駆使できる技術で到達できる範囲の限界に達していたらしい。彼らの分散が極限に達すると、遠隔の島々では孤立するコミュニティが生じた。ハワイ諸島、ニュージーランド、イースター島、チャタム諸島などである。これら人類の辺境の住民は、それ以降数世紀にわたり、外部世界とはいっさい接触を絶たれていた。ハワイは、いわば風のまにまに漂流していた。ハワイの発見は、偶然が重なった一回かぎりの出来事だった。繰り返しはありえない。ハワイ諸島が世界と再接触するには、十八世紀に革新的な技術により新しい種類の船が太平洋に出現するまで待たなければならない。イースター島、ニュージーランド、チャタム諸島などは、ポリネシア人の本拠地と接触するには、単にあまりにも遠すぎた。ほかの人類の手が届かないまま、この島々の住民は完全な孤立に追いやられた。マンガレヴァ島からわずか数日の航海で到達できるピトケルン島やヘンダーソン諸島でさえ、完全に孤立していた。今から五〇〇年ほど以前に紛争でマンガレヴァ島との交易が途絶えると、両島の住民は完全に島を放棄した。もしイースター島がポリネシア系のほかの社会と接触を保っていたなら、この島には確実に犬や豚が入っていたはずである。しかし、この島の家畜はニワトリだけ。思うに、最初の入植者が生きたまま持ち込めたのはニワトリだけだったのだろう。イースター島がもし孤立に放置されていなかったとすれば、あの独自の文化を発展させることもなかったと考えられる。この島は、文字を発明したポリネシア系の唯一の島だった。またこの島の有名な石像も、ポリネシア系のほかの文化とは著しく異なっている。言語は今でも互いに理解できるレベルを保っているが、美意識、儀式、特に社会慣習の面では、十九世紀に民族学者が比較を行なった時点では、類似や重なり合いが驚くほど微々たる程度にとどまっている。ハワイは、ポリネシア世界との類似点が比較的多い。しかし、この地には独自の集約農業と比較的に大きな首長制が存在し、これは後にハワイ諸島全体に及ぶ王国に統合されることになる。これとは対照的に、チャタム諸島の人々は農業――ほかのすべてのポリネシア社会の生活のベース――を放棄している。

ポリネシアの航海が島嶼世界の内部で接触を保ち得なかったとするなら、彼らがそれ以上に発展できなかったのもやむをえないところである。ポリネシア人は、近代以前の航海者の中では、もっとも大胆で創意に富んだ人たちだった。外海という舞台で、彼らは数千マイルに及ぶ航路を抱いたネットワークを創りあげた。これに比べると、季節風の海域を除いて、ほかのいかなる社会が創造したものも小人に見えるほどのものだった。島の人々の進出で広範囲の入植は完了した。しかし、彼らが太平洋を横断したわけではない。また、入植地全域にわたる往復の保持可能なルートを確立できたわけでもない。これらの偉業は、後の時代のはるかに強力な技術を待たなければならない。

大いなる合流――北極海と大西洋

ポリネシア人の活躍が頂点に達していた頃、当時の技術では等しく制覇不能と見られていたほかの二つの大洋で、同じように英雄的な探検が敢行され、新しい航路が開拓されていた。大西洋と北極海である。しかも、さらに驚くべきことには、両方の探検は鉢合わせをしている。

今からおよそ一〇〇〇年ほど昔、北アメリカ大陸の北極海沿いで人々の安定した生活を比較的に温暖な気候が乱そうとしていた。この居住者たちは、北極海の南端に沿って、今日私たちが北西航路と思っているラインに西から東へ点在していた。今日私たちはこの移住者たちをテューレ・イヌイットと呼んでいる。現代の学者は、この用語テューレを、グリーンランドの考古学上の場所に因んだものとみなしているが、これにはさらに深い事情が絡んでいるらしい。アルティマ・テューレは、古典的想像では「限界の地」を表している。西の果ての土地である。前章で触れたピュテアスの大洋航海の最終目的地とも見られる。[7]

テューレの人々は捕鯨を生業にする海洋の民だった。小さな船で大洋を長期遠征し、殺した鯨を曳いて帰ってきた。アザラシまたはセイウチの浮袋を膨らませてフロート（浮体）にし、その上に銛《もり》を据えた。浮き袋は甚だ柔軟で浮揚性に富み、傷ついた鯨がもぐって逃げようとするのを防ぐ役目を果たした。クリスマスとおおよそ同じ頃にアラスカの西南部で今でも年に一度祝われているナカキウクという「浮袋祭り」は、かつてテューレの人々が浮体を準備するか、あるいは使用後にこれを廃棄する際に行なった儀式の一部を再現したものである。浮袋には動物の魂が入っていると信じられていた。人々はこれを捕鯨のパートナーとして尊敬していた。祭りでは、饗宴、ダンス、仮面舞踏、儀式的な燻蒸など、一連の行事が終わると、使用後の浮き袋は恭しく海の深みへ戻される。[8]

テューレ族の能力には目を見張るものがあったらしい。一九〇四年、ノルウェーの探検家ロアルド・アムンゼンはニシン漁船に特殊な装備をほどこし、北アメリカ大陸の北極海の氷原を通り抜けるが、それまで、ヨーロッパの技術ではこれができなかった。ただしこれは、私たちが「原始的」と考える技術が対応する環境に良好に適応できる数多くのケースの一つに過ぎない。チューレ族は二つの船を使いこなしていた。狩猟者が短距離の旅で使う細長いカヤックと、長距離用のウミヤックというかなり大型の舟艇である。ウミヤックは、印象に残る船である。一九七〇年代、ジョン・ボクストースという探検家が建造されて四〇年ばかりの伝統的な造りのウミヤックを手に入れた。彼はこれを昔ながらの材料で修繕した。五枚のセイウチの毛皮を木造の肋骨の上に張り、これをアザラシの皮のロープで縛り付けた。毛皮は厚くて縫うのも大変だ。針で全長の半分ほど縫っただけで水を通さない縫い目が完成した。その結果、八人または九人の乗客とその荷物、テント一張り、ストーヴ二個、モーター一台、合計一一〇ガロン容量の樽類、大きなアザラシ二頭、アヒル一二羽、ガチョウ一番《つが》いを収容できるかなりの大型船が出現した。[9]

ボクストースにこの船の操縦を教えたエスキモーは、彼を「太っちょのおっさん」と呼んだ。いざとなれば、なんでも口に入れるからである。彼のやる気は食欲と同様にたくましいものだった。アメリカ大陸沿いのチューレ族の航海を再現する形で、その方法を見事に示した。彼の努力は知られている事実に合致していた。ボクストースは、船外モーターを補助的に使ったが、初期の氷海の航行者がこれに対処した手段を理解することができた。ボートを水深二フィート（六〇センチ）で引くと、岸沿いの進行と着岸した氷塊の内部での作業が可能となり、後に北西航路の探検を試みたヨーロッパの大きな船を動けなくした浮氷を避けることができた。彼らの船は軽量で、閉じ込めてくる氷塊から容易に持ち上げることができた。乗員は岸に上がり、好きな場所にキャンプを張り、ウミヤックをひっくり返して屋根代わりに使うこともできた。こうしてエスキモーたちは少しずつアメリカ大陸を巡り、多分十二世紀にグリーンランドに達した。[10]

一方、古代スカンジナヴィア人（主としてノルウェー人）の入植者は、当時の航海の標準からは大幅に異な

ジョン・ボクストースのウミヤックによる探検、氷塊と浅瀬での作業、1978年7月、カナダ北部のラッセル入り江にて。

る手段で同じ領域に到達していた。テューレ族は岸伝いの足取りで北極海を横切ったが、それに対し古代スカンジナヴィア人は大西洋に浸透してこれを横断するには、広漠とした大海を突っ切る必要があった。この人たちは、大きな木造の船を建造し、これを鉄の釘でつなぎ帆で動力を得た。アイスランドの吟遊詩人は、このやり方を記憶していた。あるいは、そう主張した。この詩人たちによると、古代スカンジナヴィア人の入植はいずれも大荒れの大海とさらに大荒れの社会の英雄的な産物だった。彼らは、グリーンランドの最初の目撃を、十世紀初めの気まぐれな一つの風のせいにした。その風がグンビョアン・ウルフ・クラカソンを不本意なままにはるか西へ流したということらしい。アイスランドの同じ範疇の伝承によると、「赤ら顔のエイリック」は、九八二年に部族間の反目で人殺しをしてアイスランドから追放され、グリーンランドへの入植を始めたとのことである。新世界（アメリカ大陸）を最初に発見したのは、自分の父親を追ってグリーンランドを目指したが、これをうっかり通り過ぎてしまった冒険好きな男だったらしい。

現実問題として、古代スカンジナヴィア人が大西洋を横断したことは、甚だ自然な響きである。一連の海流と風が北極圏の下で渦を巻き、これがノルウェーをニューファウンドランドへ結びつけている。グリーンランドからニューファウンドランドへの横断の最終段階は、海流に助けられるならほんの一またぎに過ぎない。しかし、アイスランドへの帰りの航海は、西からの卓越風で、長距離の航海者は大海ではかなりの危険を覚悟しなければならなかった。

古代スカンジナヴィア人の真の英雄的行為は、あの詩人たちが彼らに与えた種類のものではなく、風向きと海流にしたがって、当時の美術に描かれているようなモンスターに満ちた海を突っ切る彼らの心意気にあった。ほかの海洋探検の大部分に比較して、この航海の異常な特徴は、彼らが航海を風に向かって突っ込む形だけに限定しなかったという事実にあった。大西洋の古代スカンジナヴィア人はこの種の禁じ手を超越していた。私たちが知るかぎり、彼らは避難する港を発見し、海図も技術的な応援もほとんどなしで大海を横断した。羅針儀（コンパス）はその発祥の地であるインド洋からまだヨーロッパに届いていない。使える唯一の道具は太陽コンパス――木の板にポインター（針）が取り付けてある――だった。航海者が幸運にも雲のない好天続きに恵まれたなら、正午にポインターがつくる影を連日比較する。これにより自分が同じ緯度を保っていることを確認できる。

羅針儀または位置を精密に示すエレクトロニクス装置に依存している船乗りにとっては、古代スカンジナヴィア人がこんな初歩的な技術でどこにでも船を向けたことは、奇跡に見えるはずだ。しかし、技術の進歩は船乗りの観察力――古代スカンジナヴィアの水先案内人はこれに熟達していた――を衰えさせる。太陽コンパスの助けがなくても、彼らは太陽または北極星の高さを肉眼で測ることにより、馴染み深い場所との自

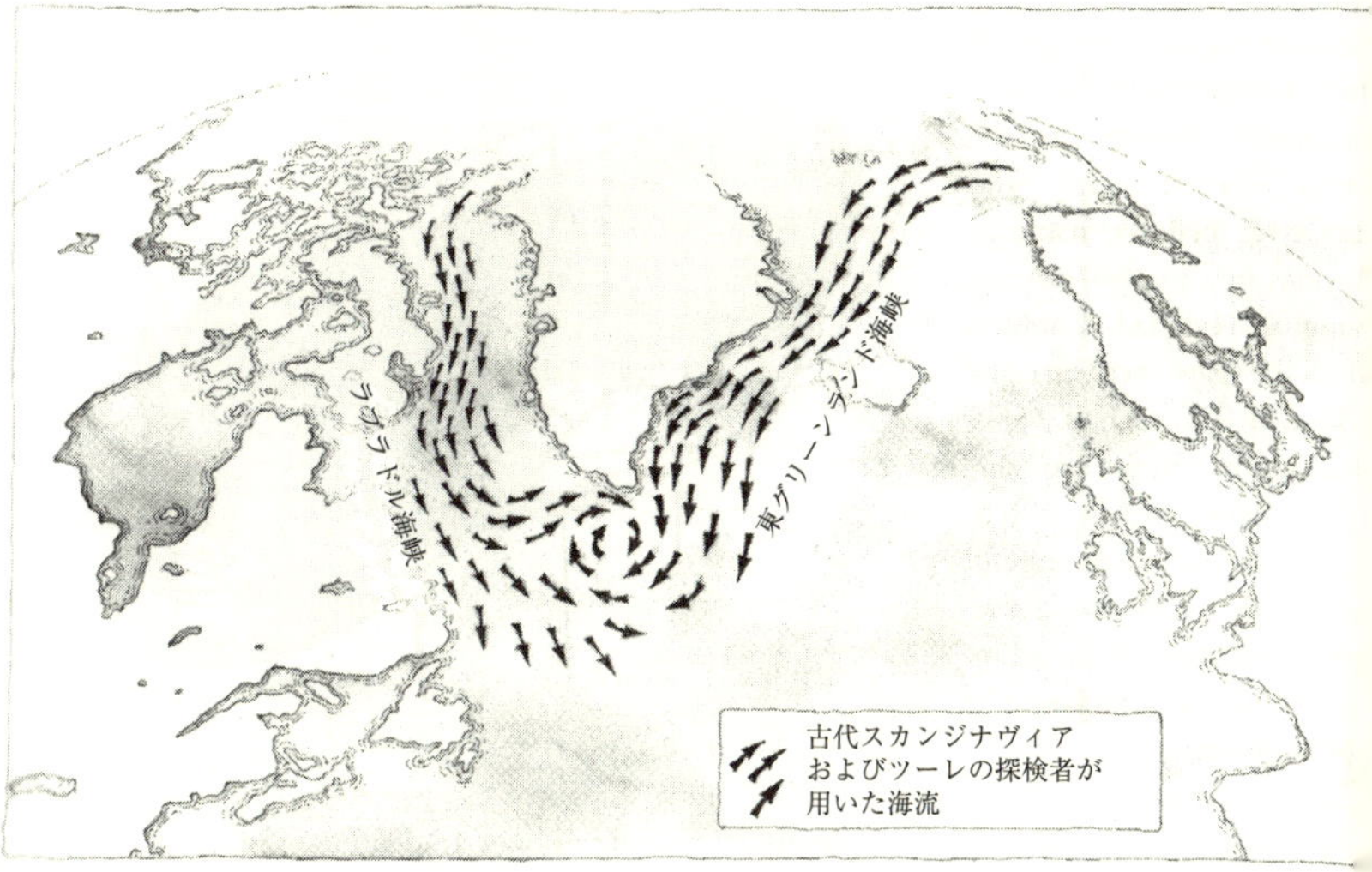

大いなる合流—— 1000 年頃

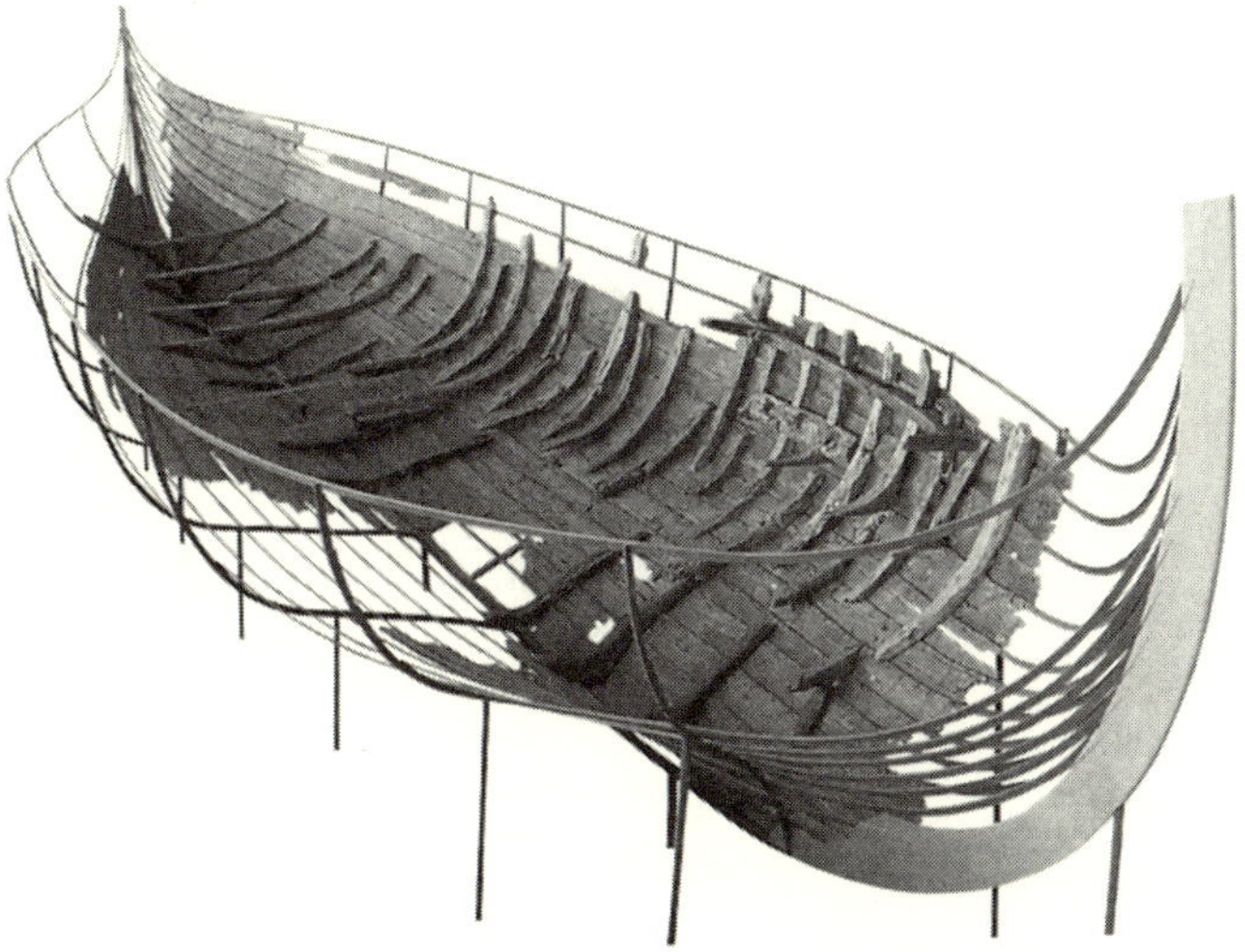

スクルデルフ遺跡１号のヴァイキング船、修復後。

分たちの相対的緯度を大まかに判断することができた。曇っていたり霧が出ている場合は、言うまでもないが、勘で進みながら空が晴れ渡るのを待った。陸地に近づくと、雲の景色を読むか、ねぐらに帰る鳥の進路に従った。九世紀に船にワタリガラスを積んで、これを一定間隔で空に放ち、アイスランドを発見した故事に倣ったわけである。かつてのポリネシア人および現代の大西洋の船乗りの一部と同様に、十一世紀初期にレイフ・エリクソンに従ってニューファウンドランドに辿りついた入植者たちは、見慣れた海の大きなうねりも目的地への案内役に使ったらしい。

この人たちの船は、ヴァイキングが掠奪で用いたほっそりした流線型のものではなかった。また、スカンジナヴィアの詩人が「マストは黄金の口をかっと開いた獣のよう」と称えた豪華なものでもなかった。幅の広い喫水の深い船だった。一九六二年、考古学者のグループがスクルデルフで立派な遺物を出土した。竜骨と肋骨はオーク材（カシなど）のつくり。船体の外側の重なり合った板はマツ材で、リンデン材の反った留め具で固定されている。ほかの留め具は、多分十二世紀のヒルスタットの工房で、髭を生やしたいかめしい顔つきの職人が、ふいご、ハンマー、火ばさみなどで鍛えた鉄製のもの。板材の隙間を埋めるコーキング材は、マツヤニに浸しておいた動物の毛である。中央のマストにはごわごわした毛織の四角い帆が張ってあった。これは主として追い風でしか使えない。帆は巻き収めると大きなT字形になっていた。船の中には操縦性を考慮して予備の帆を備えたものもあった。船はいずれもオールではなく帆で走るタイプだった。しかし、沿岸での作業に備えて、船首側と船尾側の数ヵ所にオール用の穴があった。舵がないので船は右舷から船尾へ向けてぶら下がっている船さおで舵取りをした。排水の役目を果たす全面の上甲板がないので、ほとんど間断なく木製のバケツで海水を汲み出すことが求められた。貯蔵物——塩、穀物類、サワーミルク、ビール——は船央の無蓋の船倉に、乾燥状態を保つことができない動物の皮や樽で蓄えられていた。調理は船内で

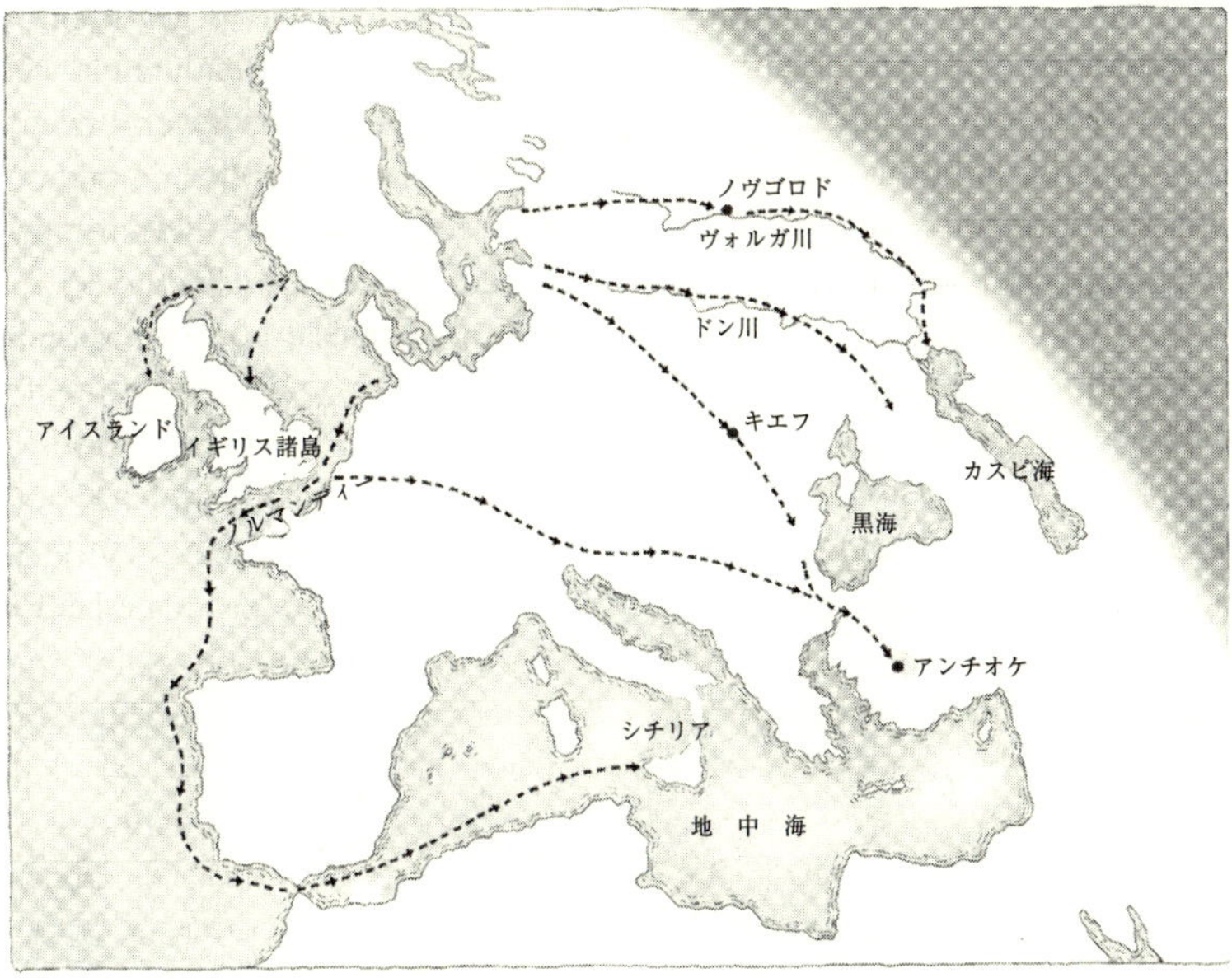

古代スカンジナヴィア人のヨーロッパへの進出

はできない。しかし、出土した船のすべては岸辺で使うための大鍋を備えていた。大海の航海をなんとか耐える楽しみのヒントと解すべきだろう。「なぜ彼らはグリーンランドを目指し、かかる大いなる危険に耐えたのか?」という問いに対する回答は、一二四〇年のノルウェーの書物によると、「人間の三つの性格による。第一は誉れ、第二は好奇心、第三は物欲」ということらしい。古代スカンジナヴィア人のヨーロッパへの進出は、スカンジナヴィア半島からの移住者の長期にわたる流出の一環として行なわれた。八世紀から十二世紀にまたがる期間、移住者はヴォルガ川やドン川沿いに黒海とカスピ海の流域に広がり、またイギリス諸島の大部分とノルマンディから地中海地域へ拡大し、アイルランド、イングランド、シチリア、ノヴゴロド、キエフ、アンチオキアなどで王国や公国を設立した。

遠くアイスランドまでは、大西洋の物語は、アイルランドの僧侶団が先鞭をつけた島伝いの探検物語——八世紀の初期にフェロー諸島を植民地化する——の一つだった。その僧侶の一人はこう報告している。「順風満帆で二日と二夜航海すると、まさに夏至の時期に陸地に到着した。夜でも実に明るく、気の赴くままにどんな作業でもまったくうまくやり遂げることができた。たとえば、シャツからシラミを見つけてひねり潰すこともだ。そこから北へ向かって一日進むと凍った海を発見した」[11]。

アイルランドの僧侶団は、贖罪的な苦行を自らに課した大海での流浪においても、洗礼者ヨハネと誘惑されたキリストを真似ての茫漠の砂漠での道行きにおいても、印象的な極端を極めていた。彼らは昔ながらのアイルランド漁師のコラクル船を模した船を用いた。材料は牧畜社会に特有のものを使った。雄牛の毛皮で軽い船体を覆い、動物の脂肪とバターで防水をはかり、雄牛の毛皮の帯で艤装《ぎそう》をほどこした。船には四角い帆を一枚だけ掲げた。なぜなら、彼らは贖罪的な流浪の気構えで航行し、自らを意識的に神に捧げていたからである。あの旧約聖書のアブラハムと同様に、彼らには自ら選んだ目的地はなく、「吾が汝らに示す土地」があるのみだった。十世紀の文献に次のような記述がある。僧侶団のクルーが陸地を目にしてオールを漕ぐ手に一段と力が入った時、統率者の修道院長はそのクルーを叱って言った。「この小さな船の水先案内は神ではなかったのか？」。院長は続けた。「漕ぐのを止めよ。神がどこへなりと行先を定めてくださる」[12]。彼らには風向きと海流に進んで身を任せる心構えがあった。それゆえに、このアイルランドの僧侶団は、彼ら以上に目的意識に燃えていた航海者よりも、より遠くへ達し、より多くを発見する可能性を本来的に備えていた。

言うまでもないが、彼らには悲嘆に陥ったり難破して帰る望みを絶たれる可能性も高かった。それでも彼らの船が北大西洋の荒波に耐えたことは驚きに値する。しかし、一九八〇年代にティム・セベリンという不屈の探検家は、僧侶団の航海の再現を目指し、アイルランドからニューファウンドランドへの航海をつつがなく達成している。[13]考古学者がグリーンランドやさらにはニューファウンドランドで発見した草葺《くさぶき》の住居跡は、少なくともその一部はアイルランドの僧侶たちの仕事だった可能性が高い。当時のスカンジナヴィア半島とアイルランドでは、建築の方法も材料も共通だった。

「修道院長聖ブレンダンの航海」という古文書――原型は六世紀にさかのぼり、十世紀以降は数多くの版で生き残っている聖人伝の一つ――は、僧侶のグループが地上の楽園あるいは「聖者の約束の土地」を求めて大海を流浪した話を伝えている。これは明らかに寓話である。妖精の土地というアイルランドの伝承とキリスト教の苦行の伝統をあれこれ組み合わせたとの印象が濃い。たとえば、主人公聖ブレンダンはあのユダの拷問の場面に立ち会う。クジラの背に乗り上げ、これを陸地と思い込む。火と雲と氷の柱に出会う。悪魔を追い払う。モンスターを避ける。鳥の形の堕天使と言葉をかわす。苦行の段階で恩寵の状態へ昇り、そこで地上の楽園が彼に啓示される。個々の細目は書き手の想像力を示している。たとえば、雄牛よりも太った羊の島は、マルディグラ（懺悔の火曜日）でのいかにも僧侶らしい空想を示している。一方、この古文書は、直接的な体験を示唆する言葉遣いで海を描写している。たとえば、隠者がたった一人で住んでいる島の発見などは、アイルランドの僧侶団の大海流浪の航海ではいかにも現実に起きそうなエピソードである。しかもこの古文書には氷山に関する生々しい描写も登場する。航海の終わりに近く、この旅でブレンダンに加わった天使の風貌の神秘的な案内人がこの探検の日程について言及し、ブレンダンに彼の発見の証拠を確約し、さらにブレンダンに神秘的にこう告げる。

それから彼は聖ブレンダンにこう述べた。「これが貴殿が長らく求めていた土地です。しかし、これを貴殿は最初は見つけることができませんでした。なぜなら、神は大海のさまざまな秘事を貴殿に見せたかったからです。ならば、この土地の果物と珠玉を船に積めるだけどっさり積み込み、貴殿の生誕の土地へお帰りください。貴殿の巡礼の日々は終わりに近づいています。もう貴殿のご先祖と憩うべきです。これからの長い年月、迫害がキリスト教徒に降りかかる時、この土地は後続の方々の目に留まるはずです。今貴殿がごらんになっている大いなる川がこの島を二つに分けています。今ごらんの通り熟れた果物が鈴なりです。今後も長くこのままです。夜でも暗くはなりません。なぜなら、この光はキリストだからです」。……それから聖ブレンダンはこの土地の果物とあらゆる種類の貴重な珠玉を受納し、彼のともがらと船に乗り込み、暗黒の只中で帰路に着いた。[14]

ブレンダンの航海は、その後のヨーロッパから大西洋への航海に大いなる刺激を与えた。「聖ブレンダン島」が十四世紀と十五世紀の多くの海図や地図帳に出現した。イギリスのブリストルの船乗り――この人物の活躍については次章で詳しく述べる予定――は、一四八〇年代にこの島を大掛かりに捜し求めた。コロンブスは、自身の最後の大西洋横断航海でこの伝承に言及している。[15] 大西洋の雲の景色は、これを目にした船乗りに近くに陸地があるとの錯覚を与えがちだが、これもこの伝承に力を貸した。十六世紀、この島を征服したとの文書が出現した。聖ブレンダン島は実在していないが、アイルランドの苦行僧グループの航海は現実に起きた。このグループが大西洋を横断したかどうかは別として、アイスランドにまでは確実に到達し、七九〇年代にはその地で修道院の設立を始めている。

古代スカンジナヴィア人は、当初は邪な意図の下に、アイルランド人に追随した。フェロー諸島の僧侶たちは、九世紀初めには絶滅したらしい。アイルランド側の記録には「島は羊であふれんばかりだった」とある。古代スカンジナヴィア人が僧侶団に取って代わった。次になにが起きたかは、植民地の歴史の研究家ならば容易に見当がつくはずである。辺境は次代の植民者を養成する。八六〇年代になると、ノルウェーとフェロー諸島からの入植者がアイスランドを分け合い、僧侶たちはかなり早期に駆逐されてしまった。アイルランドの優先権は、アイスランドに対する古代スカンジナヴィア人の呼称の一つ「アイルランド人の島」でなんとか認められたらしい。しかし古代スカンジナヴィア人の伝承は、自分たちの優先権を主張し、こう伝えている。「あれは、逃亡を試みたので吾らの入植者が皆殺しにしたアイルランド奴隷の名残」。九三〇年には、もっとも古くから残っている記録によれば、古代スカンジナヴィア人の四〇〇家族がこの島を分け合い、さらに多くのアイルランド奴隷をこき使った。アイスランドは、言うなれば、古代スカンジナヴィア人とアイルランド人の混血社会で、後者の多くは奴隷としてまたは「囲いもの」として混在していた。

アイスランドの発見は、相互に矛盾だらけの多くの伝承で語られている。一方、グリーンランドのそれは単一の伝承のテーマである。したがって、後者のほうが信頼度が高いかに思われる。「赤ら顔のエイリック」は怒れば怖い男だった。人殺しでノルウェーから追放され、同じ理由でアイスランドからも追放された。そこで、数年前にグンビヨアン・ウルフ・クラカソンが暴風雨で西の方角に流された時に目に留めた土地に移ることにした。彼は流刑の三年間をこの島の探検と植民地化の計画にあてた。アイスランドへ戻ると彼は二五艘の船を集め、これを移住希望者で満船にした。このうちの一四艘が無事グリーンランドへ到達した。その後四世紀半続く植民地の幕開けである。

島伝いの航海者にとって、グリーンランドからニューファウンドランドへの航海は実に手軽だった。海流にうまく乗ればほんの一またぎである。しかし、この一またぎについて伝承はあれこれ混乱している。これをなんとかつなぐと、次のようなことになる。九八七年、ビヤルニ・ヘルヨルフソンというノルウェー人が、乗員の誰も知らないルートでグリーンランドからの航海を試みたが、航路を見失い、それまでまったく知られていない陸地を目に留めた。それからさらに一五年後、先に述べた赤ら顔のエイリックの息子のレイフ・エイリックソンはビヤルニの発見に追随し、長大な沿海部を南下し、随所にヘルーランド、マルクランド、ヴィンランドなどの名をつけた。この最後のヴィンランドに関する古くからの伝承の記述は、今日のニューファウンドランドの北部にあらゆる細部で合致している。入植の先乗りグループがトルフィン・カルルスフニの指揮でやってくる。レイフの話に賛同した交易商人である。しかし、スクレリンガルと古代スカンジナヴィア人が呼んだ土着の民とのあいだで反目が生じた。十一世紀初め頃にこの入植地は放棄された。

さて、古代スカンジナヴィア人は少しは内陸部へ入ったのだろうか？　筆者はミネソタ州立大学で客員教授を務めたことがあるが、土地のフットボールのチーム名が「ヴァイキングズ」と知って興味をそそられたものだ。しかし、ミネソタの多くの州民にとってこれは決してジョークではないことをやがて思い知らされた。十九世紀にミネソタ州にはスカンジナヴィア半島の出身者が大挙して移民してきた。今日にいたるも彼らの一部のコミュニティでは感謝祭にルーテフィスク（タラ料理）を食べる風習がある。多くの住民にとって、スカンジナヴィアの血統が証明されることは、民族的矜持以外のなにものでもない。州の随所にルーン文字（古代北欧文字）の墓碑銘が見られることは、この州に古来スカンジナヴィア人が存在していたことの証となっている。その渡来の道筋は次のように推測されている。グリーンランドから船でやってきた古代スカンジナヴィア人は、セントローレンス川をそのままさかのぼり、急流や瀑布は運搬料を支払って回避し、五大湖に入って周辺の各地に散らばったというもの。同じ伝承のその先は、ミシシッピ川の源流近くから南下してアメリカ大陸のさらに奥地へ進出したというものだが、これになるといささか眉唾の感を否定できない。一方、別の言い伝えでは、ニューファウンドランド以遠では大西洋岸をそのまま南下し、ニューイングランド地方にいたり、一部はさらに南下を続けたというものもある。ヴィンランドの地図――エール大学図書館の秘蔵の品で、スカンジナヴィア人の世界に関する知識を示した中世の記録と伝えられるもの――は、この土地を二つの大きな入り江で区切っている。この見方については諸説あり、一つはセントローレンス川、もう一つはハドソン川からチェサピーク湾を経てカリブ海にいたる巨大な水塊とも言われている。

断っておくが、以上はいずれも推測で証拠はなにもない。ミネソタ州で散見されるというルーン文字は見え透いた贋造に過ぎない。同じことはヴィンランドの地図にも当てはまる。理由の第一は、科学的な調査で使用されたインクの古さに疑問が生じていること。理由の第二は――こちらのほうがさらに決定的だが――様式と作図法の点で、推定される時代の他のどの地図にもまったく類似していないことである。内容をいささかでも知っている人にとっては、まったく説得力を欠いている。これが最初に脚光を浴びた時、これにお墨付きを与えた「専門家」は、出所も明らかでない商取引の雰囲気のなかで、類似の状況で実に多くの専門家がそうであったように、いっときの酩酊感で判断を誤り、利己的で盲目的な加担に自らを閉じ込めてしまった。多分そんなところだ。

ただし、これにより、古代スカンジナヴィア人の航海と植民進出の真の歴史に傷がつくものでは決してない。彼らが行動を起こした時、アイスランドとグリーンランドのコロニーは、ヨーロッパのあらゆる箇所からの海上交易の唯一の目的地だった。十四世紀と十五世紀にカナリア諸島とアゾーレス諸島が開拓されるまでは、彼らはこの立場を保持し続けた。これに加え、古代スカンジナヴィア人の体験は、その後の世界の未来に対して巨大な意義を明らかにした。中世の空間レースにおいて後発は決して不利を意味しないということと、文明の辺境の地は出発するには良好な場所という事実である。商業的および植民地主義的発想が成功するには、技術的な熟達より動機づけがはるかに重要だった。貧困は圧力の源泉でありえた。後に世界規模の探検がヨーロッパをベースに始まった時、その道を先導したのは再びスペイン、ポルトガル、オランダという周辺的な貧しいコミュニティだった。いずれの場合にも、アジアの諸勢力の手にあった豊富な手段よりも、ヨーロッパの周辺地域の社会システムのほうが物を言った。

インド洋海域——季節風ルートの拡大と展開

これまで考察してきたように、インド洋海域は古代においてすでに長距離交流の主要な場になっていた。しかし、昔ながらのルートを探検者が強化／拡大する余地はいくらでもあった。富が海洋の周囲で蓄積されると、商業的な航海は飛躍的に増大した。その証拠は主として考古学上の発見にある。インド洋世界のいずれかの端の交易商品がもう一方の端で出土したりする。残っているものが文書の場合、全体像はさらに明らかとなる。長距離交易の多くはインドから発していた。すでにペルシア湾と紅海を熟知していたインド商人は、その活動を東方へ広げた。五世紀のある物語は、当時世界のどこよりも旺盛だった地理的好奇心の伝統を示している。それはスリクニヤという山に吹き寄せられた一艘の船の物語である。「その船の船長が語る話に耳を傾けたマノハラ王子は、特定の海、方角、場所についての詳細を木の板に書き記した。この情報をもって王子は経験をつんだ船長が乗船した船に命じて、その場所の捜索に出かけた。順風に運ばれ王子は望んだ目的の場所へ到着した」[16]。マノハラ王子の木の板にはなにが書いてあったのだろうか？　もしそれが、海図であったなら、それは数世紀もの差で世界最初の海図となる。もっと可能性が高いのは、当時の他の文化でもよく知られ、船乗りに広く好まれていた種類の航海指図書である。

インドと中国の交易が出会う東南アジアは、勇敢な航海の揺籃の場所になった。スマトラ島の諸公国は、航路の安全がまだ確立されてはいなかったが、五世紀の中頃から中国へ使節を送り始めた。七世紀ごろのスマトラ船の残骸が今でも中国の沿海部で発見されている。当時スマトラ島の諸王国のなかでもっとも文書が完備していたシュリビジャ王国からの、記録されたうちで最後の使節団は七四二年に中国（唐）に到着している。[17]

その頃、もっとも暴れ者の船乗りは隣のジャワ島に集中していたらしい。七六七年、唐は軍隊を送ってジャワ島からの侵入者をトンキン湾地域から追い払っている。七七四年、ジャワの海賊はアンナンの南部沿岸地帯を荒らしまわった。今日の南ベトナムのある王（汗）の墓碑銘は次のような文で戦慄を表現している。「外国の土地で生まれた男どもは、人間の死体よりも恐ろしいものを食い、異様に黒く痩せていて、死そのもののように危険だ。その連中が船で襲ってきた」。墓碑銘による告発はまだ続く。七七八年以降、「ジャワの軍隊が船で上陸し内陸部を襲った」との記録もある。インド洋海域の商人の話を集めた十世紀のアラビアの記録には「ジャワ島の海賊がカンボジアを襲い、野蛮な王を穏健な家臣で置き換えた」との記述もある。大きな通商の民や植民地主義の国家が海賊としてスタートすることは決して異常なことではない。ヴァイキングはほぼ同じ時期に同じようなことをやっていた。後代のヴェネチア人、ジェノア人、イングランド人、オランダ人も、海賊から出発して大いなる海洋／通商国家を築いた。ボロブドゥール――八世紀末から十世紀初頭にかけてサイレンドラ王朝の歴代の王によりジャワ島の西南部に築かれた大寺院――は、祝福された航海のレリーフ彫刻により飾られている。中でももっとも有名な彫刻の一つは、ヒルーの約束された土地への航海を描いている。伝説的な僧侶王ルドラヤナのこの忠実な家臣は、王の悪逆な息子で跡継ぎの非道の策謀――父王の心霊顧問を生き埋めにして殺害する――を未然に防ぎ、天の祝福を得ていた。宮廷を暴風が吹きすさぶ前に身を隠すよう忠告されたヒルーは、なんとか安全な岸辺に運ばれた。そこには穀物倉が並び、孔雀、さまざまな樹木、善意にあふれた住民などが彼を迎えてくれた。ボロブドゥールの彫刻では、ヒルーは、船外浮材、甲板、傾斜した帆などを備えている。帆は二本のメインマストと船尾に翻っている。彫刻師はこのような情景を目にしたことがあるに違いない。彼は船の主要部分がどんな形で、その機能も詳しく弁えていたと考えられる。聖ブレンダンの物語との類似点も直ちに思い起こさせる。ここでの主調音は確かに幻想と敬虔さである。一方、ここでも海と、その彼方の世界と、そこにあるさまざまな可能性に対する知識があふれている。

同じ彫刻師は、この近くに別の情景も彫っている。海の民の価値観をさらにまざまざと表現した情景である。難破船だ。乗員は帆を引きずり降ろしている。乗客はマストに取り付けられた艀《はしけ》に殺到している。このエピソードは、有徳の商人マイトラカニヤカの物語にテーマを得ている、この人物は、ベナレス（インド北部の宗教都市）出身の商人の息子で、父親は海で命を落としている。母親は考えたあげくの嘘をついて、同じ運命から息子を守ろうとした。母親の言では父親が就いたというあらゆる職業に息子も次々に就き、大きな財産を築くが、これを施しものとして人々に分け与えた。彼を亡き者にするために、商売敵が彼に本当のことを告げた。母親にぶっきらぼうに別れを告げると、彼は大海の探検に身をゆだねた。行く先々で麗しい情景に出会った。しかし、ついに母親に対する彼の仕打ちの報いが訪れる。彼を捉えた者はこう言い放った。「お前を解き放つのは、六万六〇〇〇年後にお前の跡継ぎが救いにやってきた時だけだ」。しかし、マイトラカニヤカは言った。「この苦痛をほかの人間にも耐えさせるよりは、永遠の罰を私が耐えるほうがよほどまし」。この瞬間、彼は仏陀の位を授かり昇天した。この物語は、当時のジャワの人々の人生の現実に確かに触れたところがある。宗教と交易の合体と、通商により刺激される探検という側面である。[18]

時代については諸説あるが、十世紀よりは後に下らない頃、ある変則のエピソードにより、オーストロネシア人の移住者グループが、インドネシアからインド洋をずばり横断し、マダガスカル島とその彼方のアフリカ本土の沿海部へ漂着した。これは、海洋の歴史における画期的な出来事だった。私たちが知るかぎり、これは季節風の圏外の最初の航海だったからである。ワクワク人――この人たちの通常の呼称――は、航海のある部分では季節風を使ったが、マダガスカル島へ行き着くためにどこかの時点で、東南の卓越風の通路を横切り、思うにこれを利用して西航し、風の通路のはるか南を航行した。そうでなければ、インドネシア列島のどこかから出発し、季節風ゾーンの縁を巡って南下し、東南の貿易風に乗って大洋を横断した。もしそうであれば、これは注目すべき大手柄だった。なぜなら、追い風を用いたからである。この航法は、私たちが知る限りは、季節風の海域のみで用いるもので、このケースでは探検者は最終的には家郷へ戻る風をほぼ確実に見つけることができる。しかしなぜこの移住者グループは、家郷へ戻る望みが絶たれたままで、かくも長距離の危険に満ちた航海を敢行したのかよく判らない。ワクワク族の航海者の末裔は、今でもマダガスカル島に住み、明らかにオーストロネシアが起源と判る言語を話している。

生き残った実例から私たちが知るかぎり、インド洋海域のルート開拓の結果として蓄積された地理上の知識は、容易には地図に反映されなかった。実際の航海者の世界に対する現実の知識と、知識階級が地球に関して学ぶ筋道を支配してきた聖なるイメージのあいだには、明らかに乖離があった。九〇〇年ごろにインドの地理学者が中国の世界像を真似て書いた文献は別として、イスラム教世界やキリスト教圏や中国の学問的な地理学に匹敵するものはインドにはなかった。中国の世界地図がインド洋海域をいくらかの細部を伴って示し始めるのは、ようやく十三世紀になってからだった。ジャワ島は、十五世紀末から十六世紀初めにかけて、海図製作で黄金期のようなものを迎えるが、私たちがそれを知るのはポルトガル人の報告からであって、

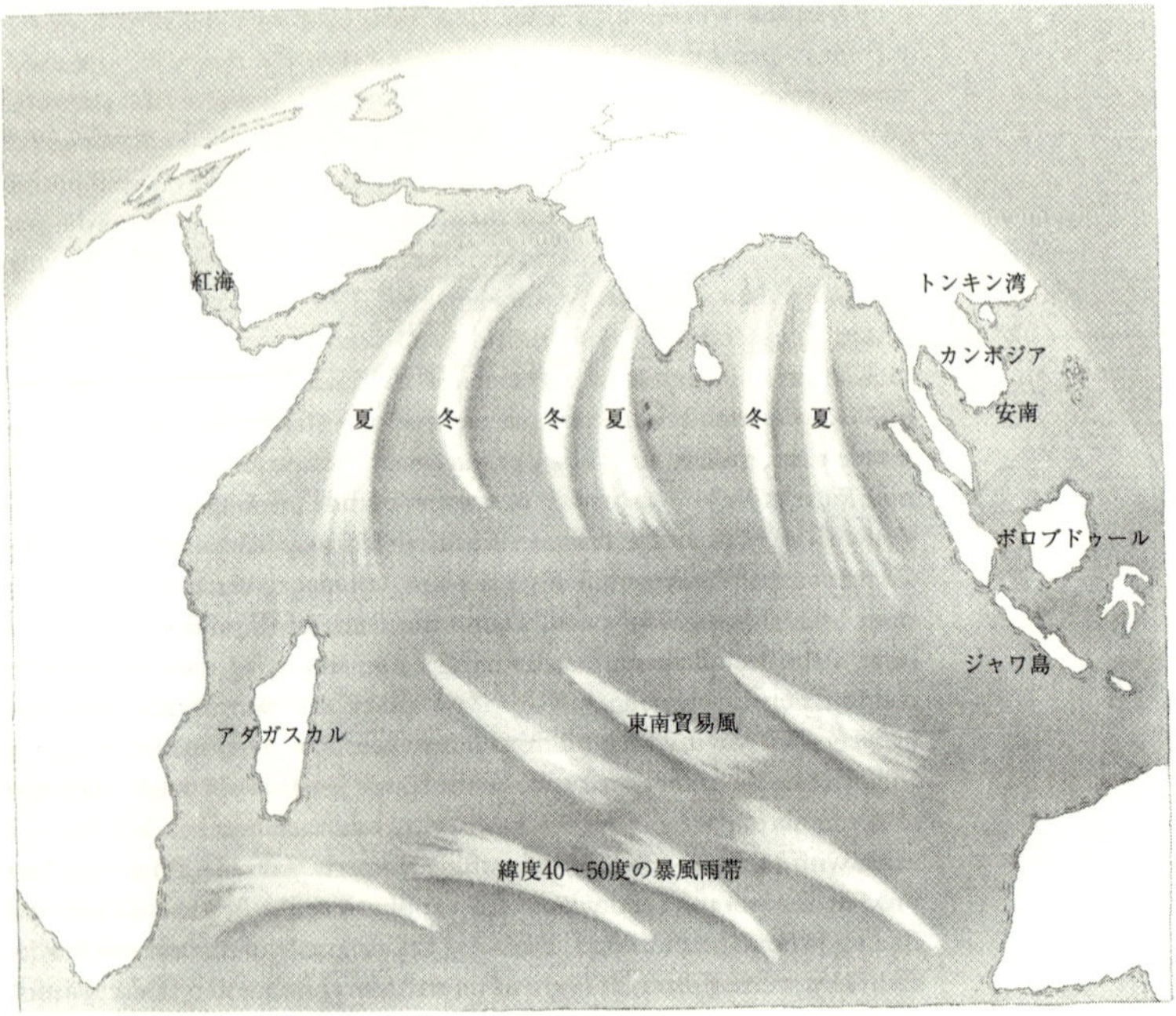

インド洋海域の季節風

それもヨーロッパ側の需要を反映したものだった。インド洋海域内部の人々は、海図を必要とはしていなかった。いつもの往還の道としてそれを熟知していた。

この点、イスラム世界はインドとは大いに事情を異にする。理由は三つある。第一は、七世紀と八世紀のアラビアの征服の結果、支配地域が大きく拡大し、あらゆる種類の知識交換が可能となり、交易の機会も増大したこと。第二は、イスラム教圏の地理学者がギリシアとローマの古典学問に親しみ、ペルシアとインドのそれにも注目を始めたこと。第三は、イスラム教の普及により、メッカへの巡礼が飛躍的に増大したこと。地図で新しいルートを見つけこれにより利益を得る機会がこれほど膨らんだことは、未曾有のことだった。

地理学の知見の一部は、実地の経験か

らもたらされた。たとえば、九世紀の地理学者アル・ヤキビは精力的な旅行家だった。イスラム世界とビザンチン帝国を含む近隣の土地についての彼の旅行記は、それまでの著作から編纂しただけではない。彼自身の新しい意見も随所に加えられている。続く世紀の初め頃、アル・マスディは、それまでのアカデミックな著作に一つの追加を行なった。これは、今は失われているが、彼本人が地中海からカスピ海への旅行で得た知見だった。彼の推測の中には、今では滑稽と見えるものもいくつかある。たとえば彼はこう考えた。「アジアの北極側をめぐる回路は、太平洋と黒海を連結しているに違いない」。しかし、この説の根拠となる証拠はこうだ。「自分がかつて見たアラビアの船の木材がクレタ島の岸辺に打ち上げられていた」。十世紀終わり頃になると、シリアのアル・ムカダシがイスラム世界の指導的な地理学者として頭角を現わしてきた。彼の詳しい調査はシリアからクラーサーン（現イラン北東部の州）にまで及び、大きな都市、州の首都、町、村にいたるまで地図に記載した。[19]

この間、インド洋海域の航海の主導権は、アラビアとペルシアを中心とするイスラムの商人へ移っていた。ムハンマドの死亡から一〇〇年が経つか経たないうちに、イスラム世界の船は足繁くインドの港へやってきていた。特に、インダス川の河口近くのデイブルと、大きなコショウの市場が集中しているマラバル海岸地帯である。九世紀にはイスラム世界の通商ネットワークは中国をも含む勢いだった。商人スライマーンの物語は、その世紀の中頃から始まるとされているが、これにも中国への言及がしばしば出現する。この時代のアラビアの航海指図書には、遠くは朝鮮までのデータが含まれている。[20] 八七八年に暴徒が広東を掠奪した時、数千のイスラム人が犠牲になったと伝えられている。アル・マスディは、マレー半島でのアラビア人とペルシア人と中国人との通商上の会合のことを聞き及んでいた。彼はこれをインドの西海岸地域に定住している数千人のイスラム商人コミュニティに報告した。

ブズルグ・イブン・シャハリヤールは、ペルシア人船長の息子で、同時代の海の冒険話によく通じていたが、インド洋航海のもっとも興味深い物語のいくつかをまとめて本にした。中でも輝かしいのがアブハラの生き様である。当時の名高い船乗りで、ペルシア湾内の家郷の地から中国へ行って戻る航海を七回繰り返した。これを二度繰り返してなお生き残ることは稀とされた時代のことである。その間にはこんなこともあった。中国へ向けて航行中のアラビア商人の船が、トンキン湾で小さなボートの中で一人で浮かんでいる彼を発見した。岩礁だらけの海で暴風にもまれ本船は沈没したと考えた船員は、こちらに乗り移るよう彼に声をかけた。アブハラは断った。船員たちはもう一度声をかけた。彼はふたたび断った。船員は「俺たちがいる、命は大切にしようぜ」と声をかけた。彼は今度も断った。ただし、条件をつけた。「俺をそちらの船のキャプテンにすること。俺の命令には即座に文句なしに従うこと。前例はないが俺に一〇〇〇ティナールの報酬を支払うこと」。それから彼は理由抜きで相手方に警告した。「お前さま方の状況は、俺の場合よりもずっと危険だ」。船員たちは恐怖に身をすくめた。それからこう胸算用した。この危険な海でこの時代の最高の船乗りがいれば、大いに役立つはず。しかもアブハラがこんな法外な条件を出すということは、彼には成算があるはず。なにか役立つことを知っているに違いない。そこで彼らはこの条件を飲み、彼を本船に移した。アブハラは直ちに命令した。「船の運航に絶対に必要な艤装類や碇のほかはすべて放棄すること。もっとも貴重な品のほかは、全部海中に投棄せよ」。案の定だ、しかし歯ぎしりしながらも、船員たちはこの命令に従った。アブハラの命令が実行されるや否や、台風の予兆が出現した。「人間の手より大きくはない」雲である。アブハラの用心のおかげで船は暴風をなんとかくぐりぬけて中国に到着し、たんまり利益を得て帰路についた。さて、物語のここまではなんとか理解できる。しかし、ここから先は奇想天外な成り行きをたどる。帰路で船がトンキン湾に差しかかると、アブハラは船をある岩礁へ誘導した。そこには往路で海中に放棄した碇が波に洗われていた。[21]

季節風が支配する海域内で新しいルートが出現した舞台を再現することは不可能だが、その舞台の一部とその文脈の一部ははっきりしている。アラビア海と中国のあいだの直接交易の量は、八世紀の時点でもうかなりの大きさに達していた。その頃までには、中国の主要な港には、イスラム商人の大きなコミュニティが存在していた。大きな貨物は、既存の市場を島伝いに巡る速度の遅い航法ではなく、モルディブ諸島を経由する太洋横断の直行が次第に大勢を占めつつあった。[22]

アブハラと彼の同時代人は、ペルシア湾からインド洋を横断してスマトラ島のパレンバンへ到達するのに、普通で七〇日を要していた。季節の早めに出発すれば、この日数は短縮できた。しかし、これは通商使節などにとってはたいてい都合が悪かった。一方、外交使節や巡礼者にとっては、旅の往復の日数が多くなるのでたいていは好まれたが、商人は風向きが変わるまで相手方の港で待機する必要に迫られる。スマトラ島に到着すると、中国まではあと四〇日もあれば充分だった。

次第にインド洋はイスラム教徒の池のような観を呈し始めた。東は遠くインドネシアまで、少なくとも季節風の範囲内の海域は、イスラム教徒が支配しイスラム教徒が人口でも多数を占める沿海部で結び付き、イスラム教徒の船舶で支配されるようになった。十四世紀、当時の——一部の人が言うにはあらゆる時代の——もっとも偉大な旅行記作者イブン・バットゥータが、この地域を広く旅行し、訪れた場所によってはイスラム教徒の欠点をあれこれ目に留めた。モガジシオ（アフリカ東部の港町）では女が乳房を露出しているのに困惑し、モルディブ諸島では道徳観念が低いのに衝撃を受けた。後者では、シャルジャ（現オマーン湾に臨む首長国）の知識があるので裁判官と思われ追いかけられた。しかし、ジャワ島までを含むあらゆる土地で、彼を歓迎してくれる同じ宗教の信者を見出した。

それから一〇〇年ほど後、有能な水先案内人のアフマド・イブン・マジドは、海に関する数世紀にわたる口述と文書による伝承を編纂した。彼が挙げたもっとも古い航海指図書は、十二世紀初頭のもので、それからさらに一世紀さかのぼる文書からデータを組み入れていた。しかし、情報の大部分は近年になって専門家が収集したもので、いずれも彼に先立って水先案内人を務めた彼の父親と祖父がその筆頭格だった。無類に自己満悦の傾向があるイブン・マジドは、多くの探検を自分の成果とした。紅海では推奨されるルートについて複数の水先案内人の相互に食い違った話を自ら検証している。彼は紅海に関する「自分固有の知識」を誇りにしていた。[23] 紅海のアフリカ側の沿岸の話は、すべて彼個人の観察／調査に基づいている。彼の名声は大いに高まり、アデンから来た船乗りは彼を聖者と崇め、船出に際しては航海安全を祈願して彼に祈りを捧げるほどだった。[24]

航海術を涵養する上で、何故インド洋がほかの大海と比較して、かくも多産かつ早咲きだったかを理解するには、私たちが採るべき最良のルートは、逆説と聞こえるかもしれないが、日本を経由することである。季節風のルートは、その最先端では日本に到達していた。十世紀日本のある物語は、風に送られてはるばるペルシアまで達する移り気な旅をテーマにしている。しかし、著者のペルシアについての知識は、おそらく途中の中国の知識を介してのものである。現実問題として、日本本国の海は航海するにはいかにも恐るべき相貌を帯びていて、船乗りがその彼方にさ迷い出ることは実に稀だった。時々、朝鮮や中国や琉球へ顔を出す程度である。九三六年のある文献は、日本の本土の海がどのようなものだったかを生き生きと伝えている。それは日記の様式で、土佐（四国南部・現高知県）――当時は帝国のもっとも遠い辺境――から大阪湾までの船の旅を綴っている。地図の上では距離は短く見える。しかし、当時は遠い島の辺境と都を結ぶ海のリンクを辿る途方もない旅だった。著者は都へ帰る国司（土佐守、地方長官）の妻という体裁になっている。「日記と

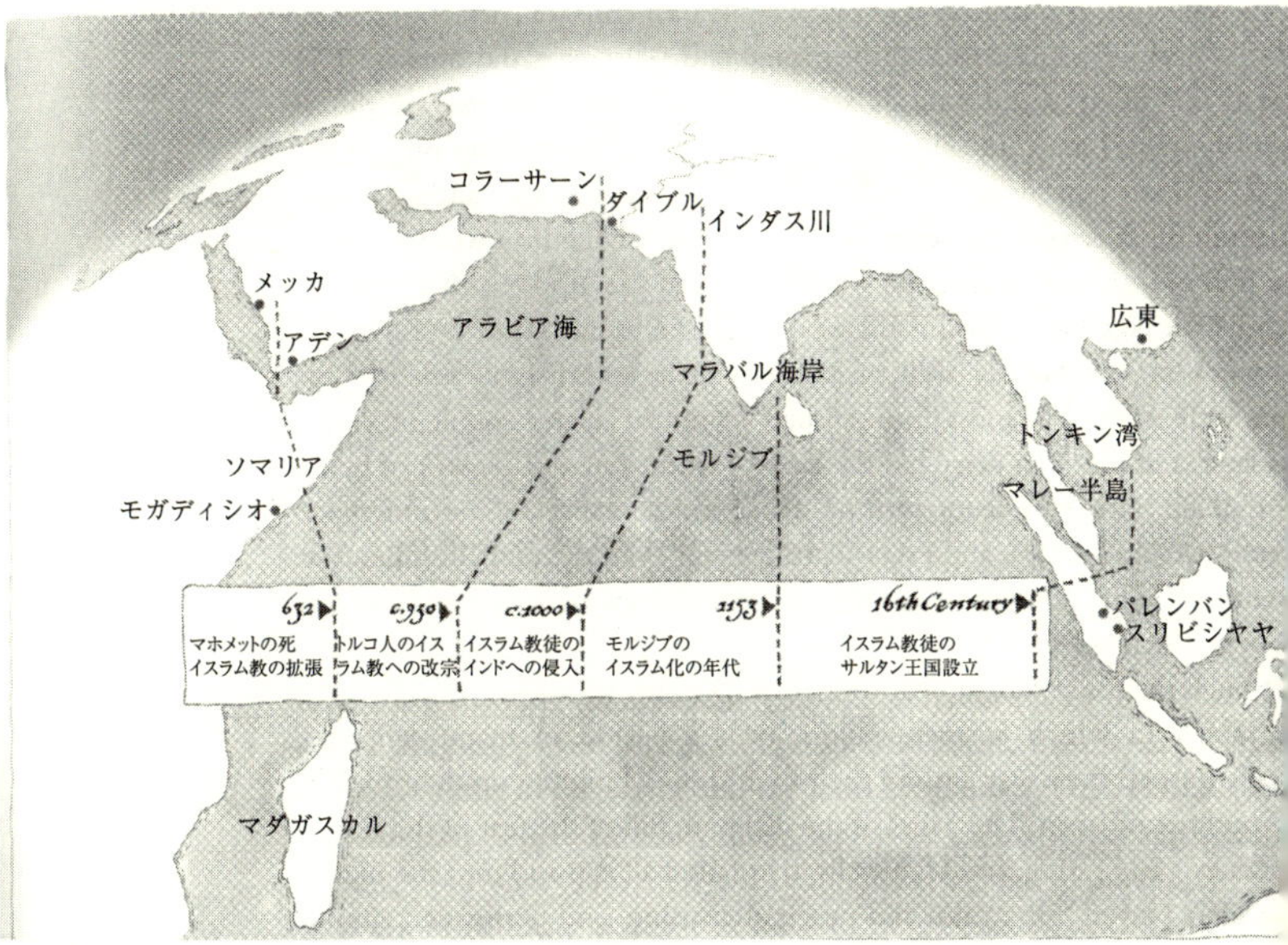

インド洋海域へのイスラム教徒の進出

は男が書くものと、私は聞いています」と彼女は書き出す。「しかし、女がどれほどやれるかを見せるために、私も日記に手を染めました」。後世の学者諸賢は、これが女性の作品であるはずがないということを根拠に、著者の自己記述を退けたがる。ユーモアの一つ——風で婦人の裾がめくり上がるエピソード——は、女性の記述としてはいかにも不体裁とされ、男性の一方的偏見でこの輝くばかりの本文を男の手になるものとしたがる傾向がある。しかし、それから二世代ほど後には、女性は日本のもっとも傑出した書き手の地位を確立している。「土佐日記」はその真実の響きも備えている。名文の虜になると、読者は事実のナレーションと文学的な手際の冴えのあいだの区別に盲目になることがある。出来事すべてが書かれてある通りに起きるはずはないと疑うことは自由だが、作品中の文学的潤色でさえも純粋な経験を説得力豊かに反映している事実は否定のしようがない。

航海者にとって海上ルートは馴染みのものだった。それにしても、本文は、日本の船乗りがそれまで数世紀にわたって手探りで海の道筋を確かめ、徐々に日本の輪郭線のあらましを築き上げてきた心構えというもののの一端を如実に示している。日記の各ページは海の恐怖に満ちている。旅の始め、「昼間から夜まで続いた」別れのパーティで、旅に出る側は「穏やかで平安な航海」を祈り、海の神々を宥める儀式を執り行ない、海中に護符と高価な贈り物を投げ入れた。それから七日間航海を続けると、向かい風で大湊に避難を余儀なくされここでさらに九日待った。その間、詩歌を案じ都に切に焦がれた。次の行程で一行は、陸地が見える慰めから離れて、不吉にも「外海へ外海へと漕ぎました。一漕ぎごとに眺めている人が遠景へ消えていきます」。恐怖がこみあげ、山々や海が暗くなると、水先案内人と船の漕ぎ手は気持ちを励まそうと歌を唱和する。室戸で悪天候のためふたたび五日の遅れになった。ようやく「櫂で月も貫けと」出発すると、突然の暗雲で水先案内人がたじろぐ。「突風がくるぞ。港へ戻れ」。気分が劇的に二転三転する。翌日は麗しい夜明けを迎える。「船長は仔細に海面を眺めまわしました。海賊か？　テロか！　……私たち全員、髪が白くなりました。島々の主よ、どうか教えてください。どちらが白いのか？　岩に砕ける波頭か、あるいは私たちの頭の上の雪か？」。

海賊はさまざまな手段で回避される。祈りの唱和が「神さまと仏さまに」捧げられる。紙の護符が危険が存在しそうな方向に舷側から投ぜられる。護符が「波間に漂っている間」祈りはさらに声高に唱えられる。「船の速度をあげよ」。ついに夜だけ漕ぐ手段に頼る。危険がこれよりずっと大きい場合にだけ採る手段である。恐怖の的だった鳴門沖の阿波の渦巻きをすり抜ける時は、さらにどっさりと護符が投ぜられる。船旅が三月目に入って数日が経過した頃、再び強風が一行を悩ませる。「この船には住吉大社の神さまが欲するものが乗っているらしい」と水先案内人が沈んだ表情で呟く。再び紙の護符をばら撒くが、ご利益が得られた

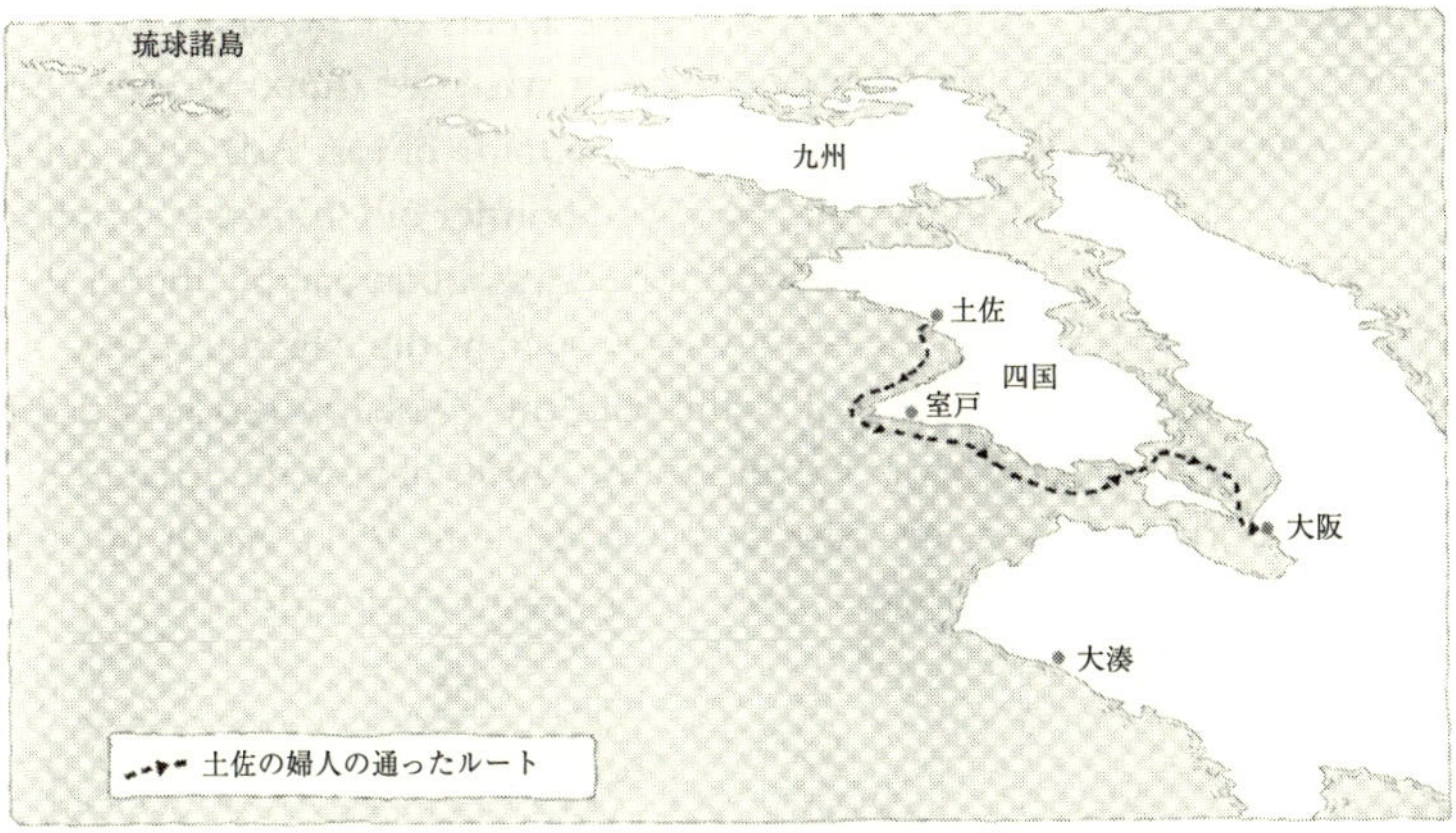

日本、土佐の婦人の航海ルート

様子はまったく見られない。ついに船長は決心して自分の貴重な鏡を捧げものとして波に投じる。これでやっと船は順調に進み始める。その翌日、一行は大阪に到着する。「私たちが忘れることができないこと、辛いことも沢山ありました」と著者は結論を述べる。「しかし、そのすべてを私は書き留めることができません」。

日記の形式なので、航海の日数を正確に数えることができる。始まったのが一二番目の月の二二日目で、終わったのが新しい年の三番目の月の六番目の日である。四〇〇マイル(六四〇キロ)を大幅には超えない距離の航海に、この一行は六九日を費やしたことになる。もちろん、これには途中の港で順風を待機した日数も含まれる。この旅が異様に遅々とした進行に終始したことには、さまざまな理由が考えられる。まず、旅行者の社会的地位が安全で品格を保ったペースを必要とした。この一行の場合は、普通のケースより夜間の航海を嫌った。推測するに、多数の漕ぎ手が乗り組む比較的大型のガレー船タイプだったはずで、補給品や新鮮な飲料水に容易にアクセスができるよう陸地沿いの航行を強いられ、大海を利用する近道は犠牲にされた。しかし、最大の日数と考えても、六九日はいかにも——とんでもなく――長すぎる。一方、日記の著者は、劇的な効果を念頭に日数をかなり延ばして、そこにさまざまな出来事をうまく配分したとも考えられる。そうだとしても、日数は理解できる範囲に収めることが求められる。でなければ、せっかくの作品も現実的な衝撃性を失うことになる。[25]

「土佐日記」は、日本の本土周辺海域における航海の困難さを示すと同時に、これとは対照的にインド洋海域の利点をも浮き彫りにしている。このさまざまな利点に後押しされて、インド洋海域の内部ルートの開拓の期間、世界の歴史上の最大の出来事のいくつかが、インド洋の周辺で、あるいはこれを横切って着々と進行していた。第一は、ヒンズー教と仏教とイスラム教の東南アジア地域への伝播。第二は巡礼者――文化的交換の主役――のメッカへの集団輸送。第三は、中世後期と私たちが考える時点における、インド洋の「イスラム教徒の湖水」への変容。第四は、東アジアとアフリカおよび中東地域のあいだの海上交易と、部分的ではあるが、中国の技術の西方への移転である。この期間にインド洋が運んだ交易の物量は、地中海、バルト海、カリブ海、ベニン湾（アフリカ西部ギニア湾北部の湾）、ヨーロッパの大西洋側と日本の太平洋側の沿海部のそれとは、比較を絶して大きかった。次章では、大西洋と太平洋がこれを凌駕するにいたる物語に目を向ける前に、陸地の探検が私たちが知るかぎりどのように世界規模で進行したかを考察しておきたい。

3
躍動する
古代後期と中世における陸地の探検

「おい、あんたどこへ行くのか?」と本の読み手が馬の乗り手に声をかけた、
「あの流域はな、溶鉱炉から火が出ると、命に関わるぜ。
あのむこうには糞が山と積んであって、そのにおいで気が触れる
あそこの山あいはな、墓場だ、背の高いやつも回れ右だ」

W・H・オーデン「おい、あんたどこへ行くのか?」

出発だ! 準備は整いました、隊長殿
ラクダは夕暮の匂いをくんくん嗅ぎ、勇んでいる。
どうぞ、ご先導を、キャラヴァンの隊長殿
バグダッドの商人の王子たちの先頭を、どうぞ。

吾らは交易のみで旅をするのではない、
熱い風に、吾らの心は煽られる。

知られていないことを知るという欲望で
吾らはサマルカンドへの黄金の旅に出る。
ジェームズ・エルロイ・フレッカー「サマルカンドへの黄金の旅」

過ぎた千年紀の終わり頃——西暦一〇〇〇年から三世紀ほど前——古代スカンジナヴィア人やテューレ族やポリネシア人の海洋ルートは、探検の歴史での大きな新しい収穫だった。しかし、同じ時期、陸のルートについても、それほど目立ちはしないが、やはり語るべき重要な物語が進行していた。インド洋海域内部の既存のルートが開拓／拡張され、記録にはほとんど痕跡をとどめていなくても、世界に巨大な影響を与えたように、分散していた文化が連結された陸上のルートについても、同様のことが起きていた。同じ時期、特にユーラシア大陸の一部では、探検により内陸ルートが飛躍的に増大し、特定の国や文化を結び付け、それが辺境地域にまで拡大され、それまで孤立していたコミュニティが文化の相互交換と支配のネットワークに組み込まれていった。

しかし、以上のプロセスは、今私たちに引用できるデータでは、再現が困難なプロセスでもあった。この時期に新しく開拓されたルートは、文献に記録されるのもかなり後代のことになり、その文書／記録化に参画するのも、この分野で先駆／改良した探検者ではなく、すでに安定した時代にこれを用いた人々だった。すなわち、商人、巡礼者、地図製作者、布教者、外交官、官吏、戦士、流浪の学者、好奇心に駆られた旅行者などである。時には地理学者——イスラム教圏では九世紀以降は数多くいたが、キリスト教圏とインドや中国ではまだ知られていない——がルートの発見者に質問を発し、その結果を記録することもあった。冒頭オーデンの詩に出てくる「本の読み手と馬の乗り手」の関係である。今私たちが使用できるこの種の記録の助けにより、私たちは新しく開拓されたルート、あるいは少なくとも今まで文献に登場していないルートの部分図をスケッチすることができる。まずアジアから始め、順次ユーラシア大陸、アフリカ、アメリカ大陸へとスケッチを進めていきたい。この図は完了することはない。この各ルートはこの惑星をつぎはぎでカバーしているに過ぎない。しかし、これは出現しつつある世界の長距離ハイウェーの一部であり、後にグローバルな道路ネットワークの幹線となる部分である。「ロード」は中国から放射状に発し、ユーラシアの各先端部を連結した。道はアフリカの交易と文化交流の動脈としてサハラ砂漠を横断し、アフリカ東部の地溝帯に達した。両アメリカ大陸では、ルート沿いに重要な穀物と慣習が外部にも広がった。メソポタミアとアンデスの北部と中央部では文明の「揺り籠」になった。文化交流の初期の形態の場合と同様に、交易がこの物語の避け難いテーマとなる。交易は、探検者が先駆したルートに、今私たちが彼らの努力の成果として知る唯一の証拠を撒き散らした。

シルクロードの延伸

欧米人が中世と呼び習わしている時代、中国からインドへ向けて発したキャラヴァンは、ほとんど常に苦難に満ちた長いルートを辿ってシルクロードを深く中央アジアまで進み、それから南下して再び東へ向かい、ヒンズークシ経由でインドに入っていたらしい。この困難なルートは、チベットを経由するルートを選べば、理論的には短縮できる。しかし、チベットは多くのキャラヴァンにとって最終の目的地だった。そこから先で南へ向かう道はほとんどないに等しい。そのことがこのルートの比較的長期にわたる無視を説明している。これとは違ってインドへ向かう真っ直ぐの短距離アプローチは、明らかに四川（省）と雲南（省）を西南へ横断するルートである。しかし、今日学者が南方シルクロードとよぶこのルートは開拓が極端に遅れていた。[1]四川は、十一世紀までは、中国の一部とはほとんど見なされていなかった。中国人の観察者にとって、そこは「河川と洞窟だらけの田舎」だった。英語ではロマンチックに聞こえるが、儒教の信者には「聞くも忌まわしい」地名だった。北宋時代（十一世紀）に詩人で高級官僚だった欧陽脩《おうようしゅう》は、辺境の物語に特に関心を持っていたが、四川を次のように描写している。

紫の竹林と青の森林が地に立ち上がり陽光を遮っている。
緑の潅木と赤の柑橘が化粧のように秋の顔から実をのぞかせている。
坂道はいずこも険しく、男たちは重い荷の下で腰をかがめている。
生活は川のほとりで営まれ、土地の人間はいずれも泳ぎに巧みだ。
新年の魚と塩の市場は早朝から賑わっている。
太鼓と笛の音が、休日の一日中、公認されていない社から聞こえている。
沛然と降り来る雨で、崖の滝は川と化している。[2]

これが中国の「未開の西部」だった。開拓と中国化を待っている植民地的辺境である。竹林と樅《もみ》の林を支配する部族の首長は、魔術や悪魔術に長けているとの噂で、アングロ・サクソン風の想像力では、イーストアングリア地方の沼沢地帯に出没するイギリス流儀の悪魔に相当する。中国人は未開の部族を、野蛮さのレベルに基づいて、「生のまま」とか「調理済み」などと分類していた。悪魔術の親方で知られるある首長は、もっとも野蛮な「骨黒の韋族」を率いていた。一〇一四年、中央政府による一連のキャンペーンが大成功を収め、この諸部族は相当程度にまで「手懐けられた」状態になった。この間、行政上の改革も進行した。地方は「路」――ルート――に分割された。このルート沿いで土地は巨大な単位で分配された。従来なら官僚支配の中央集権がこの国の常道だったが、今回は曲がりなりにもある程度の地方分権が実現した快挙でもあった。中央からの移住者は陸地の風景を変え始めた。現代の新疆《しんきょう》ウイグル地区とチベットの植民地化が中国に対して大きな意味を持ったように、この植民政策の効果は巨大かつ広範囲だった。四川については、その効果は劇的の一語に尽きる。「禁断の丘」からは樹木が消えた。一〇三六年、あの悪魔術の親方は澄ました顔で地方官庁の役人に納まった。岩塩の産地が「欲望の泉」だった。そのために当時の政府「北宋」はこの地方を支配下においたとも言える。茶と桑の農園は、経済的には二次的な興味の対象でしかなかった。[3]

四川は、五〇〇年間も辺境のままで止まっていた。その向こうの雲南――銀の土地――は、魅力はあるがさらに探検が困難だった。熱帯性の気候が敵意をむき出しにしていた。ここを抑えて制御しようと図る権力の神経中枢は当時の中国にはなかった。定住者の安全さえも覚束ない状態が長く続いていた。ようやく十三世紀の末、中国の軍隊がこの地域を大鎌でなぎ払い、部族の民は次第に中国に貢物を差し出し、自らを帝国の臣下と考えることに慣れ始めた。しかし、この地域が帝国の版図に入るにはさらに数世紀の時を必要とする。雲南の向こうのビルマ（現ミャンマー）は常にインドへ向かう南方ルート上の障害だった。実に厄介きわまりない土地柄で、中国は長らく片々たる一握りの土地以上のものを獲得することはできないでいたし、ここを通過するにはキャラヴァン隊は法外な対価で安全を買う以外には手立てがないまま推移していた。

以上の理由により、中国とインドのあいだの南方シルクロードは、中世全体を通じて人影まばらなまま放置されていた。三九九年に仏教僧／探検家の法顕《ほっけん》が長安を出発した時も、このルートは通行不能だった。この僧侶は、信心深さにうながされ仏教の諸寺院を巡礼するか、あるいは学問に背を押されて仏教の原典を求める中国からインドへの僧侶のその後連綿と続く旅行のさきがけ、あるいは少なくとも記録に残る最初のケースだった。かかる巡礼に出た中国の僧侶は、それ以前にインドから中国へ布教のために訪れたインドの僧侶がたどったルートに従ったと考えられる。ただし、その詳しいことは今はほとんど分かっていない。彼らは、四世紀末か五世紀初めの僧鳩摩羅什《クマラジーヴァ》——仏教原典の中国語への翻訳者——の渡来以来、きわめて活発な布教活動に終始した。

その頃までには、このルートの各所に僧院のネットワークができ始め、旅行者への宿泊の提供や喜捨の受け入れを行なっていた。敦煌《とんこう》の洞窟の壁画は、シルクロード沿いの生活や、商人の信心深さや、一部のケースでは彼らが家郷に残してきた家族のことまで描写している。それは僧院をユーラシア大陸の諸文化が出会う世界の大いなる十字路として描いている。中国の諺に従えば「遊牧民と中国人が触れ合う」、「アジアの喉元」であり、「西方の大洋への諸ルート」が「首の動脈」のように合流する場所でもある。崖の表面にうがたれてずらりと並ぶ孔は、中国、インド、中央アジア、さらには私たちが近東と呼ぶ数千マイルに及ぶ地域から訪れた人々の憩いの場所である。ここで合流した道路は、それからは別の交通システムに分かれ、それぞれ日本とヨーロッパに伸び、インド洋を渡っては東南アジア、アラビア半島の沿海部、アフリカ大陸東部へ達している。[4]

敦煌へのシルクロードは、ゴビ砂漠を横切る。途中には軍の駐屯地が不規則な間隔で点在していた。そこで旅行者は、羊の毛皮にくるまって眠り、新しい馬を調達することができた。駐屯地から次の駐屯地までのあいだは、ラクダの糞がルートの印だった。草がほとんどないのでこれが唯一の燃料でもある。一九二六年——昔ながらの訓練も道路の危険もまだほとんど変わっていない時代——ゴビ砂漠を横切る際にオウエン・ラティモア探検隊の一人が言った。「ラクダの糞を目にできたら、どこにでも行ってみせる」[5]。エドシンゴルの向こうへ抜けるには、もっとも広漠とした地帯を四日の強行軍で突破する必要があった。ここでラティモアは、ほとんど目の届く限りばらまかれたラクダの死体を見た。大部分は朽ち果てているが、新しいものの中にはまだ血の泡立ちや脚部の火ぶくれを露呈しているものもあった。

僧法顕は、ゴビ砂漠を崑崙《こんろん》山脈の麓で横断した。しかし、山賊の脅威でとても進めたものでない。そこで彼が同行したキャラヴァンは、安全のためにタクラマカン砂漠に深く突入した。しかし、これが高くつくことになる。僧自らが「悪意の魔物と熱風」による「比類を絶した災厄」と呼んだもの[6]を耐えなければならなかった。タクラマカン砂漠の縁でキャラヴァンは一週間の休息を取り、食糧など一か月分の必需品を補充した。通常のルールは「キャラヴァンは大きいほど安全」だ。しかし、五〇人を大きく上回らない人数と条件がつく。これなら家畜類が加わっても、次の三〇日までにどこかで水の補給ができるとして、生き延びられる公算が大きい。しかし、沼沢には塩分が高いこともある。川はそれほど当てにならない。砂漠の中でしばしばコースが変わる。あるいは砂漠の夜の寒さで凍りつく。だが最悪の危険は「悪霊に惑わされ」コースから逸れて迷子になることだった。

昼間でも旅行者はこれらの霊の声を聞き、多くの楽器――特に太鼓の音と武具を打ちつけたような音――による曲の調べに聞き入るような錯覚に陥ることがある。この理由により、旅行者のグループは互いに近い距離で固まることを旨としている。就寝時には翌日進む方向を杭などで確認する。また、同行している家畜すべての首に小さな鈴をつけ、家畜が経路から逸れないような手段も講じている。[7]

十四世紀の画家は、悪魔のことを、解体した馬の足などを手で振り回す、色黒で敏捷で無慈悲な存在と想

8世紀、シルクロード上で山賊が商人にホールドアップを命じている。砂漠ではシルクロードがもっとも安全とされていたが、時にはこんなこともあった。

像した。モンゴル人は、これを退けるには、馬の首に血を塗ることを推奨した。ガイドの話では、砂嵐は旅行者の方向感覚を狂わせる悪魔の仕掛けということだった。空が突然暗くなる。砂埃で空気がいっきに濁る。風で石粒は舞い上がり、大きな石は割れる。それが空中でぶつかり合い、人間と家畜の頭上に猛然と降り注ぐ。[8]

砂漠の次は山脈である。天山山脈はタクラマカン砂漠の北方に連らなっている。長さは二七〇〇キロ弱、南北の幅は最大で四八〇キロ、高さは最高で七四〇〇メートル。これほど峻険で手に負えない山岳はざらにはない。深い陥没が山脈にいっそう異様な形相を与えている。これが人間には心理的な圧迫感と物理的な難所として迫ってくる。山脈のど真ん中にあるトゥルファンは、海面下一五〇〇メートルの位置にある。一九二六年にオウエン・ラティモア隊がこの山脈の横断を試みた時、「食屍鬼のような」風が彼を押し戻した。「その風が雪を吹き飛ばし、それが砂のようにぎしぎし軋んだ」。その間、一〇〇〇頭ほどのラクダは、寒気に対して歯をこすり合わせて耐えた。「そのきしみ音は、人間の耳には釘のように突き刺さった」。[9]

法顕はトルケスタン東部（現新疆ウイグル自治区）のホータンという大きな交易オアシスで成人した。この地はすでに交易市場を通り越し、絨毯、絹織物、翡翠《ひすい》細工などで知られる産業中心地に育っていた。インドへの道筋に当たるが、「冬も夏も雪を頂き、竜が風を吐く」重畳たる山脈を越えなければならない。法顕は、ヒンズークシの東で現パキスタンのペシャワールへ降《くだ》った。やがてジェタヴァナの寺院で旅の最初の目的地に到着し、そこでしばらく休息した。それから、ガンジス川の流域をくだり、途中随所で寄り道し寺院などを訪ねて見聞を広め、ベンガル湾を経由し船で家郷へ戻った。船が寄港したスリランカでは、かつてこの島に住んでいた悪魔の商人のことを耳にした。

法顕はまさに先駆者だった。六七一年にインドへの巡礼を成功させた僧義浄《ぎじょう》は、その後七世紀の終わりにかけて、学問と仏教の悟りを求め五六回の旅を記録している。その後も同じ目的の学問僧の旅が陸続と続く。多くはシルクロード沿いの法顕の足跡を辿った。しかし、チベットとネパールを経由する者もいた。

記録が今に残るもののうちで、旅の事情がもっとも詳しくわかるのは、玄奘《げんじょう》の「大唐西域記」である。この学問僧は、六二九年にその後一六年に及ぶ旅に出た。「富や世俗の利益や名誉のためではなく、宗教的な真理のためだけに」と志を述べている。彼は流亡の人間だった。当時の政治的混迷からの流亡者である。六一八年の隋王朝の滅亡を予見していた。若い頃から「仏教の光明」を広めようと志し、「人々の導きと利益のために」法顕の「気高い先例」に従おうと決意した。メルー――仏教徒の心の中の世界地図の中心にあ

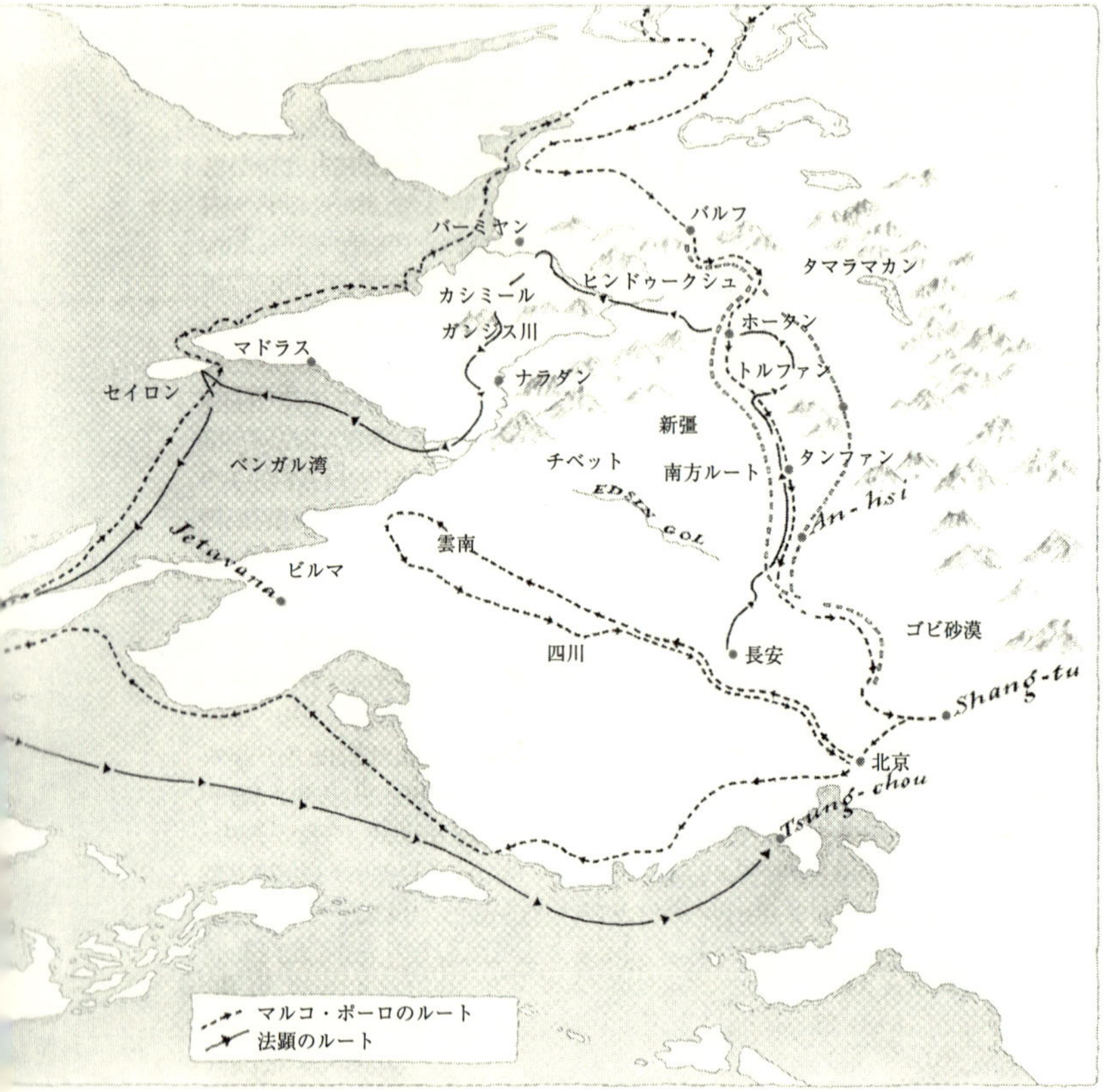
バーミヤン
バルフ
タマラマカン
カシミール
ヒンドゥークシュ
ガンジス川
ホータン
マドラス
ナラダン
トルファン
セイロン
新疆
ベンガル湾
チベット
南方ルート
タンファン
EDSIN GOL
An-hsi
Jetavana
雲南
ビルマ
ゴビ砂漠
四川
長安
Shang-tu
北京
Tsung-chou
マルコ・ポーロのルート
法顕のルート

シルクロード

る山――をよじ登る夢が彼の足を促した。ガイド役を志願する男が彼に警告した。「西方のルートはだめ、危険です。砂が吹き寄せられ旅の邪魔をします。悪魔や熱い風が邪魔をすることもあります。これに出会うと誰も逃げられません。でかいキャラヴァンでも迷子になり全滅することがあります」。これにもめげず、彼は巡礼の旅を続けた。ガイドの者は彼を見捨てた。ゴビ砂漠は彼を苦しめた。方角が判らなくなる。道の痕跡も発見できない。

見捨てられ一人になった彼はルートを確かめる手立てもなく、見渡すかぎりの砂の広がりをとぼとぼ進んだ。ただ、骨の小山や馬糞の跡を辿るだけ。……四つの方向すべてが限りなく広がっているのみ。人間や馬の痕跡はいっさい見当たらない。夜になると、悪魔や魔物が掲げる灯火で星との区別がつかなくなる。……お経の一くだりを唱え、菩薩の慈悲を祈りながら進むと、奇蹟のように彼は草地と水を湛えた池のほとりに行き着いた。

山賊を避けるため天山山脈に入ることを余儀なくされるが、雪で目先も暗くなる難渋にも耐え、雪崩もなんとか避けた。玄奘は途中で回り道してトゥルファンに立ち寄った。土地の首長はインドへの旅をこれ以上続けることに反対し、こう警告した。「暑さにきっとやられる。それに道筋の人間は野蛮人だ。そんな連中に会う値打ちはまったくない」。しかし、玄奘はこう確信している。「西を目指し、その途中で命を落としても、東へ戻って生き続けるよりずっとまし」。玄奘は天山を越えて歩き続け、ようやく、仏教コミュニティの匂いが濃厚な場所にたどり着き、寛ぐことができた。

バルフには一〇〇の寺院があり、三三〇〇を超える僧侶が住んでいた。バーミヤンで玄奘は有名な大石仏を見た。「高さ四〇メートル強で、黄金色に輝いていた」。二〇〇二年、タリバンはこれを爆破している。ヒンズークシ経由でインドに入ると、彼はまず心の準備を整えるためにカシミールで二年間を費やし、それからガンジス川沿いに寺院から寺院を訪ね歩いた。玄奘は六三三年から六三七年までをビハール州のナランダで暮らし、仏教の聖地各所を象に乗って訪問している。最後は亜大陸を東岸沿いに南下しマドラスに至っている。彼がこの地に別れを告げたく思っていることを耳にすると、受け入れ側はこう言った。「インドは仏陀生誕の地です。仏陀ゆかりの地を巡ることで貴殿のこれからの人生を過ごすことに優る幸いがこの世にあるでしょうか？　それに、中国は野蛮人の土地です。だから、仏陀はそこでは生まれません」。これに玄奘はこう応じた。「仏陀が中国へ行かなかったというだけで、中国が値打ちのない土地ということにはなりません」。帰路も船は選ばず、多くは往路をそのまま逆に辿った。仏陀の舎利を一五〇片、仏像六体、経典六五七巻を馬の背に積んでの帰還だった。[10]

玄奘の旅の記録は、先に述べた「聖ブレンダンの航海[11]」の話を思い起こさせる。長距離の旅を神聖視する視点である。それは完璧を志向する魂の旅にほかならない。敬虔さへの心構え、仏陀や諸教師との心洗われる邂逅、さまざまな奇蹟の介入、祈りの力の数多くの立証などは、読者にこれが現実の旅行の物語であることを、さらには世界最高レベルの文化交流の展開であることを忘れさせる。玄奘は、巡礼者であると同時に布教者としても振る舞った。彼の旅行記には、ヒンドゥーの街でゾロアスター教徒を仏教に入信させた話や、大乗仏教伝来の偉人の名誉、誘惑や権力を与えられ王の側近となることへの抵抗などから、天候、鉱山の場所、珍しい色の象を観察した話など世俗的な話題が混在している。

モンゴル効果

その後のシルクロードの歴史の最大の変遷は、ルートそのものの拡張ではなく、十三世紀におけるモンゴル帝国の興隆による安全面の強化だった。「パクス・モンゴリカ」（モンゴルの支配による平和）は、ヨーロッパの辺境から中国へいたるアジア横断の大回廊を単一の支配の下に統一した。モンゴル人自身はこれを「天空の統一が地上にもこだましました」と表現している。このプロセスの第一段階は、チンギス・ハーンが一二〇六年にモンゴル族の最高支配者になってから、その二〇余年後の死亡までのあいだに、ステップ地方の人々をチンギス・ハーン指導の下の一つの連合体に統一することだった。

道教の導師常准《じょうわい》（？）は、一二一九年にチンギス・ハーンに謁見を命ぜられた際、シルクロードに対するモンゴルの効果をまざまざと思い知らされた。ハーンは説明した。「川を渡る際、我々は船や舵を作る。同様に、帝国を良好な状態に保つために、我々は賢人を招き、補佐役を選ぶ」。常准は「竜の宮殿への初めての伺候」にいたる経緯をこう述べた。自分は今七〇歳。「それまでは長らく世捨て人として岩の洞窟で過ごしていた。雷州——今日の山東省にある港町——の家郷からヒンズークシでハーンにお会いするために三年間の旅に出たのです」。

この場に居合わせた陪臣が常准のことをこう描写している。「死体のように角ばって座し、樹木のようにすばやく立ち上がり、雷光のように迅速に動き、渦巻きのように歩いた」[12]。彼の旅の記録を後世に残した弟子によれば、常准の高潔さは鳴り響いていて、その名を聞くだけで山賊でさえたじろいだと伝えられる。また、彼を知る部下の一人はこう書き残している。「師は、地図には出ていない土地、雨にも露にも濡れたことがない砂漠を横切り、もっとも困難な数千里の旅に出発しました」。

一二二一年の三月初め、常准の一行は、北京から北方へ興安嶺山脈を目指した。そこは「中国が、その習慣も気象も、突如終わる土地」だった。そこから西へ折れると直ちにモンゴルに入る。ある意味で彼は気難しい旅行者だった。宮廷のハーレム入りの美女を帯同もしなければ、野菜のない土地に入ることも避けた。彼が意味するところはステップ地帯である。ゴビ砂漠を横切り、「酷寒の山に登り」、荒野にも臆せず立ち向かった。そこでは同行者はモンゴル人の習慣に従った。すなわち、馬の首に血を塗り魔除けにした。道教の寺院が旅の援助を惜しまなかった。

常准の弟子が記したこのルートの話には、道教の信者に直接訴える風景のことが頻出する。この人たちは自然に対する思い入れが深く、それが彼らを優れた観察者にしている。この弟子は、ケルレン川の両岸の野生のニンニクと柳の木、松が密生する山、ウリャスタイ川に沿って延々と続く野生のタマネギと芳香を放つ草、サマルカンドのナス——「巨大な指のような形で深い紫色」——などに目を留めている。弟子は悪魔や魔物などの話も記述しているが。「師はこれにはなんのコメントもなし」と注記している。一行はサマルカンドに一二二一年の十二月に到着した。そこでは中国人庭師が最良と見える庭園の手入れをしているのを目にして、一行は大いに驚いている。

一二二二年五月に常准がようやくハーンに会う段取りになった時、導師には苦痛に満ちた落胆が待ち構えていた。知識への愛と学問の必要性に関するチンギス・ハーンの以前の数々の断言にもかかわらず、導師への彼の最初の質問はこうだった。「さて、不老不死のどんな霊薬を私に持参してくれたのかな?」。心と心の邂逅にもっとも近い問答でも、その内容は狩猟の妥当性というものだった。しかも、この点でも両者は同意に達することはなかった。ところで、中国へ戻った常准を一通の書簡が待っていた。それは皇帝からのもので、モンゴルの政治権力により諸街道の安全が格段に向上し、人々によるその使用が大いに増大していることとを告げる内容だった。

聖なる導師よ、過ぎた春と夏のあいだ、導師は決して容易ではない旅行を敢行された。その間、糧食や馬の補充などでご不便はなかったか、知りたく存ずる。ファンテやその他の場所で逗留されたが、各地区の官憲はご宿泊接待などでご満足できる対応をしたのだろうか？　平民に対する貴殿の心配りで彼らは貴殿のもとへ伺っているのだろうか？　私は常に貴殿のことが念頭にあり、貴殿も私のことをお忘れなきよう存ずる。[13]

治安が改善されれば、範囲も拡大する。モンゴルによる平和の結果、全ユーラシアを横断してヨーロッパから中国へ旅することが比較的容易になった。商人と宣教師グループも利用を開始し、シルクロードの交通にごく普通の形で参加してきた。マルコ・ポーロは、このルートの永続的な活気の最良の証人であり、全時代を通じてのもっとも影響力の高い旅行記作者となる。本人の説明によると、マルコ・ポーロは故郷のヴェネチアを出発し、一二七一〜四年のシルクロードの旅に出た。まだ一七歳の少年で、すでに中国の経験があった父と叔父に同行しての旅である。到着してから一七年間、元王朝の宮廷と地方行政に官吏として勤務した。ただし、これで中国になんらかの影響を残したわけではない。一方、これはマルコには少なからぬ印象を与えた。後に故郷へ戻りこれを世間に語ると全ヨーロッパが目を見張ることになる。この体験が記録された本（『東方見聞録』）によると、マルコはヴェネチアとジェノヴァのあいだの海上戦闘で捕虜になるが、同部屋の男に自分の体験を口述した。旅行記の多くの常としてマルコの本も空想とセンセーションに満ちていた。しかし、他方では大筋で信用できる感動にも事欠かなかった。

「われら三人は三年半であの旅を終えたのだが、それは難行の連続だった」とマルコ・ポーロは一行のシルクロード体験を報告している。「なぜなら、われらが通過すべき国々は雪と雨と洪水と激流が常の状況だったし、冬には夏のようには効率的に馬を乗りこなせなかったからだ」[14]。盗賊と役人の横暴と官僚的な能率の低い仕事ぶりが相まって、キャラヴァンは随所でスムーズな進行を阻まれた。マルコのものとされる旅行譚は、しばしば疑問符がつけられた。理由は、中国側にマルコについての言及が皆無なことと、中国に対する彼の観察が気まぐれとも思えるほど一方的に偏っていることである。ただし、反証ができない議論には注意が必要である。マルコがなにかについて何も言っていないことは、彼がそれを目にも耳にもしてないことを意味することにはならない。たとえば、茶はいかにもありきたりで、中国の生活に慣れた人がこれを事新しく記録するとはとても思えない。また、万里の長城は当時は荒廃状態にあったはずで、この両側にまたがるモンゴル帝国の下では、その重要性はかなり低下していたと考えられる。いずれにせよ、この種の回顧では肝心の要点を見落とすことになる。マルコ・ポーロはある意味では「男シェヘラザード」だった。彼の仕事は、「見聞録」のために収集した資料から判断するに、当時の中国のさまざまな側面を代表する面白いエピソードで至高のハーンを喜ばせることだった。

マルコ・ポーロがヨーロッパから中国へやってきたのとほぼ同じ頃、私たちが僧バール・ソーマ師として知っている旅行者が、今でこそ「ユニークな」との評価がぴったりする逆方向の旅に出立した。つまり、北京から西の方角へ向かい、ヨーロッパを目指した。バール・ソーマ師は中国（元）皇帝の臣下で、タタール人あるいはモンゴル人と自称していた。家族ともどもキリスト教徒だった。さらに限定するならキリスト教のネストリウス派（中国では景教）の信者だった。キリストが神性と人間性を別々に備えていると主張する一派である。当時、中国人で景教徒であることは、別に特殊なことではなかった。中央アジア出身の中国人であれば尚更である。現に中央アジアと中国では、中世末期の時点でネストリウス派は大いに栄えていた。ただし、ヨーロッパでは五世紀にすでに異端の烙印を押され迫害の対象になっている。ネストリウス派の僧院は、仏教の施設と同様に、シルクロードの随所に点綴されていた。中国の文化は明らかにバール・ソーマ師の一族に影響を及ぼしていた。師との文通には先祖についての懸念や家系の継続についての希望が示されている。師には心の不安という来歴があったらしい。結婚を捨て、両親との関係を否定し、僧院での生活を維持するために、一時は孤独の生活に引きこもったりしている。

一二七六年頃と推定されるが、バール・ソーマ師が中国を出立した時、彼の動機は、マルコスという親しいトルコ人の僧とエルサレムを巡礼することだった。当時トルコではキリスト教は決して優勢ではなかったが、ネストリウス派の信徒に関するかぎりトルコにも数多くいた。バール・ソーマ師の記録によると同僚の僧侶たちは二人にこの巡礼を思いとどまるよう説得したらしい。エルサレム巡礼は決して信仰の伝統的な証ではないと。聖地をこの目に焼き付けたいとのマルコスの信念は固い。二人はこの説得を退けた。シルクロード沿いには随所にネストリウス派の僧院があり、そこで宿泊の便も得られる。二人にはそんな心積もりもあったに違いない。[15]

二人は崑崙《こんろん》山脈のふもとの南方ルートをたどった。寧夏《ねいか》のネストリウス派の僧院からホータンまでは二ヵ月の旅だった。ここで砂漠を横断する準備を行なった。初期の情報——バール・ソーマ師の記述でもなければ、中国の公的な記録でもない——によると、このミッションを力づけ、部分的ながら資金援助も行なったのは、チンギス・ハーンの孫で元の初代皇帝のフビライ・ハーンだったらしい。フビライは、少数者の宗教に好意を示すことを政策としていたから、これにもしっくり合致する説である。

ペルシアにたどり着くまで、二人は敵に捕まり、釈放され、砂漠と山岳の妨害で心身をすり減らし、所持品をすべて失っていた。賊徒に奪われたのか、難行で手放したのか、バール・ソーマ師の記録はこれにまったく触れていない。ペルシアに到着すると、二人はマラゲー――中世アゼルバイジャンの中心地――でネストリウス派の大司教に会った。当時、マラゲーは世界に比類のない学問の中心地だった。そこの図書館には四〇万冊の蔵書があり、そこの新設の天体観測所は天文技術のショーケースであり、学者の集会所だった。東方の知識の西方への発信地でもあった。

この大司教は、バール・ソーマ師の旅は完結すると予言し、ここで礼拝を行なうよう説得し彼を引き留めた。大司教が死亡すると、彼の旅の連れが後継の大司教に選出された。一二八六年、ようやくバール・ソーマ師は自分の旅に戻ることができた。ただし、少なくとも直ぐにはエルサレムには行けない。ペルシアの支配者がヨーロッパのキリスト教諸国の宮廷を歴訪する仕事を託した。目的はエジプトに対する同盟の結成である。彼に与えられた書状には次のような文言があった。「カトリックと――すなわちネストリウス派の大司教と――友好関係にあるモンゴル王は、パレスチナおよびシリア諸国を併合したいとの意図あり、よって王はエルサレムを奪うことを目的に貴国の与力を求めるものなり」[16]。中国から帰国途中のイタリア商人二人が通訳として師に同行した。

バール・ソーマ師は多分陸路でトレビゾンド（現トルコ北東部の港湾都市、当時はトレビゾンド王国の首都）に至り、船で黒海経由コンスタンチノープルを目指し、一二八七年の初頭にこの地に到着したものと思われる。師は各地の遺跡を信心深く眺め、巨大な寺院を畏怖をもって見上げた。師は、キリスト教が過半を占めている地域や国家をそれまで見たことがない。また師はローマへ赴く途中、六月十八日にエトナ山の噴火を目にし、六月二十四日にはナポリで相争う王朝間の戦闘を目撃している。「この間、ソーマ師と同行の諸賢は宿泊せる教会の屋上に座し、フランス軍の戦闘のあり様を賞美せり。同軍は、戦闘員以外の一般人士を傷つけるの非道いっさい犯すことなかりしなり」[17]。コンスタンチノープルに入ると、たまたま教皇の選出が行なわれている最中だった。それ以外、公式の行事はいっさい休業中。枢機卿たちは、例の同盟の話よりバール・ソーマ師の信仰について議論するほうに興味がある様子だった。そこで師はパリまで足を伸ばして大学を見学し、ボルドーではイングランド王に聖餐を授けた。新教皇のニコラウス五世からは、一二八八年の棕櫚の主日に、同じ聖餐を授かった。ペルシアへ戻る前、師はヴェローリで赦免の書類に同僚の僧職と共に自らの印章を押した。それから一二九四年に死亡するまでの数年間を、この旅行で手に入れたさまざまな記念品を収納するための教会の設立に主として捧げた。

バール・ソーマ師は、同盟の結成には成功していない。当時のユーラシアは、モンゴルの警察力により安全が保たれた通路で架橋がなされたとはいえ、まだまだ文化の深い溝で分割されていた。師の旅はそれをまざまざと示している。彼はキリスト教国のホスト側と意を通ずるのにペルシア語を使った。しかし、互いの意図の多くは、通訳の過程で失われたに違いない。師は、外交的な異議を永続的な同意と誤解し、キリスト教徒としての仲間意識の表現を教義上の合意と取り違えた。それでも、マルコ・ポーロなどの西洋人が逆の方角でやっているのと同じ時点でバール・ソーマ師がこの旅を見事終えたという事実は、ユーラシアを横断可能にする上での「モンゴルによる平和」の効果を実証するものであった。バール・ソーマ師の記録のオリジナルは、今は色褪せぼろぼろになってはいるが、巨大な陸塊の両端が相互に手を結び合える上でのもっとも驚くべき証拠として残っている。結論はこうなる。「当時の西欧文明が出会った革命的な諸経験——技術上の進歩、芸術におけるさまざまな改革、新しい種類の科学を介しての現実認識の再調整など——は、シルクロードとステップ地帯のルート沿いで実現された影響力から部分的に恩恵を受けている」。この結論に異議を唱えることは、誰にとってもかなり困難なはずである。

これ以降、シルクロードは当たり前なことになった。「昼も夜も安全な道路」である。一三四〇年代のイタリアの旅行ガイドブックはイタリアの商人に旅の手軽なヒントを提供している。「髭は生えるがままに放置すべし。剃ってはならない」。アゾフ海のターナでは費用を惜しまず良いガイドを雇うこと。「商人がターナから婦人を連れ出したいと望むなら、それは可能である」。ターナから去る場合は、小麦粉と塩漬けの魚をただの二五日分用意すれば充分。「ほかのもの、特に肉類は、どこでもたっぷり入手できる」。これは重要なことだが、旅行には近い親類縁者を伴うこと。これを怠ると、商人が万一死亡した場合、その財産は没収される。ガイドブックには各停留駅ごとの運賃と、各道程に適した運搬手段が記載してあった。アストラハーンまでは、旅で希望する速度と支払える限度に応じて牛車または大型荷馬車、それ以遠は、中国の河川系統に到着するまではラクダまたはロバの背となる。ガイドブックの忠告によれば、銀が道路の通貨だが、中国の官憲が到着次第、紙幣と交換すべしとある。[18]

ステップ地帯の踏破

シルクロードについてもっとも異常なことは、それがともかくも存在したという事実である。ユーラシアはステップ地帯の堤道により結ばれている。堤道はステップとほぼ同じ長さで延々と続いている。途中の障害はほとんどない。牧草地はいくらでもある。飲み水もたいていの場所で簡単に手に入る。ヨーロッパとアジアのあいだの旅に興味がある人は、ほかの条件が同じと仮定すれば、砂漠に難儀したり山によじ登ったりするより、ステップ地帯のルートを辿るほうがよほど楽と実感するはずだ。南方ルートは通常は閉ざされていたし、中国を出た旅行者は広大なアジアをはるばると横切り、インドには西から入ることを余儀なくさ

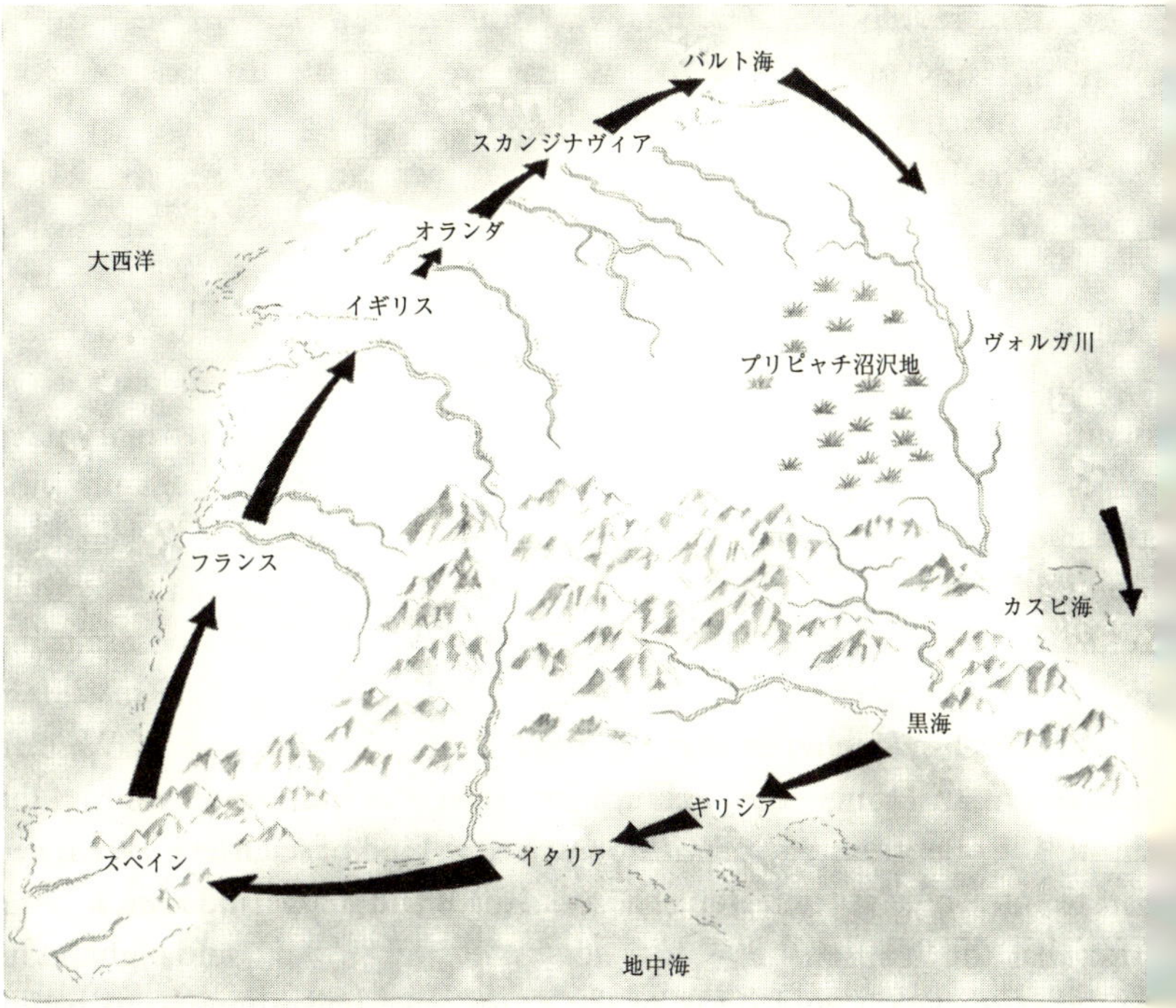

ヨーロッパのシェマティックな図示。ヨーロッパは大ざっぱに三角形で表示できる。各辺は歴史的交流の３つの堤道——地中海、大西洋の一部分、ヴォルガ川——で構成される。山脈の防波堤と沼沢がこれらを分断している。見方によれば、ヨーロッパの歴史は、この３つの地域の統合と交流の物語でもある。

れていた。したがって、インドへ向からキャラヴァン隊にとっても、まず天山山脈の北へ出ることは大いに意味のあることだった。この旅はむろんさらに長距離になる。しかし、地勢的にはずっと容易だった。

だが、過去の大部分において、ステップ地帯の道路は通行不能だった。ステップ――樹木の生えていない大草原――は、遊牧民族の住処だった。彼らは交易を隣の定住民族とは違う視点で扱っていた。彼らには交換する物品がない。したがってキャラヴァンを、掠奪の対象または身代金強奪のチャンスと見ていた。彼らの領有地は通常互いに敵視しあうグループ間で分割されていた。シルクロードの利点は、これは旅行者にとって甚だ気になり、商人にとっては良くてもかなり高いものにつく状態である。シルクロードの利点は、これにステップの遊牧の民が近づかないところにあった。砂漠地帯は、人口も希薄なため、比較的に安全だった。天山山脈は草原の民にも、その騎馬の掠奪隊にも敵意をむき出しにした。まさにその理由で旅行者はこれをなんとか我慢した。むろん、シルクロードでさえ安全は完璧ではなかった。遊牧の襲撃者がいつ出現するかわからない。張騫[19]（?~前一一四）は、中国（漢）の北方草原地帯の宿敵「匈奴《きょうど》」に往路と帰路の二度にわたり抑留された。しかし、シルクロードとステップ地帯のあいだの相違は明らかだった。受け入れ可能なリスクと避け難い災難とのあいだの相違である。

しかし、十三世紀、すべてががらりと変わる。モンゴル人が、中国からはアルタイ山脈で遮蔽されたまま、家郷の地から一気にはじけ出た。十四世紀中国のある司教は誇らしげにこう自慢した。「モンゴル人の時代より以前、この山脈の向こう側でも人間が住めるとは誰も思っていなかった。しかし、モンゴル人は神のお許しによりこれを越えた。しかも、驚くべき力を発揮して……、それから、私もそうした[20]」。チンギス・ハーンの帝国はステップ地帯にも平和をもたらし、これを横断できるようにした。ローマ教皇の使節ジョバンニ・ピアノ・カルピーニ修道士は、モンゴルの保護下にあるステップ地帯について最初の記録を残している。一二四六年、モンゴル馬は彼の自称巨体を乗せて三〇〇〇マイル（四八〇〇キロ）を一〇六日で走りきった。キエフ（現ウクライナ）から先は三週間の馬の旅でモンゴル人と出会い、サラトフのすぐ南のヴォルガ川のほとりの軍営で歓迎を受けた。そこから先は平均して三〇マイル（四八キロ）ごとにモンゴル軍の駐屯地があり、カスピ海とアラル海を船で北へ渡り、アルタイ山脈を横切り、カラコルム近くで至高のカーンの宮廷に到着した。

外交の視点に立つかぎり、この使節の成果は皆無だった。ジョバンニは、モンゴル人の傲慢な態度と野蛮な振る舞いと、自分の尺度に合わせ世界をねじ曲げようとする意図に怖気をふるい、家郷へ逃げ帰った。「そこで」と彼は結論で述べている。「キリスト教徒が自らを救いたいと欲するなら、タタール人が世界に広まるのに先手を打ち、これと戦う軍勢を送らねばなりません」[21]。モンゴル人は、ヨーロッパの民族学がかつて出会ったもっとも奇怪な人間、概念としても極めて挑戦的な人種です。西欧人に知られる世界が拡大するにつれ、西欧の眼前に出現したもっとも厄介な発見です。こいつらは「相似人間」のカテゴリーにも入りません。地図製作の職人がアジアの端っこに書き散らしたモンスターです。犬頭の人間、一本足、「頭が肩の下から出ている化け物」です。彼らを知られているカテゴリーに入れるのは難しい。神さまの祟《たた》り、罪に対する処罰、悪魔、けだもの。時に相反する話によると、やつらの習慣は畜生のものです。犬のように吠える。サルのように顔が平べったい。魚を生で食い、血を飲む。これは少なくとも本当ではあった。野菜がないステップ地帯の住民として、新鮮な血や臓器の肉を食することは、健康に必須のアミノ酸を摂取する上で必要なことだった。

彼らは人肉食いの汚名まで着せられた。ただしこれは間違った嫌疑だった。中国、チベット、アルメニア、グルジアなどの文献にもモンゴル人に対する嫌忌の表現が見られるが、人肉食いへの言及はいっさいない。

リュブリュキのギヨームと連れの修道士がルイ４世に出発の挨拶をしている。下は旅行の途次。

モンゴルの法律はこれを禁止してはいない。多分その必要がなかったものと考えられる。[22] 非難は観察の結果ではなかった。読み、考え、怖れたことの結果だった。人肉食いは、中世の物書きが北方蛮族の特徴としてはやし立てた非道行為の一つだった。だが、これより重要なことは、自然法に悖《もと》ると中世の知恵により宣告されたことだった。これは極めて重要な宣告だった。なぜなら、自然法を犯した人間はその保護を剥奪され、その結果、戦争や奴隷化の原因になりかねなかったからである。

それでも、ヨーロッパの諸宮廷はモンゴル人をなんとか理解し、これと折り合いをつけようと努力を繰り返した。使節が交換された。宣教師がこれに続いた。いずれもステップ地帯のルート——時にはシルクロード、稀にはインド洋の海上ルート——を用い、モンゴルの中心地、さらには中国に達した。草原（ステップ）ルートのもっとも詳細な観察は、修道士リュブリュキのギョームの旅行記である。ギョームは、一二五三年の春にフランス王に暇乞いし、宣教の旅に出立した。本人は純粋に精神的な使命と考えていたが、王の側には外交と情報収集の思惑もあった。ギョームは黒海を横断し、五月にはターナから馬車で出発しステップ地帯の踏破を目指した。「それから三日後」と彼は書いている。「私たちはモンゴル人を目に留めた。別の世界にやってきたと、それこそ実感した」。十一月にはケンケックに到着していた。「ひもじく、喉が渇き、寒く、疲れ果てた」。十二月には怖れていたアルタイ山の高地にいて、「険しい岩山のなかで悪魔を追い払うために」信条を詠唱した。一二五四年の棕櫚の主日、ようやく念願のモンゴルの都、カラコルムに入った。ここは、ギョームの目には、磁石と映った。パリの金細工師を含むあらゆる職人が全ユーラシアから、僧侶たちは全アジアから吸い寄せられてきていた。[23]

ユーラシア貫通ルートのおかげで、中国からの文化的影響は、ヨーロッパの思想と技術にダイナミックな効果をもたらしていた。火薬は十三世紀に、溶鉱炉は十四世紀にヨーロッパにもたらされた。西洋における経験科学の復活もこの時期の自由な交流と一致している。そこで次のような連想が浮上する。これも、中国の——特に道教の——自然観察の伝統による西洋の思考に対する授粉の結果ではないのかと。当時の西洋における自然美の偉大なる発見——これに関しては、私たちの連想はアッシジの聖フランチェスコへ赴きがちだが——も、実は風景の観賞で目立つ記録をすでに重ねつつあった中国文明との相互肥沃化なしでは、想像すら困難と考えざるを得ない。

国内の探検——日本とヨーロッパの実例

しかし、探検は外に対してのみ起きたのではない。内部にも埋めるべき裂け目、引き締めるべき緩みがしばしば存在する。日本のケースは、テーマとしている時期における文献的にもっとも整った事例と考えられる。たまたま国が発議した地図の作成調査と、中国（唐）を模範とした官僚体制の整備が同時に進行し、文書面でも格段の充実の渦中にあった。最初の調査が命ぜられたのが六四五年頃。ただしその時点の地図が実際に作られたとしても、今にはいっさい伝わっていない。現在残っている最古の日本地図は八世紀製作で、これは当時の日本の測量技術の早熟さと正確さを示すもので、かなりの量で残存している。この製作には仏教の僧侶グループの協力が大きかったと伝えられている。行基（六六八〜七四九）は、国中を広く旅した高僧で、行く先々で道路や橋の築造、運河の掘削などを進め、あるいはこれを人々に鼓吹した。[24]

当時の日本国は、本州の中央部と南部、九州、四国を占有するのみだった。初期の地図は、この国が自らの島々の探検／調査においてさえ極めてのろかったことを示している。本州の北部は簡単で粗略なスケッチに止まっている。ここはまだ日本国の権力の及ばぬ土地で、土着のアイヌ族が住んでいた。この人々はその後漸次的に後退していく。北海道のことはほとんど知られていなかった。南方は難破漂着した船乗りを食う「魔物の土地」だった。よく知られていた海上ルートは、朝鮮、中国、琉球列島へ向かうものだけだった。

当時、国内の探検を推進していた国家または文明は、日本だけではなかった。九七一年、中国を測量／調査するプロジェクトが開始された。その資料は十一世紀の初頭までには、一五六六章にまで積み上がっていた。十二世紀初め、中国のもっとも有名な地図の一つが石版に彫りこまれた。仰天するほどに正確な「帝禹《う》の道の地図」である。[25] 前章に登場したアラビアとペルシアの地理学者は、イスラム教の世界におけるデータ

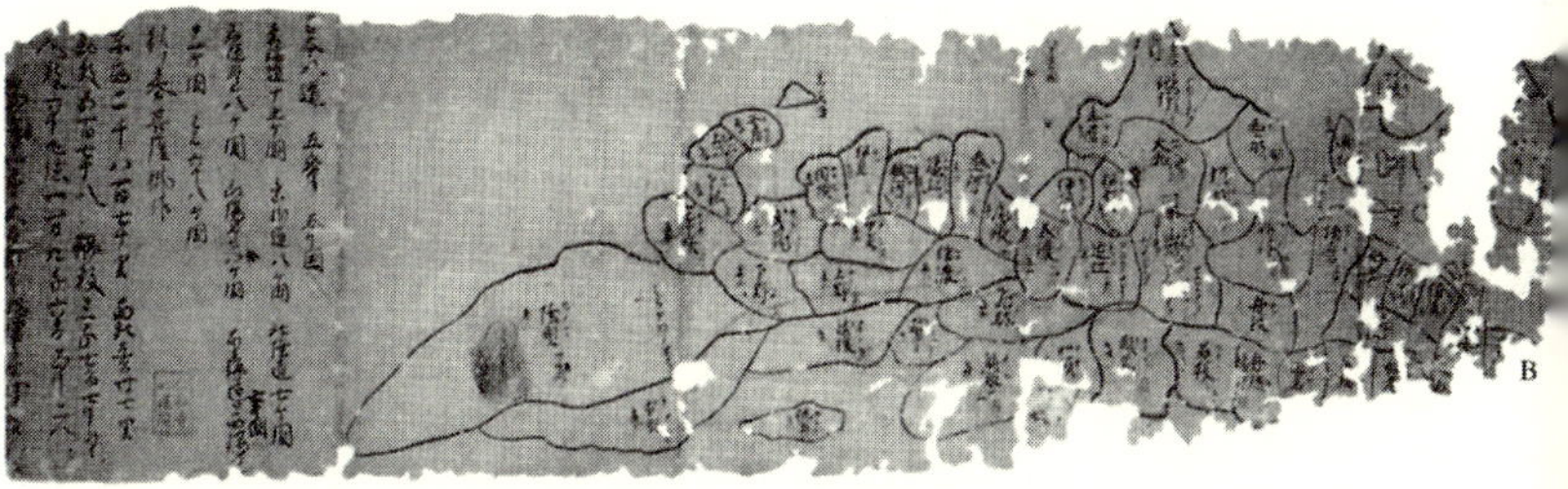

流浪の測量者、僧行基による1305年当時の日本地図、
国内諸地方と道筋を示している。南が上。

の整合という類似のプロジェクトと、世界の地理学という文脈におけるイスラム世界の位置づけという作業に従事していた。しかし、知識の蓄積という仕事が国内の探検にもっとも強く結び付いていたのは、おそらくローマ・カトリック教会系の布教圏であった。つまるところ、ここは中国やイスラム諸国と比較してまだ開発の途上にあった。隣接する諸コミュニティは、まだ互いに多くを学ぶ必要があった。交流の諸ルートはさらに長く伸ばされ、うまく整合される余地を残していた。

十一世紀から十四世紀初めにかけて、ローマ・カトリック教会系の布教圏の地平線は広がりを見せたものの、内部拡大のプロセスはまだその途中にあった。人口は増大した。新しい資源が開発され、新しい技術が古い技術の生産性を高めた。土地が新しく開墾され、新しい穀物が出現するか、荒野が牧場に変わった。森林が倒された。沼地から水が抜かれた。人間の定住地が地面にじわじわと広がり、上の丘を目指した。各所に出来始めた町では新しい種類の経済活動が可能になった。教会や国家は、それまで森林や沼沢や山により孤立していた地域社会を把握し始めた。それまでは福音伝道も甚だお粗末で、住居もたいていは地図に載っていなかったヨーロッパ内部の蛮族たちである。

人間の動きが加速され、その範囲も広がった。長距離の旅行はまだ稀な経験で、巡礼者とか、商人、軍人、学者、聖職者など、旅行になんらかの職業的な関心を持つ人々に限られていた。しかしこの範疇の人間も増大した。新しい交易ルートが大西洋と地中海の沿海部を単一の経済で結んだ。当然のことながら、西ヨーロッパには二つの経済圏がある。地中海と北方である。これがまず一つの海峡により隔てられ、これにより二つの沿海部は航海条件が大幅に違っていた。また、一連の防波堤によっても隔てられ、これが河川の流れを決定し、交流の方向もこれで決まる。ヨーロッパの歴史の大部分において、この二つのゾーンのあいだの交流は決して容易ではなかった。トゥールーズ峡谷、ローヌ川回廊、アルプス山道などの交通の難所は、独特の交易形態を生かし続けた。海から他の海への商業航海が放棄された期間においてもである。十三世紀、主としてジェノヴァ、マリョルカ、カタロニアを発した地中海の船は、大西洋の沿海部で大規模な行動を復活させた。ドイツの商人も似たようなやり方で北方の随所の海を統一した。ロンドンやブリュージュはリューベックやリガにつながった。一一四三年に起源がさかのぼるリューベックは、後にハンザ同盟となる組織の先駆的な都市だった。

交通網が開け、人々は移住者、商人、巡礼者、「旅の学者」として、今日ヨーロッパのインフラストラクチャーと呼ばれる新しい動脈沿いに、道路を橋梁を、新設のルートを、平和裡に移動し、その数も一貫して増大していた。ローマ・カトリック教会系の布教圏は本来的に拡大の要素を孕んでいた。遠い地平線を押し分けるようにじわじわと伸びていった。この布教圏においても巡礼者が通路の発見者として大きな役割を演じたエルサレムへの巡礼は十世紀の末に爆発的に増加した。理由の第一はマジャール族の温和化に求められる。これによりハンガリーを経由してブルガリアやビザンチン帝国に通ずる安全な陸路が出現したことになる。理由の第二は、地中海東部の交易の増大により聖地への海路による交通が可能になったこと。しかし、この方向ではキリスト教の巡礼者が新しいルートを開発したとは言えない。一方、これとほぼ同じ時期、ヨーロッパの西の端に近い一つの新しい寺院が新しい先駆者を引き付けつつあった。コンポステラへの巡礼

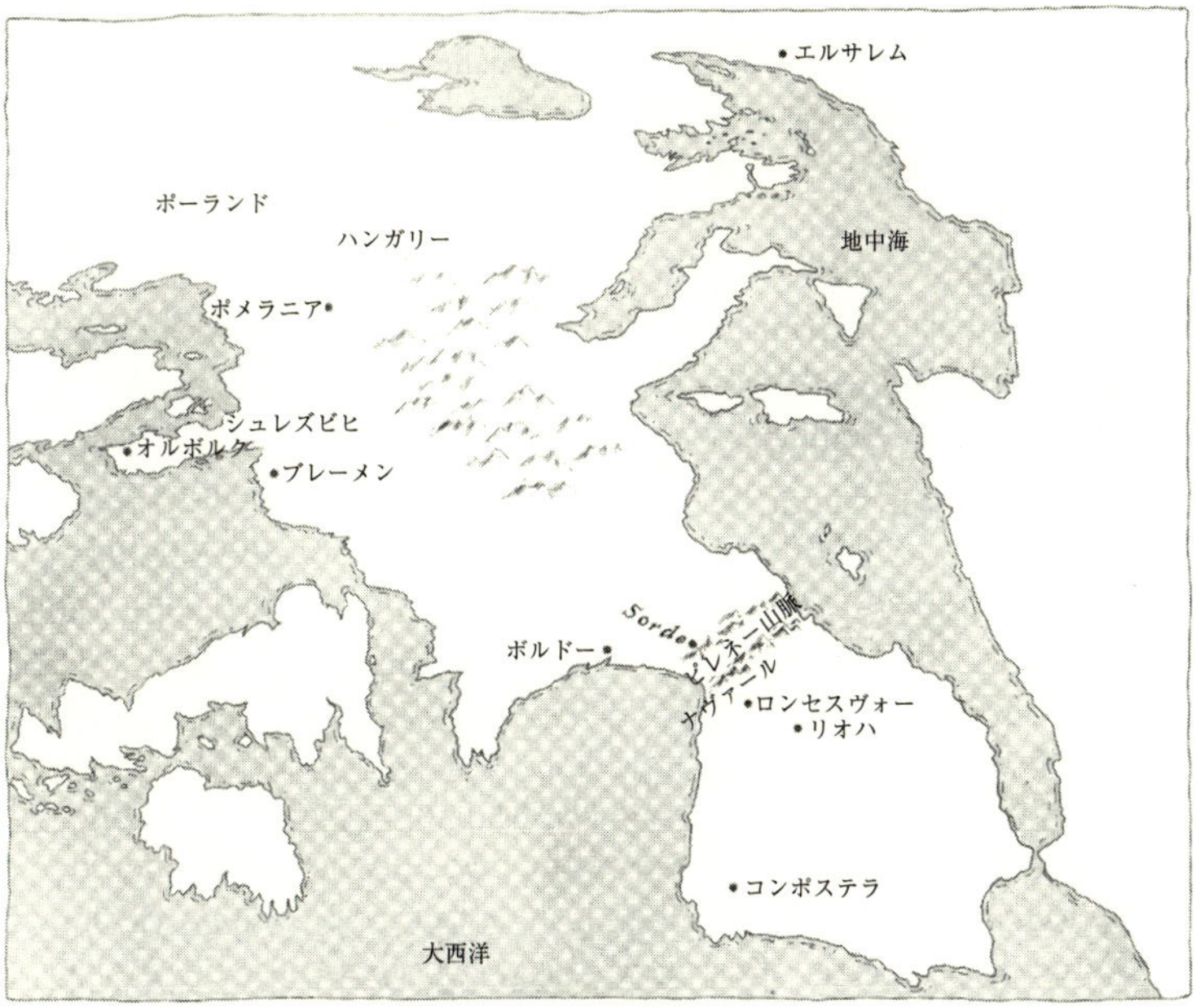

ローマ・カトリック教会系の布教圏の拡大

は、ある視点から考慮すれば、「荒野に挑む戦い」だった。その道はスペインの北西の角へ行き着く。地の果てである。地図の上では世界の「四つの角」の一つ、それはまさにそう見えた。今でも同じくそう見えている。

隠修士たちが、慈善の作業として、身をかがめて岩を割り、巡礼者が使うための道路や橋をつくった。エイメリー・ピコーと自らを呼ぶ聖職者の案内書には「この方々の魂よ、永遠の平和で憩われんことを」と書いてある。工学も環境適応の手助けに加わる。道路と橋梁の建設は、公共の目的でも急を要する仕事だった。このために地方君主たちも責任の一部を引き受けた。またこのために、たとえば、コンポステラへ巡礼する人のために堤道や橋を建設したドミンゴ・デ・ラ・カルサーダは聖者に列せられた。先駆者に続いてやってきたのが悪徳業者だった。巡礼者に出会った人間には「善意あふれる歓迎」という義務が広く課せられた。前述の案内書にはこう出ている。「巡礼者を受け入れる者は、聖ヤコブ――スペインの守護聖人――と神そのお方を受け入れるのです」。だが実際は旅館の主は、おおむね搾取者（「彼らすべての中にユダが住まっている」）または不正直者として非難された。しかし幸いなことに、サンティアゴへの街道には宗教団体経営の宿泊所が点在し、そこの唯一の請求は巡礼者の喜捨ということだった。ガイドブックは、ピレネー山脈では聖クリスティーヌ宿泊所と暖かく推奨していた。ところが、そのライヴァルの「ロンスヴォーのロランド宿泊所」は甚だ誘惑的な宣伝に打って出た。「可愛い有徳の女性のお世話」を約束し、彼女が貴殿の足を洗い、髭に櫛を入れ、髪を切り、「貴殿が口には出しにくいお世話もする」とのことだった。これが中世の荒野に広くあぐらをかいていた文明の水溜りだった。

十二世紀のガイドブックにはあらゆる要注意事項が並んでいる。ボルドー以南の沼沢地方では蚊に注意。道から外れると膝まで泥に没することあり。この地域では食べ物の入手に難渋することあり。ここを通過する巡礼者は少なくとも三日分の食物の携帯が必須。ピレネー山脈のふもとに近いソルドでは、巡礼者は木の幹をくりぬいた小舟で川を渡される。落ちない用心が肝心。山脈で山道へ向けての険しい八マイル（一三キロ）の山登りでは、鞭で威嚇し通行税をむしり取る山賊に厳重注意のこと。イスパニア風の食べ物に慣れていない者は、これを避けること。「イスパニア人が出す魚を食べても、気分が悪くならない人間は、吾等の大部分より頑健な内臓の持ち主ということになる」。山脈の向こう側の塩泉の近くでは、バスク地方の皮なめし業者は、水の毒で死んだ馬の生皮で生計を立てている。リオハでは土着民はワインの売れ行きを伸ばすため、川に毒を投げ入れている。人気の高いルート（「標準ルート」という神話はとんでもない間違い）につきものの「旅の道連れ」は、注意して選ぶこと。盗賊どもはしばしば巡礼者に成りすまして本物の巡礼者に取り入ってくる。道に人家が尽きたあたりでは、プロの乞食が四肢に血を塗りたくり、レプラ病みを装い、巡礼者の施し物の義務に付け入ってくる。ご用心ご用心。敏感な巡礼者——ガイドブックの筆者はフランス人を前提にしているらしい——は、特にナヴァール地域では、外国の習慣に気分を害するかもしれない。山地や森には行き場のない外来の連中が住み着き、不自然な欲望——男色や獣姦——が平然と行なわれている。ガイドブックの筆者がバスク人にふれる時、明らかにこれを未開の民と認識している。「野蛮人」と呼ばれ、当時の学問では自然法や文明生活の範囲からはみ出ていると分類された人々に適用される用語で、これに言及している。次の如くである。

まことに不潔にこいつらは装い、不潔に食いかつ飲む。……もしあなたが食べている彼らを見たなら、犬や豚のようだと思うはずだ。もしあなたがしゃべっている彼らを聞くなら、吠える猟犬を連想するはずだ。……野蛮な種族である。習慣でも中身でもほかとは全く似ていない。あらゆる悪意に満ちている。色は黒い。顔つきは悪い。……下卑て野卑……。バスクのやつらは、近親相姦までやらかす……牛と。また、自分の雌ロバや雄ロバに貞操ベルトを装着するという話もある。ほかのが挑みかかるのを防ぐためだとよ、笑わせる。

ガイドブックの筆者は「雄ロバは、バスク人の倒錯した目的のためには、人間の女に匹敵するほど良いものだった」とも述べている。引用した文章の末尾の部分は、学問の言語の上品な曖昧さをそのまま残して紹介したほうがよかったのかもしれない。[26]参考までにオリジナルのラテン語を示しておきたい。vulvae etiam mulieris atque mulae basia prebet libidinosa.

こうして、無視されていた人々も、学問の灯火の明かりの中に引き出され始めた。しかし上述のような勝手気ままな偏見の傍らでは、辺境の人々の現実的なイメージとその社会も純粋な民族学の「フィールドワーク」により浮上しつつあった。たとえば十二世紀末、学者聖人のジラルド・カンブレンシスは、ウェールズとアイルランドで自らのケルトの血筋を探り、そこの土着の人々について極めて滋味あふれる文章を書き、彼らの現在の牧歌的生き方は人間社会の発展の世界共通のパターンの一段階を示すものと論じた。

全ヨーロッパで、人々の新しい定住と新しい形の開発が、それまでは無人の環境または人口希薄な環境を徐々に変え始めていた。山や丘が連続する環境では、西欧文明はこれまで人が住んでいなかったか、敵対する高地人の領域として打ち捨てられていた「坂の上のほう」へじわじわと登り始めた。低地の住民がそれまで野蛮人として軽蔑していた高地人の領域である。一方、西ヨーロッパの河岸の住民が原生林征服の領域を広げるにつれ、環境は変貌し生態は乱され始めた。それは単なる経済行為に止まるものではなかった。一種のレコンキスタ（征服／奪還）だった。異教の領域から神の部分を取り返す動きである。森林は異教の官能で汚され、妖精や悪魔や「森の野蛮な人間」で満ちていた。未開の世代に崇められてきた樹木は、敬虔なる斧の打撃に屈して倒れた。

キリスト教圏の辺境の彼方

森林のなかで通路を東と北へ切り開くことは、すなわち探検の作業だった。宣教師と軍隊のルートの踏査である。十一世紀の実務家の一人は次のように報告している。「シュレスビヒ（ドイツの北端部）からオルボルク（デンマーク北部）への距離を測るには、五日から七日の旅行でこと足りる。これは、九七四年にオットー二世が戦に勝って進軍し、ヴェンディラの海岸にまで達したハイウェーだ。王の勝利を祝してここは今ではオッティサンドと呼ばれている」[27]。十一世紀末のブレーメン（ドイツ）の歴史家にとってスウェーデンとノルウェーは「別の世界」と見えたらしい。「今にいたるもほとんど知られていない」。しかし、デンマーク王のスヴェイン・エストリトソンは、この地域の戦争でかなりの経験があったので、こう述べている。「ノルウェーは一ヵ月で横断することは困難。スウェーデンは二ヵ月かけても容易には踏破できない。私は一〇二〇年代の末から一〇三〇年代にかけて、ジェームズ王の下でこの地域で一二年間戦ったのでよく知っている」[28]。それから一世紀後、バンベルク（ドイツ）の主教オットーがキリスト教布教のためにポメラニア（現ドイツとポーランドに分割）へ出立するに際して、付け人の司祭ヘールボルトはその道程をこう説明した。

> ポーランドとの国境にあるウシュの城を過ぎてしばらく進むと、ポメラニアをポーランドから分けている巨大な森林に入ります。しかしこれを突き抜けることは、これを描写することと同様に甚だ困難です。その前に私たちはきっと地上から消えているでしょう。なぜなら、この森はかつて人間により横断されたことはないからです。ただし、ポーランドの大公だけは例外です。大公は、全ポメラニアが屈服する前に、軍による奪取を目的にここを進軍されました。大公は、自ら樹木に印をつけたり、これを切り倒したりしながら、道を拓き軍を進めました。私たちもこの印にしっかり沿って進みました。しかし、難儀はどこまでも付きまといます。さまざまな種類の蛇と野獣が随所に出現して私たちを威嚇し、木の枝に巣くっているコウノトリが金切り声を上げたり羽ばたいたりして、しつこく前進を阻みます。これと同時に、随所にある沼に手押し車や馬車がはまり込み、これを引き出すのは大層な難儀でした。ようやく六日後に森を抜け、ポメラニアの国境をなしている川の岸辺にたどり着きました。[29]

十一世紀末のブレーメンのアダムは、北方への探検の目撃者または報告者の役割を演じ、東方への拡張がローマ・カトリック教会系の布教圏に加えた土地に関する地理学者でもあった。しばらくはこの人物の著作に逍遥したいと考える。なぜなら、彼は探検者と現実の接触を保ち、それにより極めて独自の視点を備えた学者だったからである。それに彼は、スカンジナヴィアとの交流でドイツ側の玄関口にあたるブレーメンの司教たちの「行動」に関する公式の編年記録者でもあった。アダムはそこで大聖堂の律修司祭を務めつつ、教区の北方――ここでは宣教師が通路発見者の役割も担った――の人々の改宗の進捗状況に熱烈な関心を抱いていた。したがって、彼の著作はバルト海、北海、北大西洋の探検物語と化した。ブレーメンの港に集まってくる多くの商人、船乗り、スカンジナヴィア諸国からの僧職の訪問者などが直接もたらすデータがぎっしり詰まった物語である。

情報提供者の中には、前述のデンマーク王スヴェイン・エストリトソン本人もいた。この王は、スウェーデン人やスラヴ人に立ち向かう武人であるに止まらず、辺境の先駆者でもあった。アダムは、アイスランドや、グリーンランドや、オークニー諸島から司教の大聖堂へやってきた嘆願者のことにも触れている[30]。バルト海のある島に関するアダムの報告はこんな調子だ。「家屋のすべてには異教の予言者、占い師、魔法使いなどが大勢いる。ここに世界中から神のお告げを求めて、客が引きもきらず集まってくる。特に多いのがスペイン人とギリシア人という」。ヨーロッパがごちゃごちゃ集まった様子をこれより生き生きと描いた記述は、想像すら困難である。アダムは、シュレスビヒから近くの島スラヴィアへ、「さらにはギリシアへも」船で行けると私たちに告げる。また、スカンジナヴィア半島からギリシアへ陸路で行けるルートの存在も報告する。「ただし、そのあいだに住む野蛮人がこれを困難にしている」とのことだ。バルト海は「スキタイ

ブレーメンのアダムが口にした地名

人の領域を通過してはるかギリシアまで長大に伸びている」[31]。
意識した探検ということがアダムの著作の主要なテーマになっている。たとえば、バルト海を描写し、フランク王シャルルマーニュ大帝の事績の有名な九世紀の年代記編纂者アインハルトに言及して、アダムはこう述べている。

この湾の未探検の部分についてアインハルトが言っていることは、デンマークの指導者で甚だ生気にあふれた人物ガヌス・ウォルフとノルウェー王のハラルト（ハルドラダ）により近年証明されている。数多くの苦痛に満ちた旅と要員に対する多くの危険をなんとか克服しつつ、この海域の限界を探検した後、彼らはようやく帰還した。海賊に再度襲撃されての疲れ果てた帰還だった。一部の者は順風に恵まれデンマークから一ヵ月でロシアのオストロガルトに到達した。その横幅について彼はこう断言している。「いかなる地点でもそれは一〇〇マイルに及ばず、多くの場所でそれよりはるかに狭い」。デンマークの先端部を離れると、海はその両腕を大きく広げ、ゴートの海域で再びその横幅を閉じた。そこから先は行くほどに海岸線は互いに広がっている。

写本によっては、航海指図書が付属していて、たとえば、バルト海からコンポステラ、リスボン、ジブラルタル、バルセロナ、マルセーユなどに達するに必要な日数が示されている。また、アダムの主張によれば、ヘルゴラントは改宗した海賊により発見／入植され、「船乗りなら誰でもその島に畏怖している」。彼はヘルシングボリをスウェーデンへの最良のルートとして推奨する。彼は北方の島々の気象や野生の動植物によく通じていて、真夜中の太陽にも別に驚くことなくこれを描写している。また、自分のデータを古典の権威者のそれと怠りなく照合し、たとえば、ピュテアスのテューレをアイスランドに比定し、五世紀のカルタゴの物語作家マルティアヌス・カペラの「テューレの北に氷海あり」との言葉を、スヴェイン・エストリトソンの報告「ヴィンラントの北方には居住可能な島はない。進出不能な氷と暗黒のみが支配している」の有力な傍証にしている

アダムは、ノルウェー王のハラトル・ハルトラダが海洋探検のために行なった航海にも触れている。王は「この世の終わりの陰鬱な領域」に背を向けた。すると、アダムの記録によれば、フリースランド人の一行は、

> 海をさらに航行するため、北方に向けて帆を広げた。なぜなら、この土地の住民が次のように述べたからである。「ウェーゼル川の河口から直接北へ向かっても陸地には出会えない、リーベルゼーという海があるだけだ」。そこで一行は誓約を行なってこの異常な主張の真偽を確かめることに決め、漕ぎ手に愉快な声をかけ、フリースランドの岸から出発した。

戻ってきて彼らが語った冒険の話――宝島、巨人、モンスター――は、人々の信用を得るにはいたらない。この目的だけでそんなに遠くまで……？[32]

アダムの民族学はいかにも怪奇で、野蛮な行為――偶像崇拝が高じた挙句の吸血行為、ドラゴンに供せられる人間の生贄、通りがかりの人を奴隷にするのではなく、これを殺害する行為など――を異教徒に押し付けるのが主な内容である。人食い人種やモンスターの子を孕む女武者も「この地では稀ではない」。犬頭人間は「ロシアでは捕獲された見世物としてしばしば見られる」。これらは自分たちの言葉を吠えて発する」。

「この地方にはこのほかにも多くの種類のモンスターが住んでいて、船乗りはしばしばこれを目撃しているが、一般の人々はこれを信用できないとしている」。これは民話や古代神話の単なる痕跡ではない。新しい神話の創造であり、他者を汚辱し悪魔視することにより征服を正当化する「文明化ミッション」のでっち上げでもある。

しかし、アダムは、同類の西欧人を道徳意識と信仰心の低さで叱ることを目的に、数少ないケースではあるが、他者を理想化するという仕事も怠ってはいない。キリスト教圏の東端のすぐ向こうに住んでいたプロイセン人を――なんとか許容できる無知ゆえに――ヨーロッパ北端の住民ラップランド人と混同し、次のように報告している。

サムランド（ラップランド）にはラップランド人、すなわちプロイセン人が住んでいる。もっとも人間味にあふれた人々で、海で人が危険に出会ったり海賊に襲われたりすると、直ちに救助に赴く。金も銀も彼らはそれほど尊重しない。彼らは毛皮を豊富に所有しているが、その臭気は私たちの世界に誇りという死にたくなるほどの毒を振りまいている。しかし私たちは恥ずべきであるが、彼らはこの毛皮を糞とみなしている。なぜなら、私たちはテンの毛皮のローブを至高の幸として憧れているからである。彼らはこの毛皮をウールの織物と交換する。この人々についてはその道徳観に関して多くの賛辞が捧げられて当然である。だが、唯一つ問題がある。彼らはキリストの教えを信じない。その宣教師団を彼らは残酷にも迫害した。

アダムは、改宗の可能性が高いと見ていたスウェーデン人についてはこう述べている。「この人々は、あらゆる種類の虚飾をまったく認めていない。すなわち金、銀、堂々たる馬、カワウソやテンの毛皮、私たちならうっとりと見入るような品々である。婦人との性的関係においてのみ、彼らは限界を知らない」。アダムは、グリーンランドとその住民についても知っていた。住民のことを彼は「塩水のために皮膚の色が緑がかっている」と想像していた。[33]

彼は、エルベ川以遠の土地についても詳しい記述を行なっている。ローマ人はこれを見ることはなかったが、八世紀以降になると西欧の戦闘員や宣教師には馴染みになっていた土地である。オーデル川以遠の土地を彼は「スラヴィア」と呼んでいるが、少なくともポーランド以遠は当時まだ異教徒が住み着いている広大な領域だった。部族名と寺院と町の名が、スラヴ族の宗教の未開の程度に関する嘆きと共に、彼の説話を支配している。クーサのニコラウス枢機卿がデータを収集し、驚くほどに正確な地図の形でこれを記録する十五世紀まで、この地域が充分に記録されることはまずなかった。(クーサのニコラウスについては、巻頭のエピグラムも参照)。

ニコラウスの努力は、彼本人の仕事の一部分だった。科学を神学に奉仕させることである。ニコラウスはこう信じるようになる。「人は、自分が知っていること——自分の経験と造作の世界——を語ることによってのみ、自分が知らないこと——神と自然——について語ることができる」[34]。彼は「百科事典」の銘版を設計する哲学者の熱意で技術を賛美した。

光の弱さを火を点じた蠟燭で補う手段を発見したのは人間のみである。それで彼は不十分な視界をレンズで補うことを、また視界に関する誤差を透視技術で正すことを知ることができる。彼は生の食べ物を調理することでこれを味覚に快いものにする。彼は芳香で悪臭を追い出す。彼は衣服と火と家屋で寒気を遮断する。彼は馬車や船でより速く旅行することができる。彼は武器で自らを守ることができる。彼は字を書くことと記憶術の発明で自らの記憶を助けることができる。[35]

地図は、ニコラウスの考えでは、世界をつくり、ある意味ではこれを支配する人間のみに潜在する力を具現するものである。

現実感のある判りやすい世界の地図を製作する時、彼は良好な秩序を備えた地図の形でこれを保有する。したがって、彼はこれを失うことがない。彼は多くの時をこの地図と過ごし、控えの従者を退出させ、自分の内部の見識を世界の創造者へ向ける。……彼は思う。創造者が身を乗り出して世界へ語りかけていると。宇宙形態学者《コスモグラファー》である彼は、地図に語りかける。それは真の世界へ語りかけることに等しい。宇宙形態学者は、世界の創造者のように自らの内部で推量する。世界のイメージの真実を心のなかで描きながら……。[36]

ロシアについて、ブレーメンのアダムは、ノヴゴロドやキエフなどの町があることを除いては、なにも記録していない。この無知は、いささか驚きである。なぜなら、スカンジナヴィア人が大西洋を探検していた時、東にも進出したからである。ロシア人——東方の探検を試みた当事者であり、あるいは少なくともこれを含む——は、十世紀にヴォルガ川をヨーロッパ最長の交易回廊に仕立て上げた。彼らがいつここにいたったかはよく判っていない。ヴォルガ川へ流れ込む源流はバルト海からは遠くない。かなり後世のロシアの年代記は、九世紀の中頃を決定的な時期とし、この頃「海の向こうからやってきたバラング族」と土着のスラヴ族のあいだで戦闘があり、これは八六二年における後者の降伏で決着がついたらしい。ロシアの年代記によると、スラヴ族のあいだの確執に絶望した土着民の一部は、「海の彼方のバラング・ロシアのところへ赴き」、こんな口上を述べた。「吾等の土地は広大で肥沃だ。しかし、そこには秩序というものがない。是非吾らの土地へ渡来し、これに君臨し、支配していただきたい」。こんなことが実際に起きたとするなら、それはスカンジナヴィア系の襲撃者、入植者、商人によるこの地域への進出の長い歴史における一つのエピソードだったに違いない。

イブン・ファドラーン——九二二年にアッバース朝の命令でバグダッドからヴォルガ・ブルガール国へ使節として派遣された——は、旅の報告書の大部分を、本人が「ルッシーヤ」と呼ぶ土地で過ごした数ヵ月間のことに費やしている。それは、彼には立ちすくむほど野蛮な残虐行為と見えたものに対する嫌悪感に満ちている。人間による生贄の儀式を目にしたとき、その恐怖は彼の心に深い傷として止まった。儀式は、地上に引き上げた船にしつらえた「積み薪」の上で行なわれた。主人への生贄に選ばれた奴隷の少女は、末期の水で口を潤し、お別れの歌をうたい、処刑人と儀式的な性交を行なった。老いた女が「死の天使よ」と声をかけ、縄を少女の首に巻き、その片方の端を両端に立っている男にそれぞれ手渡した。戦士たちが、生贄の叫び声を消すために、盾を打ち始めた。縄が引っ張られると、死の天使は短刀で少女の胸を繰り返し突いた。立会いの者たちは薪に火をつけ、船もすっかり灰になるまで薪をくべ続けた。「これが終わると、川から引き上げた時に船があった場所に、丸い盛り土をしつらえた。その真ん中に人々は死んだ男の名とルッシーヤ国の王の名を書いた。それから人々は三々五々この場を離れていった」[37]。ほかの文献によると、当時のロシアの交易の中心は動物の毛皮だった。亜寒帯の森林で獲れるクロテンやリスが、アラビアの銀、ペルシアのガラス器具類、中国の絹織物などと交換にカスピ海へ向けて川で運ばれ、さらにブハラ（現ウズベキスタン）

やサマルカンド（同）へ送られた。

ヴォルガ川流域沿いのロシアの交易ルート網の拡大は、ユーラシアにおける文化交流の歴史に一時代を画するものだった。ヨーロッパはほぼ三角形を形成している（一四三ページ参照）。一辺に地中海がある。交流の最初の大いなる長距離ルートで、西暦前第一千年紀初期のギリシアとフェニキアの探検の時代に、ヨーロッパの南岸のすべての人々を相互に結びつけた。スペインの南端は頂点を形成している。ここからヨーロッパの大西洋および北海の沿海部にかけて、三角形の第二の辺が見られる。すでに考察したように、海を介しての接触がはるか古代からこの地域を連結している。つまり、ローマ帝国の興隆に先立って、二つのヨーロッパ交易系統と、二つのヨーロッパ経済圏が存在していた。しかし、この二つを統合することは甚だ困難だった。まず巨大山脈の分水嶺により分断されている。そこから川は逆方向に流れている。利用可能な回廊、特にローヌ川沿いとアルプスの山越えは、確かに大いに試みられた。しかし、二つのゾーンを一つの系統に統合することはまさに人間の刻苦精励に依存していた。海流が渦巻くジブラルタル海峡と、暴風雨が待ち伏せして襲いかかるビスケー湾を克服しての海上ルートを確立しなければならない。北方と南方の海上ルートはいずれも袋小路で終わっている。北方ではバルト海、南方では黒海である。

しかし、ヴォルガ川はヨーロッパの第三の海である。その大いなる水路は、ほぼ全長にわたって航行可能で、その流域が生産するほとんどすべての物品を運ぶに足る横幅と水深を備えている。ただし、三角形のほかの二辺とはまったく違う要素もある。バルト海へ達するにも地中海に達するには距離は短いがかなり高い運送料が求められる。南方は陸で閉じた海、カスピ海に注いでいる。地中海に達するにはヴォルガ川流域からドン川系統へ陸路で移ることが必要となる。ということで、ヴォルガ川は、地中海や北海に比較して、ヨーロッパ経済に組み込まれるには不利な点が数多くあった。今日にいたるも、ヨーロッパの政治的／経済的地図で統合のプロセスはいかにも遅々としている。中世から近世初期にかけてヴォルガ川流域で形を成した一大帝国の後継諸国――ロシア、ベラルーシ、カザフスタン、ウクライナ――は、今でもヨーロッパ連合（EU）の外に止まっている。一応伝統的にヨーロッパとみなされてきた諸国のうちで、これらの国のみが、EUのメンバーでなく、またメンバー入りの交渉も行なっていない。こうして筆者が書いている間にも、ウクライナではロシアの経済圏に止まるべきか、あるいは他のヨーロッパ諸国のほうへ比重を移すべきかについて、政治的な闘争が渦巻いている。

アフリカ

アフリカと南北両アメリカは、ユーラシア大陸よりは探検が困難である。アフリカは風下浜（船の風下にある海岸は嵐の際に船にとって危険）に囲まれていて、これが長距離の航海を困難にしている。内陸部の大部分は、大きな砂漠やマラリア性の森林に分断されていて、これを横断するには大いなる困難がつきまとう。川の中には内陸部に深く切れ込んでいるものもあるが、ニジェール川以外はその全長において航海可能なものはない。大陸の大部分で川には随所に垂直のレリーフ細工（断崖のこと）が点在し、それが瀑布や滝となって安全な航行を遮っている。ここにはユーラシア大陸のシルクロードやステップ地帯に比肩できる大陸横断の堤道はない。サヘルはサヴァンナ（寡雨で樹木のまばらな大草原）の帯で、大西洋側からナイル川流域まで伸びている。しかし、モンゴル人がアジアの草原を統合したようには、この大陸では今までいかなる帝国もこれを統合していない。西アフリカとエチオピアのそれぞれの文明は、ユーラシアの辺境で行なわれたような相互の文化的接触はついにないままで今日にいたっている。両アメリカ大陸も類似の障害を抱えている。大森林、山脈、氷河、砂漠などが随所に盤踞《ばんきょ》している。私たちが知る限り、スペインの征服者が十六世紀にメソアメリカとアンデス地域の両文明をくっつけるまでは、両者が相互に接触したことはなかった。やはり同じ時期までは、カリブ海とメキシコ湾以遠の航海は行なわれていなかったらしい。

それにもかかわらず、文化の伝達は、両方の大陸塊において、ゆっくりとまたは断続的に進行していた。西暦が始まる以前、西アフリカの言語と技術——農耕と鉄の製錬——はサハラ砂漠以南の大陸の大部分に伝播していた。おそらく人間の移動の結果と考えられる。ただし、このルートを活性状態に保つ永続的な人間の交流はなかった。しかし五世紀以降あたりから、特に東アフリカ大地溝帯沿いとサハラ砂漠において、重要な交易ルートの実績が次第に蓄積されていた。前者について文献による証拠は皆無に近い。しかし、その効果は歴然としている。エチオピア高地の歴代の帝国は、これに依存すること大だった。皇帝たちは、ザンベジ川とリンポポ川の両流域、およびこれに挟まれて北のエチオピアと紅海にいたる高原地帯で採集されるジャコウネコ香、塩、象牙、金などの交易を、ここから支配することができた。

これとは対照的に、サハラ砂漠横断ルートは、さまざまな文学作品のイメージ源となった。そこで産する金がマグレブ地方や地中海沿岸部に燦然と輝いたからである。九世紀の中頃、エジプトの歴史/地理学者イブン・アブド・アルハカムは、この地域へのアラビア人の探検についてもっとも古い伝承を収集した。六六〇年代、征服の軍隊がサハラ砂漠に侵入した時、通りかかった場所ごとで彼らはこう尋ねた。「ここから先に誰か住んでいるか?」。これに対する「イエス」の答えが消えるまで、彼らは進軍を続けた。「黒人の土地」への進出は「前例がないほどの成功で、ほしいだけの金を手にした」[38]。それから数年後に出たアルヤクビの著述には、具体的な詳細——王の名や定住地の名——が示され、ガーナの名を出して初めてこれに言及している。金の流通の大部分を制していた国である。十世紀初めのある記録によると——これを額面通りに

交易の場所、中世のマグレブ地方とサハラ砂漠

受け取っての話だが――「スーダン王」の宮殿に伺候したイスラムの客は、ムハンマド・ビン・アラファが「秀麗な容貌で、挙措態度も実に堂々としていた」[39]と観察している。西アフリカの突出部をぐるりと回る海上ルートが開ける前、マグレブの商人が金を手で摑むには、砂漠を通って塩の交易を行なう以外に手段はなかった。

それからの二〇〇年間、マグレブの地理学者は、ガーナとその周辺部、そこに到る途中のオアシス、さらにはその地の目のくらむような富について、知識を蓄積した。しかし、彼らは探検の旅のロジスティックス（後方支援）についてはほとんど興味を示していない。サハラ砂漠横断の初めての詳しい記述は、イブン・バットゥータの著作に見られる。この人物は、サハラの黄金の交易が絶頂期を迎えた十四世紀の中頃に、この探検を行なっている。シジルマッサからワルタ――マリ王国の辺境――へ到るのに二ヵ月を要した。目に見える道はない。「風で砂が吹き荒れているだけ。ある場所で砂の山を見たとする。ところが次の瞬間、それが別の場所に移動している」。したがって、ガイドは法外な値段を要求した。イブン・バットゥータのガイドは黄金一〇〇〇ミトカルで雇われた。むしろ盲目のほうが最良のガイドとも言われていた。砂漠では視界はまったく当てにならないからである。悪魔が旅行者をからかい、弄んだあげく迷子にする。

二五日後にタガザに到着した。ハエの糞のしみついた岩塩坑の町である。ここで産出される塩と交換でマリ人は金を得ている。タガザの人家は岩塩をくりぬいた後の空洞である。水は塩気があるが貴重だった。旅の次の段階では、たいていは水のない一〇日間を覚悟しなければならない。どうしてもと言うなら、野生の動物の胃を切り裂き、そこからわずかの水分を吸う以外に手はない。ワラタに到着する前の最後の井戸は、「悪魔が出没する」土地の町から五〇〇キロ近い地点だった。そこには「目に見える道も通り跡もなく、……風で砂がそこかしこに吹き溜まっているだけだった」。それでもイブン・バットゥータは砂漠を「輝かしく、人格形成に資するもの」と眺めた。ただし、それもキャラヴァンがさらに暑い土地へ入るまでのことだった。ワラタでは一行は夜間の行進を強いられた。到着すると、知識階級の出身である筆者は、サハラ砂漠以南のアフリカの人々に失望を禁じえなかった。彼らが考える豪勢な歓待とは、蜂蜜を少し垂らしたカップ一杯の凝乳と知った時、バットゥータは心に決めた。この人々に多くを期待しても無駄と。

　これはマリを訪れる人の共通の経験だった。あらゆる「エル・ドラード」（黄金郷）と同様に、ここは失望を運命づけられた土地だった。期待が高すぎた。ローマ・カトリック教会系の布教圏から来た探検者はこの期待の吸引力には敏感だった。十三世紀の中頃にはすでに、ジェノヴァの一部人士は、アフリカの黄金の産地を見極めることに興味を持ち始めていた。一二八三年、イスラム教徒の中で布教に努めていたマリョルカの宣教師ラモン・ラルは、「枢機卿の使者」が「黒人の土地」を見つける目的でセウタ（アフリカ北西端）からシジルマッサへ出立したと報告している。一三二〇年代にはこんな噂が流れた。「サヘルを支配する王としてガーナに取って代わったマリの支配者が、メッカへの巡礼の途中でヨーロッパに立ち寄った。彼は各地の寺院にあまりに多額の黄金を寄進したので、エジプトでは物価の騰貴が起きた」[40]。一三七〇年代末または一三八〇年代初めにマリョルカで製作されたカタロニアの世界地図は、この王をこの地域の「もっとも豊かな王」として肖像まで掲げている。髭を蓄え、王笏《おうしゃく》を手にしたヨーロッパ風の王である。マグレブ筋の話にあおられたものと思われるが、マリに対するヨーロッパ人のイメージは豪華絢爛をきわめた。気前のいいモスクと宮殿、無数の貢物、宮廷での秘儀的な儀式……。しかし、最初のヨーロッパの探検者がマリへの整備されたルートを確立する頃――十五世紀中頃のことで、次章で述べるように、海からガンビア川をさかのぼった――になると、帝国はすでに没落の過程にあり、その貧困とみすぼらしさは見るものを失望させ、世間は黒人の能力について偏見を抱くようになった。

サハラ砂漠を横切っての帰りの旅は、往路よりさらにひどかった。オアシスは白い衣服を黒く変えた。ナツメヤシが唯一の食べ物だったが、夜明け前に捕らえたイナゴでその不足を補った。タガダの銅の鉱山でキャラヴァンはシジリマッサへの帰路のために七〇日分の食料を手当てする必要があった。アトラス山脈の雪で一行はフェズへの帰路で大いに難渋した。

しかし、黄金の誘惑は、その後もルートを学び、これを改善する方法を探るヨーロッパからの探検者を引きつけ続ける。一四一三年、アンセルム・ディサルギエールという人物がニジェール川沿いのガオから故郷のトゥールーズへ帰還中との報告があった。三人の黒人宦官と一団の黒人女のハーレムを伴っているという。この人物がどんなにうまく立ち回ったのか誰も知らない。一四四七年、アントニオ・マルファンテは、ジェノヴァ国の依頼で砂漠横断のルート発見のために出立した。しかし、トゥーアットまで進んだだけで引き返している。一四七〇年、フィレンツェの商人ベネデット・デイは、ティンブクトゥまで到達し、そこでヨーロッパの織物の活発な交易を見たと主張している。

黄金の産地へ到る陸上ルートのさまざまな問題を考えると、探検者が海へ目を向けるのにそれほど多くの時を要したということは驚きでもある。船も練達の船乗りもたっぷりあったにもかかわらず、中世のアンダルシア人もマグレブ人も、アフリカ沿海部の探検にはほとんど興味を示していない。アル・イドリシによると、冒険者の一団が「暗黒の海になにがあるか見て、それがどこで終わるか確かめるために、リスボンを出発した」。しかし、彼が告げるこの一団の成果は明らかに作り話である。シンドバッド流儀のお話だ。これを試みた人で私たちが名前を知っている唯一の探検者は、イブン・ファティマだった。この人物の主張は、一二八〇年頃にグラナダで編纂された文書に収録されている。この文書は私たちにこう告げている。「イブン・ファティマの語るところでは、彼はかつて大西洋をヌルラムタへ向けて航行していた。しかし、船は風により航路をはずれ、霧と浅瀬の海域に入った」。その近くの海岸にはベルベル語を話す住民がいたので、この航海でそれほど南へ下ったとは思えない。ただし、イブン・ファティマは緯度の目盛りが赤道から一度だけ足りないところを示していたと主張している。マリ国の多くの商人の話を集めた十四世紀初めの書物には、商船が陸地を偶然に発見した次のような話が出ている。「住民はスーダン人だった。吾らの白い肌を見ると腑に落ちなかったらしい。体に水おしろいを塗ったのではないかと、しきりに確かめていた」。しかし、この書物のほかの多くの情報と同様に、この話もいかにもありきたりの作り話くさい。[41]

さて、話をマグレブ人からヨーロッパ人に移したい。ヨーロッパ人の海上ルートによる西アフリカ開拓が次章のテーマとなるが、要は「何故この臆病さ?」ということである。この疑問符の部分的説明は、モンスターが徘徊し熱帯の煮えくり返る海に取り囲まれた「暗黒の海」という伝承に発している。マグレブ人は黄金がはるか内陸部で採取されることを知っていて、海からの探索は無意味と考えていた可能性が高い。

アメリカ大陸内部のルート

アメリカ大陸内部でこの時期に出現/開拓されたルートを誰が踏査したのか、私たちはなにも知らない。彼らが歩いたコースについても、たいていの場合は同様である。工芸品の分布や影響力の伝達から、私たちはこれを推測するのみである。ルートは当時の両アメリカ大陸の二つの偉大な文明の中心地から、放射状に発している。すなわち、メソアメリカ(考古学、民族学、文化人類学上の文化領域名で、今日のメキシコ、グアテマラ、エル・サルバドル、ホンジュラス、ニカラグア、コスタリカなどにわたる地域)とアンデス山脈の北部および中央部である。しかし、この両地域の人々は出会ってはいない。彼らは、十六世紀にスペインの征服者が相互の接触を可能にするまでは、互いの存在さえほとんど知ってはいなかった。

メキシコ渓谷から一セットのルートが南のマヤの土地と中央アメリカへ伸びていた。断片的なマヤの銘刻のおかげで、北方からの先駆者の一行が来た道程をたどることができる。この人々は西暦三七八年一月にマヤ人の土地に到着した。例年の雨季が始まる直後で、場所は今日のグアテマラ東部の湿潤な熱帯性の低地である。彼らは、メキシコ中部の海抜約二三〇〇メートルの渓谷の高地テオティワカンからやって来た。土地の気候には馴染めなかった。テオティワカンには夏にも雨季というものはほとんどない。渡来者の数はそれほど多くはない。彼らが旅を終えた模様を描いた絵などから判断して、重武装をしているわけでもない。中には大使のように振る舞っている者もいた。大使級の地位を示す房付きの頭飾りを着用し、外交上の贈り物として神秘的な情景や政治的なメッセージを彫ったり描いたりした儀式的な容器も携えている。彼らは、数百マイルの山脈や森林を横切り、おそらくは海のルートで海岸沿いにやってきた。このグループの頭領はマヤではシヤジ・カックで知られていた。「火から生まれた」の意味らしい。従来、歴史家はこの人物のことをスモーキング・フロッグ「煙を吐く蛙」と呼んでいる。マヤ世界の同時代人は「西から来た偉い男」というニックネームを彼に与えた。しかし、彼は何故ここへ来たのか?

彼の目的地はペテンという地域にあるティカルという町だった。彼の家郷からは一一〇〇キロ以上も離れている。ここには石灰石の寺院や派手に塗った建物の棟が密林の上に随所に聳えていた。ティカルは、マヤ世界を構成する数多くの都市国家のうちで、もっとも古くかつもっとも大きいものの一つだった。この町の当時の人口は多分三万を超えていた。しかし、ティカルがマヤの標準から見れば大都市だったとしても、テオティワカンから見るなら問題にもならない。テオティワカンの大きさはティカルの三倍以上だったと思われる。これに加え、テオティワカンは単なる都市国家の一つではなかった。メキシコの峡谷平野を占め、今

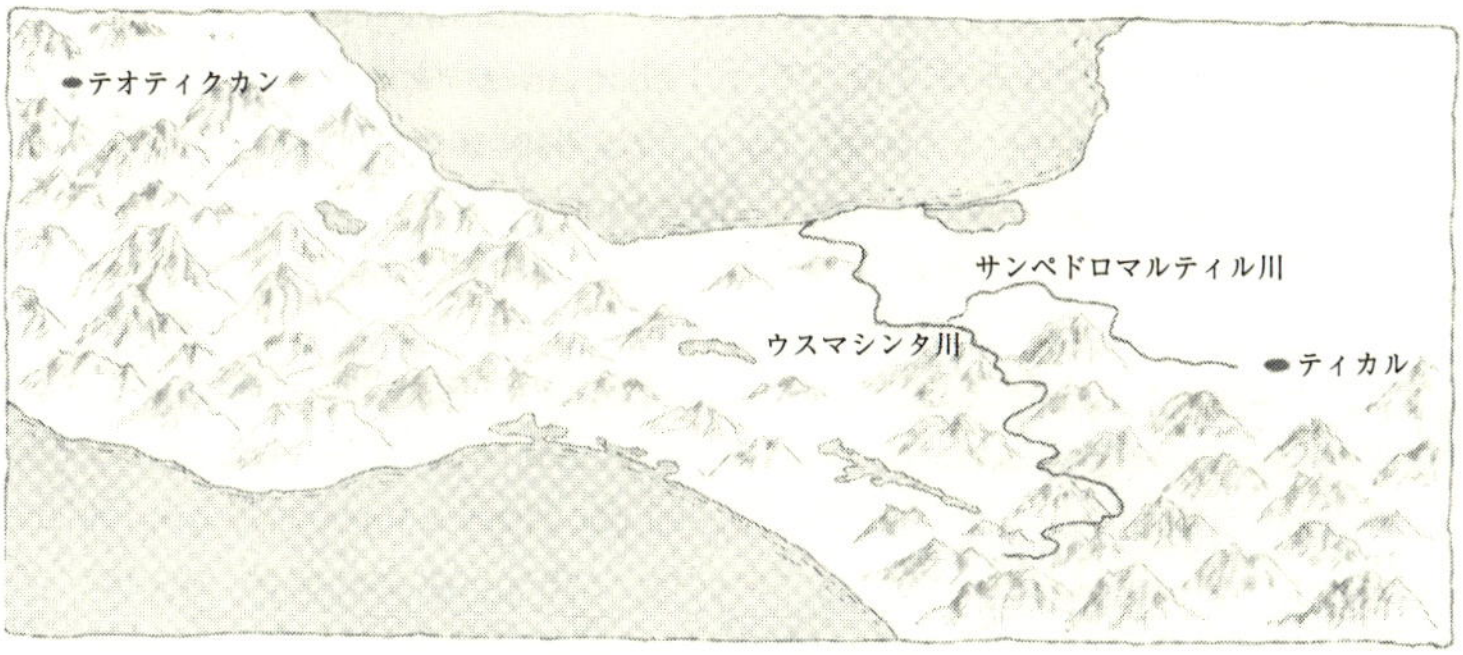

シヤジ・カックが通過した国々

日ではトラスカラやモレロスという隣接地域へあふれ出ようとする帝国の中枢部だった。テオティワカンの人々は物品を求めて近隣の各地に探りを入れていた。中部メキシコの交易者は、それまで数十年にわたりマヤの土地に深く浸透していた。ティカルの南と西の山岳地帯は翡翠《ひすい》を豊富に産出する。ここに住む高地マヤ族との接触は飛躍的に増大していた。

　ティカルとテオティワカンのあいだの関係は、相互補完という観点から、両方にとって重要だった。マヤはメキシコに高地では入手困難な物品を供給した。装飾用の森林の鳥類の羽、地域の上層階級に好まれる球技用のゴム、やはり上層階級の飲料に添加するカカオ、宝石用の翡翠の原石、儀式用の希少な種類の香料などである。しかし、シヤジ・カックをはじめとするテオティワカン人一行のような訪問者は稀だった。いや、おそらく前代未聞だった。今日、サン・ペドロ・マルティールに因んで名づけられている川沿いに一行が日々近づいてくると、通過する各集落は、それをコメントなしで、ただし若干の懸念をもって記録しこれを経路の次の集落に伝えている。この新参者の意図は？　侵入者かそれとも招待客か？　征服者かあるいは協力者か？　使節か冒険者か？　ひょっとすると雇われた外人部隊か、それとも結婚式に出席する一団か？　進行中のトラブルの調停者か、それともそれに乗じて利益をたくらむ一団か？

この出来事を記録した碑文はいかにも断片的で、以上の質問にはさっぱり答えてくれない。しかし、なかなかに示唆に富んだ内容も物語っている。一月三十一日にシャジ・カック一行が到着すると、驚くなかれ、いきなり革命が突発した。まさにその当日、碑文を文字通りに受け取るなら、その土地の支配者チャク・トク・イチャーク（歴史家によっては「偉大なるジャガーの足」）の命は終わった。一八年の支配の後に、マヤ人の表現を借りるなら「水の中に入った」。これにより、これまで一三代にわたり王を出してきた系譜には終止符が打たれたということらしい。彼の王朝の記念碑は粉々に砕かれるか、表面を削り取られて埋められた。歴代の王の顔が彫刻された石版も同じ運命をたどった。それには、王たちが戦った戦闘、連れ帰った敵の捕虜、記録した天文の観察、神々に捧げた生贄——時には自分自身の血、ときには捕虜の命——などへの賛辞が書き連らねてあった。

宮廷の彫刻師が残したポートレートから判断すると、シャジ・カックが王座に据えた新しい王は、彼のテオティワカンのパトロンと同じスタイルに身を包み、メキシコ中央部の神々のイメージを描いた装身具を身につけ、やはりメキシコ中央部のデザインの武器を手にしている。王のチョコレートのポットは、テオティワカンから渡来の品、あるいはそれをこの地で真似て拵えたものだった。この王が次の世紀の初めに死亡すると、人骨でつくった王座の上に座し、切断した頭を手にした地下界の神の彫像と共に埋葬された。[42]

シャジ・カックは、次の数年間に、ティカルだけではなく、同じ地域のもっと小さい集落でも、新しい支配者の任命を行なった。碑文は必ずしも完全ではないが、その語るところでは、関係のある集落の一部——多分すべて——は、「槍の投擲者を従えたフクロウ」を意味する名の支配者への忠誠を誓ったことを示唆している。これはテオティワカンでも戦闘と権力に関連する共通イメージだった。すなわち、テオティワカンの優越性こそ新しい秩序の一部であることを物語っている。これに加え、続く数年間に、低地で新しい集落がいくつもティカルから設立されているが、たいていは早々と独立を宣言または行使したらしい。新しい地域国家の誕生またはテオティワカン帝国の新しい州の設立を云々することは、証拠から逸脱した発言になるかもしれない。しかし、私たちが自信をもって明言できることは、相互接触がメソアメリカという広大な領域で発生の過程にあったこと、国家の成立が加速化／拡大の流れにあったこと、さらには複雑な政治パターンが出現しつつあったことである。マヤの諸集落は競合や結合を繰り返しながらも、その上層階級はしばしばメキシコ中央部へ惹かれるか、あるいはこれを後ろ盾にしていた。

シヤジ・カックが踏破したルートを一部とする接触ネットワークの広域化はその後も続く。メキシコ湾とカリブ海におけるカヌー（オールではなく幅広の櫂で漕ぐか帆で走る小舟）による航行もその一つだった。後にコロンブスが土地の案内人に任せた航行で目撃したのもこのルートだった。陸行では、グアテマラ西部のマヤ高地も、シヤジ・カックが成功したマヤ低地へのアクセスも、メキシコ中央部から可能だった。コルテスは、一五二四年に、土地のガイドと地図の助けでホンジュラスへの旅を行なっている。ほかに北へ向かう陸行のルートには、メキシコ湾からミシシッピ川流域を遡及するルート、あるいはメキシコ北部の砂漠と北アメリカ南西部の砂漠を、途中の砂漠の交易地カサ・グランデを経由して行くルートがある。この交易地には、中世末には、マコー（熱帯アメリカ産の色の美しく尾の長いインコ）の羽根の処理工房があり、北や南の酋長国に頭飾り用の羽毛を供給していた。このルート沿いに、メソアメリカ文明の諸側面をゆっくりと広げる文化的影響力が大陸の北へ深く浸透していった。モニュメント（記念碑状の地形）が林立する町、球技のコート、トウモロコシの栽培、共通の商用言語などである。これは、一種の商用のユート－アステク語で、十六世紀にスペインの探検者がこの諸ルートを通過した頃、北はテキサス州北部からアリゾナ州まで広く通用していたとされている。
南米ではアンデス川そのものが交流の大いなる軸だった。十六世紀のペルーの征服者たちは、アンデス高地地方の世界をすべて、トリマからビオビオにいたるまで案内できるガイドを雇うことができた。だが、この広大な頭脳地図は、知られているかぎり地図状のものは一切なしで維持されていた。こんな神業がどうして可能なのか、アンデス山地の地理がその理由を明かしている。場所によっては視界が良好であれば最高一六〇キロまで見通すことができる。巡礼ルートはホワカスという山頂の社のあいだで直線で結ばれ、道しるべがつけられた。スペイン人が一五二〇年代にやってきた時点で使われていた最長のルートは、インカ帝国の儀式の中心であるクスコを発し、ヴィルカノータの「太陽の家」とティティカカ湖の「太陽の島」を経由し、ティアホワナコまで、約三〇〇キロを一直線で結んでいた。定期的な喜捨を支えにして、僧侶たちはルートと視界線の格子縞の暗記にはげんだ。[43]
河川も文化を伝達した。近年の考古学上の発見の注目すべきものの一つに、甚だ異なる環境間の文化の連続の実例というものがある。たとえば、アンデスの高地と雨量の多いアマゾン川の低地地方である。一五四〇年代初め、アマゾン川のスペインの最初の調査グループは、河岸の土台設備に構築された養殖漁業で沿岸集落の食料需要が部分的にまかなわれていることを知った。典型的にアンデス文明の所産である石造りの土台が、アマゾン川の河口の小さな島マヨアロの土塁に、その名残をとどめている。
中世の探検の物語は以下のように要約される。古代スカンジナヴィア人とテューレ人とポリネシア人の新しい長距離ルートは挫折し、辺境部で孤立したコミュニティを残し、永続する交流ルートの開拓に失敗した。十四世紀、環境上の災害がユーラシアと北アフリカの偉大な文明の拡大を阻んだ。平均温度が低下する「小氷河」の始まりと「疫病の時代」が同時に生起し、十四世紀の人口増は停止し、続く三〇〇年間、人口増に制限を課し続けた。この間、モンゴル帝国はつまずいた。チンギス・ハーンの子孫たちはいさかいを始め、それぞれわが道を歩んだ。一三六八年、モンゴルの支配者は中国から追い出された。ユーラシア大陸を横断するステップ地帯の道は再び使用不能になった。シルクロードも再度危険になった。中国からインドへ通ずる新しい南方シルクロードは、よくても途切れがちの状態になった。アフリカと両アメリカ大陸の通路探索者は、地勢の制約条件を真に征服はできないままだった。この期間、たしかに模索と躍動はあった。しかし、それを大きく超えるものではなかった。それでも、この時代の閉塞感は次世代の野心を養った。国内の探検は、文書化が進んだ地域――キリスト教圏、中国、イスラム諸国、日本、ジャワなど――では徹底的に行なわれた。ヨーロッパでは、想像力が頂点に達し、まだ生じてもいない発見により、地図は思惑の場と化していた。サハラに失望した黄金の仲買人は海の向こうへ目を向け始めた。それはこの連中に止まらない。次の章で述べるように、中世後期は外への海上冒険の新時代だった。目の向く先には、中国、ロシア、さらには最重点地域としてのヨーロッパの大西洋岸があった。

4 跳躍する

中世後期の海路の転換と大西洋への進出

翼城
第一赤泥
甘巴里頭
佛堂
禮金務
錫蘭山
高郎務
別羅里
任不知溜
華蓋七指
二角
用庚酉針四十五更收官嶼
官嶼
華蓋八指
慢八撒
華蓋七指
華蓋七指
門肥赤
葛荅幹

内気な商人、浅黒いイベリア人がやってくる。
マシュー・アーノルド「学者ジプシー」

中国明の第三代皇帝の永楽帝（一三六〇〜一四二四）は、証明すべきことをあまりにも多く抱えた簒奪者だったことが理由と考えられるが、自らの栄光のためにはほとんどいかなる対価も惜しまなかった。一四〇二年の王位奪取から、二二年後の他界の時まで、中国の国境地帯——特にモンゴルと安南との接触地——ではほとんど間断なく戦争を繰り返していた。少なくとも七二回にわたり、自国の領有地から彼方の国々へ使節団を送った。日本の足利将軍には銀を——すでにたんまり所有していたにもかかわらず——贈りつけ、チベットとネパールには仏陀の像と宝石や絹織物をギフトとして送った。中央アジアでは気立ての悪い外務官僚を地元のイスラム教徒の有力者に取り替え、朝鮮、メラカ（現マレーシア南西部の州）、ボルネオ、スル（現フィリピンのスル諸島）、スマトラ、セイロン（現スリランカ）には、それぞれ王を送りこんだ。以上の広域にわたる対外接触は、中国側が「貢物」と称する対外収入よりはるかに高くついたと思われる。貢物には、生きたオカピ（ベンガル）、白象（カンボジア）、馬と妾女（朝鮮）、亀と白猿（シャム）、絵画（アフガニスタン）、硫黄と槍と鎧

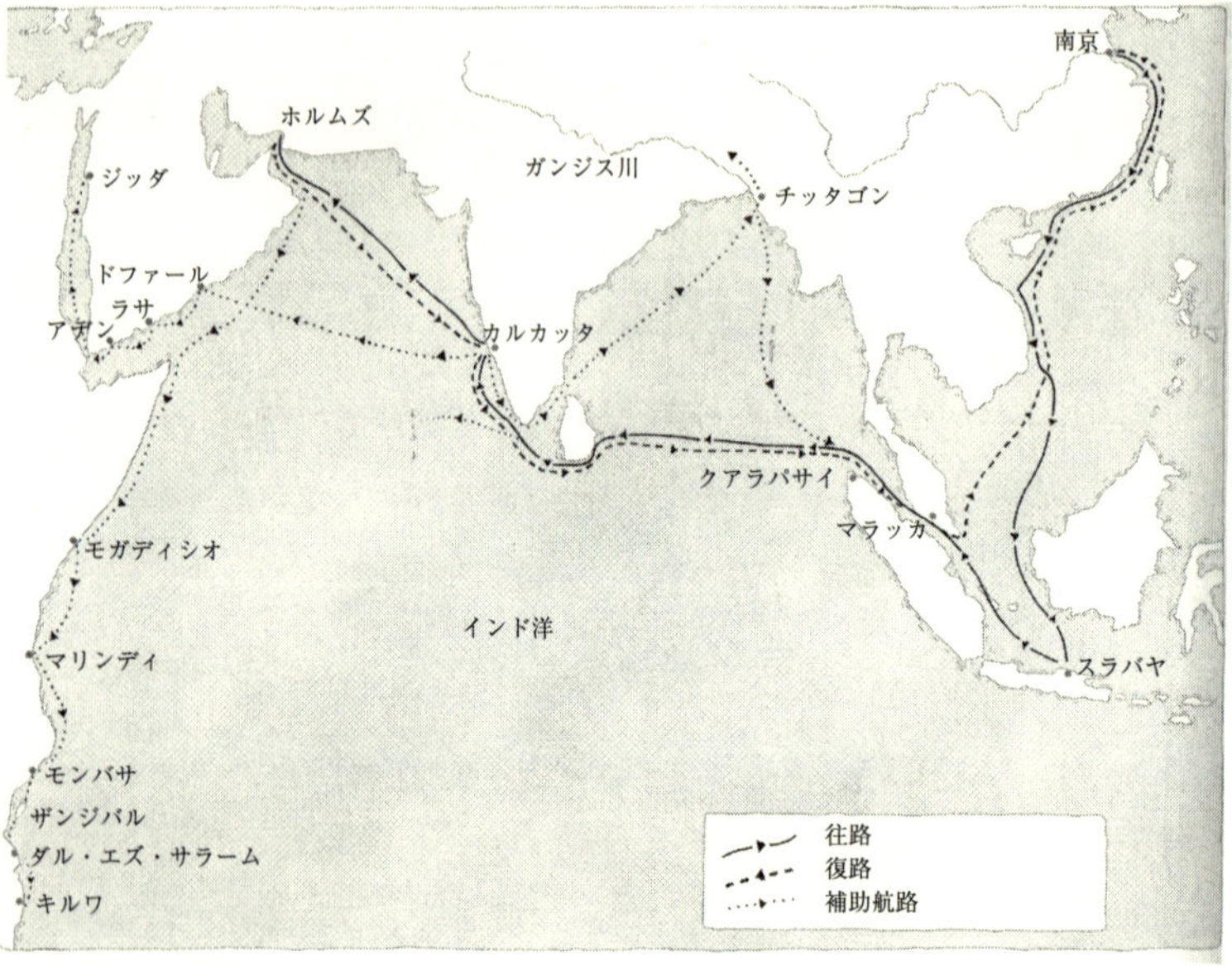

鄭和船隊の航海

（日本）などが数えられる。しかし、この朝貢品は展示することによりたいした効果を発揮する。宮廷における自らの威信と一種の安心感を永楽帝に付与した。[1]

もっとも壮大でもっとも高くつく外交使節は海路で出立した。一四〇五年から一四三三年にかけて、都合七度の国旗をなびかせた大遠征船団が提督鄭和《ていわ》の指揮の下でインド洋海域を往来した。この国家的行事のスケールたるやまさに未曾有のものだった。第一次遠征団は、当時としては史上最大級のジャンク（平底帆船）六二隻と二二五隻の補助舟艇と二万七七八〇人の乗員からなっていたという。帆船は――近年出土した舵柱から判断するに――当時の畏怖に近い言辞を正当化する巨大さだった。排水量は多分三〇〇〇トン以上と推定される。これは、当時ヨーロッパで海に浮かんでいた最大の船の一〇倍の大きさである。航海は平均して往復で二年間。訪問先は海洋の縁に沿って少なくとも三二の国々。一四〇五年から一四一一年にかけての最初の三回の遠征では、到達した先端はマラバル海岸――インド南部の西海岸で、世界のコショウの需要を賄う主要な産地――に止まり、途中でシャム（現タイ）、マラヤ、スマトラ、ジャワ、セイロンの海岸部を巡っている。一四一三年から一四一五年にかけての四度目の遠征では、艦隊はモルディブ諸島、ホルムズ海峡、ジッダ（サウジアラビア中西部の港湾都市）を訪問し、一九ヵ国の外交使節を乗客として受け入れている。

艦隊が中国へ帰還した時にセンセーションを巻き起こしたのは、新任の大使たちの着任もさることながら、鄭和が受け取った貢物の中に一頭のキリンがいることだった。それまで中国人はキリンを見たことがまったくない。鄭和がベンガルで取得した一頭は、インド洋海域とアフリカ東部との交易の結果、インドの王子のコレクションとしてその地にすでに届いていたものだった。中国人一般はこれを直ちに神の所産と断定した。当時のある目撃者はこれを次のように描写している。「体は鹿のもの、尾は牛のもので、骨のない肉質の角には赤または紫の霧のような光る斑点がある。悠然と歩き、あらゆる動作においてリズム感を保っている。伝説の麒麟あるいは一角獣と混同したらしく、同じ観察者はこうも感嘆している。「その調和のとれた声は、鐘のように、あるいは管楽器のように響く」。

このキリンは神の博愛という慈悲をもたらした。センドゥという当時の絵師によるこのキリンのスケッチが今に残っている。その画讃で当時の宮廷がこのキリンを受け入れた様子を絵師はこう伝えている。

大官たちも人々もすべて集いこれを観る。その喜びに終わりなきことを知る。帝の僕《しもべ》である私はこのように聞いている。聖者が最高の慈悲という徳を備える時、その人はもっとも暗い場所をも照らし、そこに一頭の麒麟が現われると。これは帝の徳が天のそれに等しいことを示している。その慈悲に満ちた祝福が果てしなく広がり、その調和に満ちた霊気が麒麟を発した。今後千万年も続くこの国への限りない祝福として。[2]

センドゥの絵図「キリンと従者」、15世紀

本国へ戻る外交使節を帯行した五回目の遠征（一四一六～一四一九）の時、提督鄭和はあのキリン展示の大成功の再現を狙い、宮廷の動物園で収容／飼育する目的で、桁外れに広範囲な外国産動物を集めた。ライオン、ヒョウ、ラクダ、七面鳥、シマウマ、サイ、アンテロープ、キリン、それにトゥウゥユという珍獣もいた。絵図によるとこの動物は「黒の斑点がある白虎」と見える。説明の文章には「正義の動物で伸びる過程の草は踏まない。完璧な草食獣で、高潔な慈悲心と誠実さを備えた貴人がいる時にのみ現われる」とある。数多くの「珍しい鳥」も集められた。碑文の記録にはこんな記述がある。「すべてが首を鶴のように伸ばし、

であった。

喜悦をもって眺め、怖がり、びくつき、足を踏み鳴らした」。これは鳥の記述ではなく、狂喜した廷臣たちの描写である。絵師センドゥには「幸運を告げるすべての鳥獣が到来した」[3]と映じたのも、もっともなことであった。

一四二一年、鄭和の六回目の遠征は、アフリカ東海岸の踏査を主目的に出立し、モガディシオ、モンバサ、マリンディ、ザンジバル、ダルエスサラーム、キルワなどを歴訪した。一四二四年、永楽帝が他界すると宮廷内で派閥争いが起き、このためと考えられるが、大艦隊による遠征もしばらく中止を余儀なくされる。一四三一年から一四三三年にかけての第七次遠征はもっとも遠い地域まで達したものと考えられる。資料すべてを考慮に入れた推定によると、全航海距離は一万二六一八マイル（約二万二〇〇〇キロ）に達し、鄭和がそれまでに訪問していたアラビア半島とアフリカの諸国との接触を再開した。[4]

厳密に言うと、鄭和の航海は「通路発見」のそれではなかった。すでに考察したように、アジアの沿海部から東アフリカに達するインド洋海域の交易ルートは、すでに幾世紀も以前から中国の商人にはよく知られていた。十三世紀初めにショハンジェは東南アジアとインドを対象とする商用旅行者用の「実務ハンドブック」を出版している。一方、力を背景にして交易の突破口を広げる圧力がかかっても当然の成り行きだった。この地域との交易は大いに魅力があった。香辛料、香木類、高価な医薬品原料、エキゾチックな鳥獣類などである。明の人々は鄭和の巨大帆船を「宝船」と呼んだ。しかし、その動機は交易を超えるところにあった。提督鄭和は、今日の表現では「国旗を華やかになびかせた超大型軍事使節団」の役割を演じていた。寄港先の国々に明の権勢を印象づけ、明人が遠隔地からの朝貢品と分類した品々で、皇帝の国内の支持層に畏怖の念を植え付ける。[5]この使命の公の口実は——当時も今も誰も信用しないが——「先帝が逃亡し、どこか外国に身を隠していると推測されるので、これを見つけ出す」というものだった。戦略的な考慮も明らかに含まれていた。鄭和は、東南アジアの寄港先で明の交易と安全に重要と考えられた場合、そこの政治に積極的に介入した。この少し以前から西欧ではタマーレインの名で知られるトルコ系の首長の下で、明に対しては潜在的に敵性の帝国が急速に勢力を伸ばしつつあった。チムール帝国である。これに対する懸念もあった。明国の安泰のために、新しい脅威の周辺では常に情報の収集が必須となる。遠征の動機はさておいて、その効果の一端は、鄭和がとった諸ルートの知識を整理強化し、それに基づく地図と航海指図書を作成することだった。

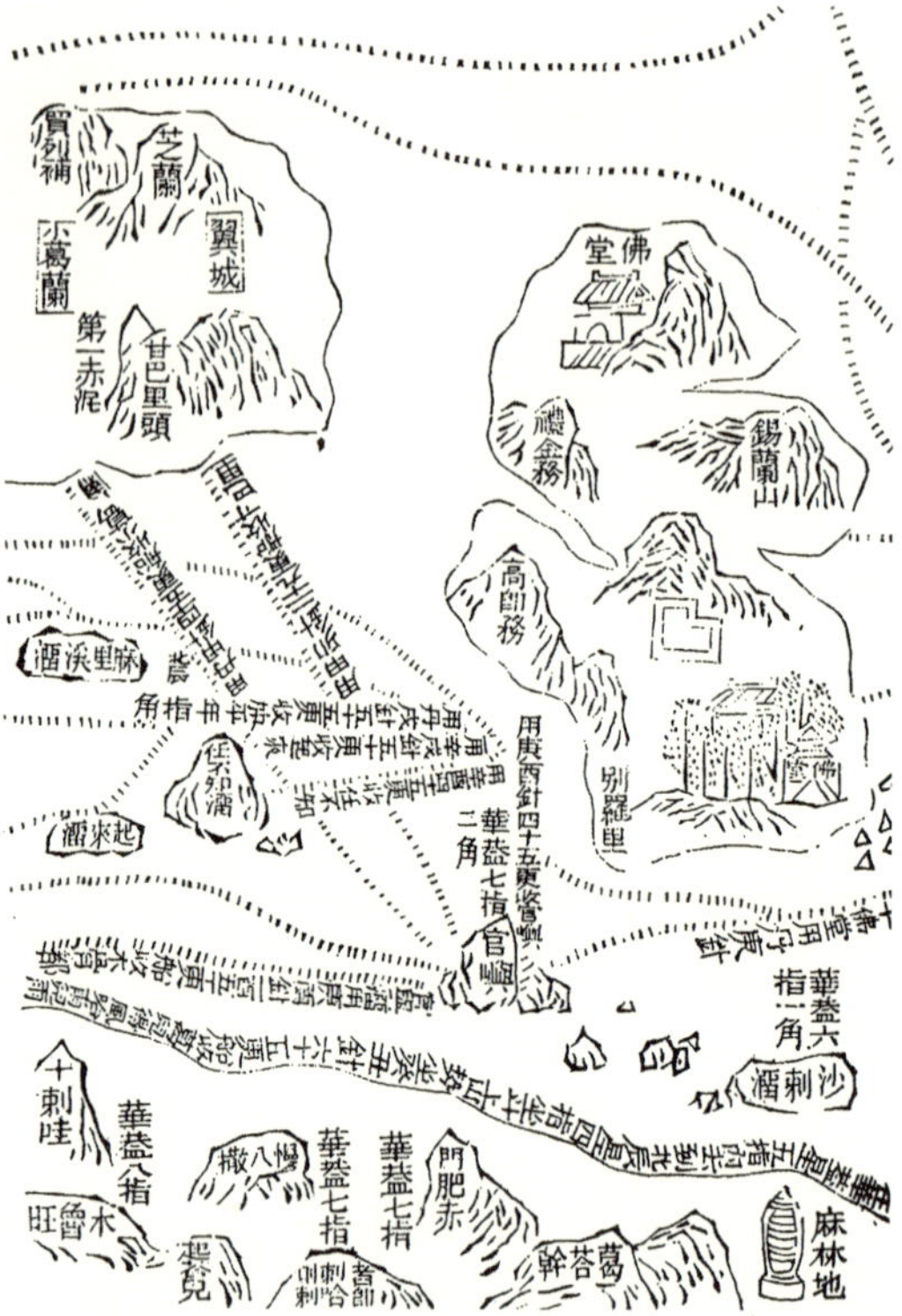

鄭和のアフリカ遠征の公式記録は消失しているが、図形式の航海指図書は残り、1621年に復元されている。示した例はモルディブ諸島とアフリカ東海岸部のもの。

提督鄭和（一三七一〜一四三四頃）は、モンゴル系のイスラム教徒で、当初は宮廷宦官《かんがん》だった。こうした彼のあらゆる出身背景が、儒教系のエリート学者により牛耳られていた明の上級政治サークルでは彼をアウトサイダーにしていた。永楽帝は一四〇三年に最初の遠征艦隊の指揮官に彼を任命するが、それは宮廷内で儒教系の価値観と利害を異にしていた四つの派閥連合の勝利でもあった。まず、商業ロビーは、インド洋海域における明の交易商人のために、海軍のサポートの大動員を欲していた。この商人グループと肩を並べるのが植民帝国ロビーで、前王朝（元）が信奉していた帝国主義的侵略のプログラムの再開を望んでいた。一方、これに反対なのが儒教グループで、帝国の拡大が必須ならば、それは「蛮族」を自らの軌道に平和裡に引き寄せることで成就されるべきと論じていた。これに対し常に強力な仏教ロビーは、次のように欲していた。国家の資金は、疑惑が多く教権反対の儒教系の手の届かぬところへ可能なかぎり移したい。それにはほかのプロジェクトに振り向けることが好適。これにより帝国拡大という錦の御旗のもとで信仰拡大のチャンスも求められる。

鄭和の海上での無敵の進軍は、海上帝国の発射源としての明の潜在力、その造船所の規模と生産性、途方もない長距離にわたり圧倒的戦力の遠征艦隊を送り出せる明の実力を、内外に見せつけた。鄭和は敵対勢力と遭遇するたびに、明の優位性を明白な形で示した。第一次の遠征のとき、中国系の海賊の首領に出会った。スマトラ島で一時首都でもあったスリビジャヤで自分の国を建てていた悪党である。この海賊は直ちに全員屠殺され、首領は明へ送られ処刑された。第三次遠征では、セイロンのシンハラ族の王が鄭和を罠に誘い込み、艦隊そのものを乗っ取ろうとした。明側は兵力を分散し、首都を奪い、王を明へ送り、別の野心家を王位に据えた。第四次遠征では、贈り物と貢物の交換で協力を渋ったスマトラの首長を制圧／拉致し、最終的にはこれに死を与えた。鄭和のあらゆる政治的介入のうちで、長期的観点でもっとも意義深い行動は、明とインドのあいだの通常ルートで死活を制する隘路を形成するマラッカ海峡の制圧だった。彼はここに明の傀《かい》儡《らい》王国を樹立し、海峡を往還する交易を管理させた。その王には、パラメスバラという海賊の首領――それまでは自分の領国から追放され、マレー半島側の今日ではマラッカで知られる沼沢地の要塞に引きこもっていた――を王に昇格させた。一四〇九年、鄭和は王の印璽《いんじ》と礼服をこの人物に授けた。パラメスバラは明に上洛し、皇帝に謁見を賜り、被保護国としての立場を拝受した。以後、明の保護はこの見栄えのしない小要塞を大きな裕福な交易都市に一変させた。

自分の役割についての鄭和本人の自覚は、領土的な膨張衝動と交易と学問をめぐる穏やかな思索が混交したものだったらしい。一四三二年に自分で建てた碑文は次のように愛国心ほとばしる口調で始まる。「海洋と大陸の一体化の過程で、明王朝の版図は漢と唐のそれをさえ追い抜いた。……水平線の彼方の、さらには地の果ての国々も、今や明に臣下の礼を執っている」。これは明らかに誇張である。しかし、交易と地理に関するくだりでは、具体性と説得力が大いに加わる。「二つの地点がどれほど離れていても、その距離と航路は計算が可能である」[6]。「沿海部の総合的な調査」は、鄭和の航海がもたらした果実の一つだった。海図のコピーは、一六二一年に複製されているので、今に残っている。同じ時代のヨーロッパの海図と同様に、それは縮尺地図への試みというよりは航海方位の図表だった。コンパス方位の注釈がついた進路は、主要な二つの港のあいだで進む方角を示していて、鄭和が書いた航海指示を目に見える形で表現している。いずれも「しかじかの方位をしかじかの数の当直数にわたり進むこと」の指示になっている。各港には水平線からの北極星の高度に基づく緯度が付記してある。鄭和はこれを「舷側計測」という手段で確認した。各種横幅の黒檀の板を観測員の顔から固定した距離に取り付け、目盛りを読むことにより水平線と北極星のあいだの長さをはかる方法である。

前例のない規模での接触でまずなにが起きたか？　それは相互の驚愕だった。鄭和の大艦隊にはマファン（馬桓？）という若者が通事の役職で搭乗していた。彼は後にこの航海をテーマに書物を出版するが、その前書きで次のような趣旨のことを述べている。前書きを執筆するにあたり、自分は遠い土地の四季、気象、風景、そこに住む人々のことなどを熟考してみた。そこでまず頭にひらめいた第一の感慨は、「なんとさまざまな相違点が世界には存在するのだろうか？」という自問だった。これは実に大いなる驚きでもあった。[7]

宦官提督に従っての彼自身の旅は、現実はさらに珍奇と彼に納得させる内容だった。高価で珍しい外国の品々を積んで中近東の港に入ってきた明の大船団は、どの港でもセンセーションを巻き起こした。エジプトの宮廷の年代記作者は、アデンの沖に大帆船団が到着したというニュースと、この船団の意図がメッカにもっとも近い許された海域まで進むことというニュースが起こした興奮を生々しく伝えている。

しかし、海洋での明のこの偉業は長くは続かない。これを放棄した理由についてはその後長く論議が続き今に及んでいる。その論の多くは、本国から遠い場所での多大なコストを強いる冒険から手を引いたことは、明側の政策決定者の賢明さの証とする内容だった。曰く、かかる大遠征団を送り出し、遠隔の諸国に自国のルールを押し付けようと試みたほとんどの強国が、後にこれを遺憾とする状況に直面している。また曰く、儒教の価値観は、本国での良い統治に重きをおいてきたはず。外の「蛮族」が明の支配に甘んずるのは、そこに利がある場合に限られる。蛮族を力で打ち倒したり、これを甘言で服従に誘い込む試みは、資源の浪費にほかならない。さらに曰く、陸に腰を据えて帝国を強化し、海洋での帝国主義的侵略から手を引くことにより、中国の支配者は自国の長寿に安んずることができる。過去五〇〇年間に海洋に雄飛した帝国はいずれもつまづいている。だが、明は今もそこに存在している。

鄭和の使命を中止する決定の少なくとも一部分ははっきりしている。科挙という高級官吏の採用試験と、他の形態の人員登用の漸次的な後退が、重要な意味を持ち始めていた。中国は次第に学者文人支配に傾こうとしていた。この人々は膨張／進出には関心がない。また、紳士階級もこれに組する。この人々は交易／商売そのものを蔑視している。一四二〇年代から一四三〇年代にかけて、宮廷での力のバランスは、鄭和を支持した仏教派、宦官派、イスラム派、商人派の四派連合から、官僚グループ優位にシフトする。一四二四年に第四代の洪煕帝が永楽帝から明の帝位を引き継いだ時、彼の最初の仕事の一つは鄭和の次の遠征を中止することだった。新帝は、先帝により詰め腹を切らされていた儒教派をことごとく復職させ、ほかの派閥の力を大幅に削いだ。一四二九年には造船の予算を事実上ゼロにした。学のあるエリート官僚は海外での冒険を嫌い、これを支持した派閥をも嫌った。それが極端に高じ、鄭和そのものも記憶から消去したいと願い、提督に関する記録をすべて抹殺した。これに加え、モンゴル族が再び力を蓄えると、明の北方の国境地帯には暗雲が漂い始めた。明は、海から目を逸らし、これを新しい脅威に向ける必要に迫られていた。[8]

以上の明の政策転換が世界の歴史に与えた影響は計り知れない。明の海外進出は非公式の移民流出と、隠密裡の物品売買に限定され、国家からの奨励も保護もないに等しい状態となった。だが、これが明の植民または交易を窒息させたわけではない。それどころか、明は世界のもっともダイナミックな交易経済を維持し、海外移住者のもっとも多産な供給源であり続けた。十五世紀以降、東南アジアへの中国人の移住者は、定住した先の土地の経済に決定的な貢献を続け、この人々の本国への送金は中国の経済に恵み深い慈雨であり続けた。また、この時期に明の港に入ってくる船舶の総トン数は、世界のほかの国のそれをすべて合計した数字と等しいか、またはそれ以上と推測されている。しかし、海洋進出に対する国家の敵意は、周辺の島嶼に対するものは別として、帝国が存続するかぎり再び和らぐことはなかった。中国は、ヨーロッパの沿海部諸国が実現したような種類の広範囲のグローバルな帝国を再び築くことはないはずだった。十五世紀の世界の観察者は、多分こう観測したに違いない。「中国人は、世界をぐるり取り巻く海洋ルートの発見と、広範囲にわたる海洋帝国主義の創設で、世界のほかの民族すべてに先行するに違いない」。だが、こんなことはすべて実現しなかった。その演技の場は、はるかに可能性が低いはずだったヨーロッパの探検者に開かれていた。世界をめぐるルートの開拓である。

言うまでもないが、世界の運命が一四三三年の明の単一の意思決定で左右されたわけではない。明による海洋帝国主義の放棄は、グローバルな「空間レース」でヨーロッパの大西洋側の人々を長期にわたり潤した利点と関係がある。この利点の影響は、部分的には環境に、部分的には経済に分類できる。鄭和の航海の限度が、環境上の影響力の一つの鍵となる。アジアの沿海部と東アフリカの海岸部はきわめて広範囲な季節風海域を構成している。すでに考察してきたように、そこでは長距離の航海は定期的な風向きの変動に依存している。この海域を外れると、航海者は馴染みの薄い決して友好的ではない状況に遭遇する。インド洋海域の南、あるいは東南アジアを越えて太平洋に入ると、風に逆らって進むことを強いられる。方向が逆であれば、追い風に乗るリスクを犯すことになる。ひょっとしたら家に帰ることができないかもしれない。これに加え、インド洋は抜け出ることが困難な海域でもある。緯度で南へ一〇度ほど下るとそこは暴風雨帯で、たいていの船はその前で立ちすくむ。アフリカの南端を回って大西洋へ出るルートは、今日のクワズル・ナタール海域で風下浜を回ることになる。船は岩場に叩きつけられる。十六世紀や十七世紀にはここを通る船の墓場として知られた悪名高い海域である。鄭和の海図ではハ・プ・アーと記載されている場所が多分これで、注記では「暴風で船は進まない」とある。インド洋の東端では、アジアの沿海部は台風の吹き荒れる日本海と広漠たる太平洋に面している。

さて、かかる敵意に満ちた海に乗り出すには、インド洋の航海者はなにか大きな動機／報酬が必要だったに違いない。インド洋は甚だ旺盛な商業活動と膨大な富が集中する海域だった。この海域圏内の人が市場またはは供給源をほかに求めること自体が無意味だった。アジアの北部や中央部、ヨーロッパ、あるいはアフリカの内陸部から商人がこの海域にやってきた場合、彼らは嘆願者だった。たいていはその貧しさを軽蔑され、自国の産品を売りこむのに難儀した。この連中が繁栄するとすれば、既存の交易の荷主または行商人の道しかなかった。

より広い世界からの中国の離脱は、決して技術または好奇心の欠如がその原因ではなかった。もし彼らがそう欲したなら、中国の船がヨーロッパや南北アメリカ大陸を訪れることは完璧に可能だった。現に中国の探検者が喜望峰を回って向こう側に出た痕跡が、中世を通じて時々認められる。十三世紀の中国のある地図は、アフリカをほぼ真実に近い形で描いている。十五世紀中頃のヴェネチアの地図製作者は、アフリカの西南部の沿岸で中国（あるいはジャワ）のジャンク帆船を目視している。[9] しかし、この種の先例を追ってもそれほどの収穫は得られない。そこは中国人が欲する物品を産出する土地ではなかったからである。中国の船が太平洋を横断してアメリカに到達したという証拠は疑わしいとしても、彼らにそれが可能だったことは疑いようがない。ふたたび、しかし、かかる航海または海洋を介しての組織的接触への試みを追いかけても、それは徒労に終わるだろう。そこには中国人が共に仕事ができる人々が住んでいなかったからである。

同じことは、インド洋海域と東南アジアの沿海部のほかの人々にも、程度の差こそあれ当てはまる。アラビア人、スワヒリ族（東アフリカ）の商業コミュニティ、ペルシア人、インド人、ジャワ人、さらには日本人も、いずれも母国の海域で充分な商業機会に恵まれ、そちらのほうで手がいっぱいだった。彼らにとって問題があるとすれば、地域内交易の規模に比較しての船腹の不足だった。長い目で見ると、これが十六世紀に彼らがヨーロッパからの「でしゃばり商人」を概して歓迎した理由だった。この連中は、残酷で、口うるさく、野蛮で、時には凶暴でさえあったが、他方では船腹の不足を補い、全体的な富の増加に貢献した。したがって、逆説的に言うなら、貧困がヨーロッパ人に味方する。自国での経済的チャンスの乏しさが彼らを結果的に別の領域への探検に押し出した。これに加え、もっとも華々しい探検が、世界の果てのそのまた端っこから出発しようとしていた。ヨーロッパはユーラシア大陸の端であり、そのヨーロッパの海に突き出た端っこがイベリア半島だった。

なぜイベリア半島か?

マドリードは、イベリア半島にたどり着くのと同様に、海からは非常に遠い。それでも、この町には海鮮料理のレストランが軒を連ね、ヨーロッパ最大の魚市場がある。カスティリア人のハートランド(本願の地)は深い内陸部にあり、過去の国家形成期の大部分において海からは切り離されていた。したがって、その人々の海への情熱は、かかる歴史と文化を色濃く反映している。イベリア半島の大西洋側の海岸線のほとんどは、二本の大河であるテージョ川とドゥエロ川の河口と共にポルトガルに属している。ポルトガルは、十二世紀以来、カスティリアに対してはしばしば敵対国として独立を保っている。同語系のカタロニア語を話す人々が地中海沿岸の大部分を占めている。この人々は、カスティリアの沿海帝国が樹立されてからかなり後まで、スペインの領土には全面的には入っていなかった。北部で大山脈の向こうでビスケー湾に臨む地域は、過去一〇〇〇年間のほとんどにおいてカスティリアと同じ国に属していた。しかし、この海岸部と最良の港湾都市の大部分を占めている人々は、カスティリア人ではなく、ガリシア人またはバスク人である。この人々は、スペインの海外事業にマンパワー供給の面で多大の貢献をしている。南は、グアダルキビル川を経由して太西洋に出て、ムルシア地方の荒地を抜けると地中海に至るが、十三世紀中頃まではカスティリア領にはなっていない。それ以前は、カスティリアの経済は、北方高原地帯の豊かな牧草地とビスケー湾のいくつかの港町のあいだを往還するロバの労役に依存していた。

驚くべきことに、この甚だ心細い出発点から、中世後期のカスティリアは、熱情をもって海洋での一種の集団的使命を追い求めた。その熱情が、近世初期の時点で、それまで世界が目にしたもっとも長大な探検の成果ともっとも広範囲の帝国を実現した。その帝国は、工業化以前の技術がつくりだした比類のない帝国でもあった。十六世紀と十七世紀においては、大西洋と太平洋はスペインの「湖水」だった。その中でスペインの船団は最良の海洋ルートを支配し、実質的にこれを独占していた。

探検に対するポルトガルの貢献――やはり十四世紀に始まり、十五世紀には頂点に達する――は、カスティリアのそれに比肩するか、あるいはこれを超えるものがあった。いくつかの意味において、ポルトガルの海洋探検は、カスティリアのそれに比べると驚きは小さい。この国の海岸線は長く後背地は小ぶりだ。しかし、ほかの面ではポルトガルはいかにも条件が劣っている。

「ポルトガル、今や小国にあらず」。これがサラザール（一九三二〜六八の期間、首相をつとめる）の時代のスローガンだった。しかし、独裁者といえども、帝国主義的膨張以前はポルトガルが小国だったことを認めている。ポルトガルの帝国主義の横幅と、本国のいかにも控えめなサイズのコントラストは、この国の歴史でももっとも目立つ謎であり、世界の歴史でももっとも理解に戸惑うコントラストの一つである。統計学の現状では甚だ大まかな計算に止まるが、十六世紀初めの時点で、ポルトガルの人口はイングランドの半分より少し多い程度、カスティリアの四分の一、多分フランスの一〇分の一、低地国（オランダ、ベルギー）と比べてもかなり小さかったと推測される。国土と人口の小ささを埋め合わせるほかの資源もたいしたものは見当たらない。

セトゥーバルの塩田くらいが自然から与えられた唯一の恵みだった。一方、貧困と飢餓は当たり前の災厄だった。[10]

ポルトガルが想い描く海洋帝国の姿に対して、国内の資源ベースはいかにも貧弱だった。潜在的なライヴァルのうちで造船用の木材や鉄の確保でポルトガルより下に位置するのはオランダのみである。しかも、その貧弱な資源でさえ弱点だらけだ。長い国境線はすべて内陸で、機動力のある防衛設備は皆無に近い。その上、とてつもなく強大な隣国の監視下に常に置かれている。歴史家が時にポルトガルのものとして数える利点——西ヨーロッパの各国は十五世紀の内乱で大きな打撃を受けているのに、ポルトガルは一三八五年の王朝の成立以来、国内の平和が続いている——もその効果には疑問が多い。内乱はしばしば帝国への前奏曲となりうる。なぜなら、それは攻撃的なエリート階級の発生を促し、その階級のための雇用の確保が必須となる。また、内乱は資源の奪い合いの引き金となり、人々の目が広く海外へ向く。

ということで、世界的規模で探検者を送り出し偉大なる帝国を樹立するための基地として、ポルトガルまたはカスティリアに焦点を絞ろうとすると、イベリア半島は多分こんな田舎者の対応を誘い出す。通りかかった車のドライヴァーに方角を聞かれて「私があんたなら、ここからは出発しないな」と答える。海外の活動エネルギーは、時に資源の溢出、パワーの余剰、過剰人口の重圧などの結果でもある。しかしイベリア半島はこの点、他に遅れをとっている。スペインとポルトガルの海洋への指向は、今日の「第三世界」のそれに似ている。熱烈に海外の資源を求めるが、当初は外国の資本とノウハウに依存せざるを得ない。十四世紀と十五世紀のスペインとポルトガルの海外進出で主役を演じたのは、イタリアの、特にジェノヴァの企業家と技術者だった。

スペインとポルトガルの海外進出は、あらゆる事象が驚くべきことだった。しかし比較の枠組みを広げるなら、それだけ理解も容易になる。海外雄飛は、しばしば国内資源が貧弱で陸地方向のチャンスが限られている内的条件から出発している。偉大なる文明の僻地またはその彼方の人々は、しばしば植民または商業的な冒険に誘われる。その例はこれまで数多く考察してきたとおりである。まず古代ギリシア。詩人ヘシオドスによれば「貧困の姉妹」の国、哲学者プラトンの感覚では「骸骨の土地」。そこでは土の薄い肉から岩石の骨が突き出している。長距離の植民地化ではギリシアの大いなるライヴァルだったフェニキアは、狭く細い沿海部からスタートした。アラビア南部、グジャラート（インド西部の州）、福建（中国東部の省）は、いずれも類似の状況で偉大なる海洋文明を内包していた。[11] 日本は、長距離の海洋帝国主義をはらむ国とは概ね考えられていなかった。この国は、ユーラシア大陸のもう一方の端のイベリア半島に似た位置を占めていて、鍵となる幾つかの点においてこれと似た歴史を経験してきた。すなわち、日本の領有と私たちが考えるようになった海域の内部で、この国の航海の諸条件が日本の帝国創出のスケールを印象深いものにしたのである。日本の二度にわたる海を越えての帝国主義の大遠征は示唆に富んでいる。十六世紀末の一度目は、利用できる技術の欠陥により押し戻された。二十世紀の二度目は、軍艦が風向きの制限を克服できる時代ではあったが、別の克服し難いパワーにより敗北を喫した。

西ヨーロッパにおいても、中世の末期までは、私たちが知っている唯一の長距離海洋進出タイプの考えは、比較的に貧しい辺境の地域から始まっている。アイルランドの隠遁の僧侶による海上の巡礼と、スカンジナヴィア半島を発した掠奪者、海賊、植民者などである。中世地中海の海洋帝国は、狭隘な海岸部――ジェノヴァやカタロニア――またはヴェネチア潟湖内のあまり期待できそうもない沼沢地から発生した。当時、イベリア半島出身の連中をもっとも巧みに真似て、これに挑戦してきたのはオランダの探検者だった。やはり辺境の自然に恵まれることの少ない土地である。フランスとイングランド――比較的に資源にも恵まれ相対的な位置関係も良好――は失敗続きではるかに後塵を拝していた。近代初期の海洋レースでは、後ろから来たものが有利なポジションを占めた。

したがって、スペインとポルトガルの世界探検における指導的役割は、ほかの周辺部の海洋コミュニティによる到達実績という文脈においてのみ理解が可能ということになる。さらに限定するなら、その役割は、きわめて西ヨーロッパ的な海洋の物語に属している。しかし、実質的に唯一のヨーロッパの海洋帝国は、さらに僻地の西ヨーロッパの海岸の縁――ここで探検者のほとんどが育てられた――において樹立された。最初の一瞥ではこれは実に一貫性を欠いた場所に見える。それは北極海から地中海まで網羅し、気候、生態ゾーン、食事のメニュー、教会、民間伝承、音楽の伝統、歴史上の記憶、酔っ払い方など、あらゆる面で対照的な地域を貫いている。言葉は互いに通じない。この四〇〇〇年ほどのあいだに共通のルーツはもう消滅している。ノルウェー人はスペインまたはポルトガルの模範を真似てバカラウという料理を取り入れ、そのレシピは高級なケースではオリーヴオイルを使うことを勧めている。しかしこの種の経験の共有には、そのほかにもいくつかの痕跡が認められる。海岸線を北から南へ降ると、すべてが変わるように見える。ただし、変わらないことが一つだけある。海の存在である。

その海は、ヨーロッパの大西洋側の人々に、世界の歴史における独特の恐るべき役割を与えた。近代の歴史における大規模な海洋版図のほとんどすべては、この僻地から出現した。例外は多くても三つに止まる。イタリアは、一八八〇年代から一九三〇年代にかけて、リビアとドデカネーゼ諸島（トルコ南西海岸沖）とアフリカのホーンに短期間の控えめな小さな植民地を所有していた。いずれも大西洋にでしゃばることなく、地中海とスエズ運河を経由して到達できる。ロシアは、一八六七年にアラスカを合衆国に売却するまでは、アリューシャン列島に北アメリカの西海岸への前哨基地として、この種の太平洋植民地を保有していた。最後に、十七世紀にコーランドやブランデンブルグなどバルト海の港湾都市により設立された奴隷居留地と砂糖の島の短命に終わるネットワークがあった。[12]

ほとんどすべての海外植民地が大西洋側の諸国の資金で設立されていただけでない。大西洋側の諸国でこれを一つも所有していない国は実質的にゼロだった。強いて例外をあげるなら、ノルウェーとアイルランドとアイスランドである。しかし、この諸国は二十世紀まではまだ主権を確立していない。したがって、海外植民地設立の偉大な時代を掴みそこねた形になっている。アイスランドはほとんどあらゆる意味で例外的存在である。アイルランドは自らの植民地は領有しなかったが、イギリスのそれへの参加者であり同時に被害者でもあった。ノルウェー人は、デンマークとスウェーデンの奴隷制度に便乗して、自らの先祖の準植民地主義の罪悪を再現しようとしていた。ほかにも大西洋に面したあらゆるヨーロッパの国々が船首を植民地に向けて、近世の歴史に船出しようとしていた。これは、比較的小さな辺境のコミュニティ、たとえばポルトガルやオランダ、さらにはスコットランド——まだ主権を保持していた短期間ではあるが——にも当てはまる。一方、大西洋に面した海岸線は比較的に短く、大きな後背地のほうに関心が向きがちなスペイン、ドイツ、スウェーデンのような国々も決して例外ではない。

亡命スペイン政府に学者／政治家として献身されたサルバドール・デ・マダリアガ教授は、八〇歳代で名誉博士号を受領される際に、「これは例外的な早熟のケース」と皮肉交じりに述べておられるが、同じことはヨーロッパの大西洋側の縁の外洋植民地争奪の歴史にもまさに当てはまる。これに関して言うならば、「ヨーロッパの奇跡」に関する奇跡的なことは、その奇跡がそれほど長くは続かなかったことである。父方の先祖がヨーロッパの西の果てのどん詰まりで暮らしていたガリシア人（ガリシアはスペイン北西部の海岸地方、五〜六世紀は王国）の末裔として、筆者はまったくの偏見なしで言えることだが、私たち西ヨーロッパ人には、この大陸の、さらにはこの世界の過去と現在のあり方に先祖が尽力してくれた事実を好んで云々したがる風潮がある。しかし見方を変えるなら、西ヨーロッパ人はユーラシア大陸の歴史のくず（dregs）であり、彼らが居住している突出部はそこでユーラシアの歴史が干上がる沼地に過ぎない。ルネサンス、中世のローマ・カトリック教会系の教圏の拡大、科学の進歩、啓蒙主義、フランス革命、工業化はいずれも西から発して東へ広がった社会形成の運動と言うことができる。しかし純粋に長期の見通し図で眺めるなら、ヨーロッパの西部地方は文化の大いなる伝達の受け取り側に終始していた。農耕と鉱山採掘、印欧語の到来、フェニキア人、ユダヤ人、ギリシア人の植民、キリスト教の到来、ゲルマン人、スラヴ人、ステップ地帯の人々の植民、アジアからの学問、趣味、技術、科学の受け入れ。以上はいずれも東から西に対して振るわれた影響の波だった。これらの運動の多くは、ヨーロッパの大西洋側の端に逃亡者を残した。これが歴史の大部分にわたって荒れ果てた希望の乏しい沿海部に住み着いた。そこで数百年も場合によっては数千年もこの人たちはそこに止まり、外洋へ向けての行動にはいっさい無縁で鳴りを潜めている。

ヨーロッパの大西洋側の人々は、その近年の歴史に照らして、今日圧倒的に海洋民族と分類されている。大西洋はこの人々に漁業や船乗りや地域交易者の職業を提供した。航海の技術が向上すると、海洋は海の彼方への移住や植民地建設の大通りとなった。しかし、西ヨーロッパの歴史の説明のつかないパラドックスの一つに、海の呼び声が人々の耳に長らく届いていないという事実がある。だが、いったん人々が海に到達すると、大半の人々がそこに釘づけになった。どの岸辺にも常に吹き寄せてくる西風に羽交い絞めにされたような按配だった。沿岸航行は岸辺の諸コミュニティを緊密に結びつけた。漂泊の隠者たちは海洋の神秘を深めた。集落の中には深海漁業に挑戦するものもあった。ただしスカンジナヴィア半島を除いては、西ヨーロッパの文明の成果は、中世の後期までは外洋のそれに負うところはほとんどなかった。

この間、西ヨーロッパは当時の世界地図の一端を占めているに過ぎない。ペルシアや中国の学者は自らの文明の伝統に自信たっぷりで、キリスト教圏のことはほとんど言及に値しないと考えていた。ローマ・カトリック系のキリスト教圏を東と南へ拡大――内陸経由で東ヨーロッパへ、地中海経由でアジアとアフリカへ――しようとする活動は、なんらかの成果をあげたものの、概ねは疫病や異常な寒気のために後退を強いられた。

大西洋志向の起源――ジェノヴァとマリョルカ

これに加え、大西洋の探検の連続する歴史が十三世紀の末ごろに始まった時、注目すべき現象が確認された。ヨーロッパの大西洋側の人々はこれにまったく関与していないという事実である。ヨーロッパによる大西洋の「発見」は、地中海の奥深くの主としてジェノヴァやマリョルカの船乗りが手をつけた仕事だった。この人たちは、逆方向の海流に逆らってジブラルタル海峡を押し通ることで地中海の「栓を抜いた」。そこから北上して、大西洋側のフランスやイングランドやオランダとの交易を開発するものもあれば、南下して、私たちが知るかぎりそれまで幾世紀にもわたって船が航行したことのない海域を、アフリカの大西洋側とマデイラ諸島やカナリア諸島を目指したものもあった。たとえばジェノヴァのヴィヴァルディ兄弟――名前が判明している最古の参入者――は、一二九一年に出港しこのルート沿いに「海を渡ってインドの領域に行き着く」ことを目指した。コロンブスに遡ることほぼ二世紀に、ほぼ同じことを志向した快挙である。この兄弟については、知られた商人の家族であること、および年代記作者の船出に関する簡単な言及以外は、腹立たしいほどなにも判っていない。兄弟の消息はそれっきりで絶えている。しかし、彼らが大掛かりな航海の熱を呼び覚ましたことは疑いようがない。彼らの後継者の一人ジェノヴァのランチェロート・マロチェッロは、カナリア諸島の一つの島に自分の姓のなまった形を与えランサローテ島とした。この島は一三三九年の地図ではジェノヴァの旗で飾られている。カナリア諸島は、一三三〇年代には、詩人ペトラルカにとってはフランスと同様に著名な地名――と本人は多分詩的な気取りをこめて言っている――だった。[13]

大西洋側のアフリカが当時引き起こした興奮は、一三四二年四月から現存している一連の文献でうかがい知ることができる。その一ヵ月だけで、少なくとも四度の航海がマリョルカからカナリア諸島向けとして認可されている。一回の航海に少なくとも一通の認可状が必要だったようで、それはギレム・ジョフレという水夫が提出した賃上げ要求書――偶然に今日まで残っている――によっても確認できる。当時の五回目と推察される航海の詳しい内容が、次の世紀に出た印刷本に誤りだらけの文章で伝えられている。それによると、アラゴン王のガレー船または船隊を追跡していた海賊により、偶然に陸地が視認されたとのことである。[14]

認可状に指定されている船はコッグ船（オリジナルの文書ではコカ船またはコキュ船）である。おそらく丸い船体の商船で、向かい風には甚だ性能が劣り、カナリア諸島の海流に専用の船と推察される。中世後期の船に関する語彙は曖昧をきわめている。生き残っていた文書のほとんどは、今日でもそうだが、陸の人間が書いている。用語は間違いだらけで、それがついには意味さえも変えてしまう。それがない理想の世の中では、「コッグ船」といえば丸い船体で横帆の船を連想し、「キャラベル船」といえば喫水が比較的に浅く多分より流線型で、少なくとも一枚の三角帆を備え向かい風にはかなり適した船を思い浮かべる。しかし、航海の契約書や認可状や年代記などの書き手も、この点で正しい知識を備えていたかとなると、まったく当てにはならない。往時のコッグ船は貿易風に乗って出帆すると、同じルートで帰ることはまず不可能だった。通常二月から四月にかけて出港すると、その年の十月――帰る目的では最適の月――に島を離れ、追い風を求めて海を北上しなければならない。

マリョルカの保管文書には欠落があって。その後の数年間の動静はよく判らない。ただし、一三四〇年代初期の熱狂がその後も長く持続したとはとても思えない。ギレム・ジョフレの賃金に関する苦情書は、彼が雇われた航海が商業的には失敗に終わり、船長も死亡したことを伝えている。これは、ほかの探検志望者にとっては意欲を挫く要素のはずである。しかし文献証拠の乏しい期間にも活動は続いたようで、十四世紀半ばに出た地図帳で、西アフリカ沖のコッグ船の横に次のような文が併記されている。「ジョーム・フェレールなる航海者が一三四六年に『黄金の川』を捜索中にここにて難破せり。思うらくは、ワッド・ドラー、すなわち錬金術にて成りたる黄金か、あるいはセネガルのことやも知れず」。

歴史家は、世紀の半ばにおける大西洋探検の一時的「停滞」を、黒死病、船と航海技術での部分的欠陥、それに船の難破などの累積効果のせいにしたがる。しかし一三五一年に文書記録が復活すると、船の往還は以前と同様に活発なものだったらしい。ただし、初期の航海の商業的な動機は部分的に消滅したが、次世代のマリョルカ発の遠征の大部分は、残っている記録から推測するに宣教師の仕事だったらしい。[15]

大西洋探検におけるマリョルカの早咲きは別に驚くには当たらない。ただし、中世後期の大西洋の空間レースでの初期の先駆者としてのマリョルカの役割は、その後しばしば忘れられるか無視されていた。マリョルカ自体が植民地社会のようなもので、それからわずか一世紀以前にムーア人により再征服された辺境の地であった。一二七六年から一三四三年までの短期間、マリョルカは独立した島嶼王国の中心であり、交易と海で生きていた。また、マリョルカは航海と地図製作上の技術開発の中心地でもあり、これが大規模の太西洋の航海を実質的に支えていた。ヨーロッパでもっとも名を知られたマリョルカの地図製作者たちは、地理学上の情報の勤勉な収集者だった。多くはユダヤ系で、各海洋に広がる民族の交易リンクによりデータ

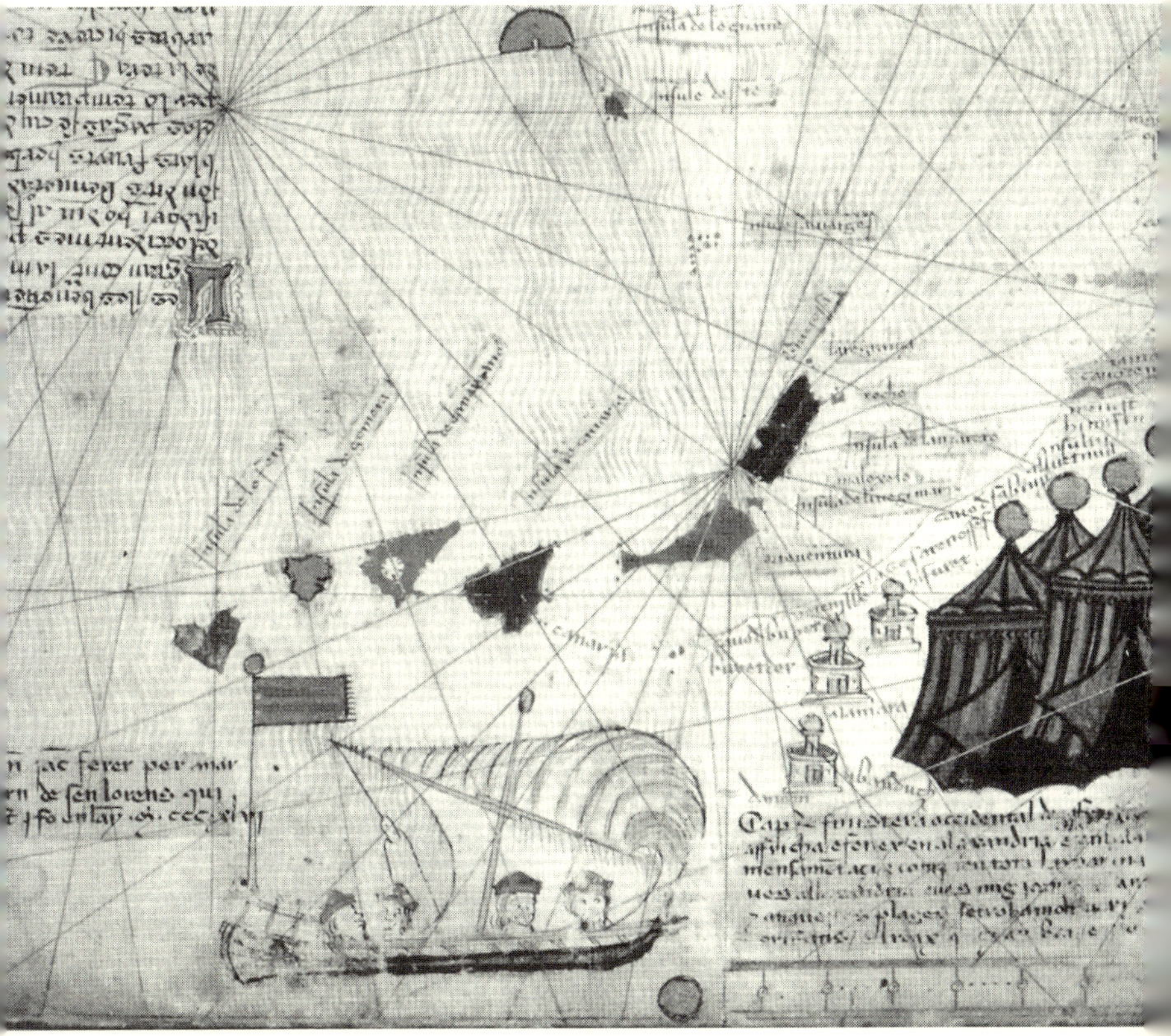

クレスク・アブラハムのカタロニアの地図帳にあるジョーム・フェレールの船、1370 ～ 80 年代。

取得の便に恵まれ、イスラムとラテンの学問の仲介者として特権的な役割を担っていた。アフリカ側の大西洋の探検は、マグレブ（アフリカ北西部地中海沿岸の一地方、現在のモロッコ、アルジェリア、チュニジアの三国にまたがる）との交易というマリョルカの現実の利害関係の自然な延長でもあった。これに加え、十三世紀末から十四世紀初めにかけては、マリョルカの船はカタロニアの交易品をヨーロッパ北部へ運んでいた。ムーア人との交易というマリョルカが享受していた天の配剤により、この島はアフリカの沿海部沿いの航海に参加するのに特に適していた。マリョルカ島は長らくジェノヴァの西方への航海の重要な準備拠点だった。また、マリョルカは最終的にはキリスト教の布教団《ミッション》の学問所でもあった。ここの宣教師団は、カナリア諸島の原住民への福音伝道に大いなる関心を抱き、一三六〇年から一三九三年まで主島であるグランカナリア島に布教本部を設けていた。

カナリア諸島は文書を支配していたらしい。この島々はいくつかの独特の産品があった。特に土着の地衣類と龍血樹の樹液から抽出される甚だ効果の高い染料である。原住民は奴隷として狩り出された。この人々は植民地時代に完全に消滅した――奴隷として売り飛ばされるか、虐殺されるか、植民してきたグループに同化した――ので、彼らがどのような外見であったか復元するのはなかなかに難しい。おそらく北アフリカの原ベルベル人の末裔であっただろう。今日もサハラ砂漠の縁にしがみついて少数で生き延びているイムラグエン人やズナガ人のような漁労民族とかなり近い人々と推察される。しかし、彼らは経済資源としてはいかにも貧弱だった。まず数が少ない、捕まえるのが難しい、それに――教会が奴隷化に反対の立場をとる限り――把握が困難だからである。カナリア諸島は、当初はそれ自体として重要だったのではない。風も海流も、イベリア半島からここに寄せてくるという点で重要だった。この島々は、さらに遠い探求を目指す探検者たちの準備拠点として価値があった。サハラ砂漠の黄金交易の源泉への探求である。

紙幣ではない正貨に飢えたヨーロッパ人は、黄金の誘惑にきわめて敏感だった。金は十四世紀半ばの時点で、銀一〇に対し一の割合で交易されていた。[16]ヨーロッパ人が知っている金のほとんどは、アフリカの深い内陸部でマグレブの仲買人により購入され、サハラ砂漠を通ってもたらされるものだった。仲介人はこれを塩で買い取っている。産地はビューレ地区となっていた。セネガル川とニジェール川の各源流の中間あたりである。量的には小さいがボルタ川の中流あたりにも産地があるとのことだった。しかし、その場所は極秘で、マグレブ人やヨーロッパ人の詮索から西アフリカのマリ帝国の黒人の独占者により守られているとのことだった。ニジェール川の両岸にまたがるその土地を交易が往還している。さまざまな説話を総合すると、物品は「沈黙交易」――一方は対価のものを砂上に放置する、もう一方はそれを引き取り黄金を砂上に放置し無言のまま姿を消す――で決済される。[17]金の発生については奇怪な話が横行していた。ニンジンのように地に生える、アリが育てて塊にする、穴に住んでいる人間が掘り出す、などである。しかし、どう発生しようと関係ない。欲深いヨーロッパ人はとにかくそれを発見したいと血眼だった。

イベリア人がやってくる

初期の主導権をマリョルカ人が握ったことは驚きだったが、これにまさる驚きは、大西洋の島々の探検における大西洋側の両王国、ポルトガルとカスティリアのスタートの「のんびり加減」だった。ある遠征航海についての詳細な記録が、ボッカチオの手による文書として今に残っている。日付はあまり当てにならないが一三四一年。この文書の題名は、少なくとも部分的には「ポルトガルの事業、イタリア人の水先案内、低位のレベルでカスティリア人も参加、スペインのほかの土地出身の水夫もこれに含まれる」というもの。今に現存している文書は、セビーリャのイタリア商人の手を経て、フィレンツェに入り、結局はボッカチオの入手するところとなった。この著名な人文主義作家がこの話に気をそそられたことは大いにうなずける。彼はかねてから言語の歴史に関心を抱いていた。文書の付録には土着のカナリア諸島人の言葉が断片的に出ている。これがボッカチオの興味に大いに訴えた。[18]

カスティリアの王家が大西洋の探検に興味を示した公の記録は、少し後の一三四五年三月のことになる。教皇がこれを後押しし、亡命中の王族の一人ルイ・デ・ラ・セルダにこの島の征服権を与え、その領域を「フォルトゥーニア公国」と呼びカナリア諸島と地中海のハリタ島から成るものとした。このような不自然な領域をでっち上げようとした教皇クレメンス六世の意図ははっきりしない。しかし、もしこれが具体化したなら、それは北アフリカへの十字軍の発射基地として機能したかもしれない。この構想に対する教皇からの援助要請に応えて、カスティリア王のアルフォンソ十一世はカナリア諸島の占有権を主張し、この領域は西ゴート族の時代（四世紀末）のわが先祖の独占物件の一部と断言し、「アフリカの諸王国は吾らの征服対象」とした。[19]

これらの言葉は、当初は、行動によるバックアップを欠いていた。アラゴン（スペイン北東部の地方、十一～十五世紀には王国）人とポルトガル人によるカナリア諸島征服の試みは、一三六〇年代と一三七〇年代に関連して証拠により強く示されている。しかしその証拠には大いに問題がある。なぜなら、それは地図という形で生き残っているからである。当時の地図は立証と解釈が至難なことで悪名が高い。中世後期のマッパ・ムンディ（世界地図）またはポルトラーノ（中世の海図付き公用水路誌）を見たことのある人間なら、あのシチリアの歌手の嘆きが理解できるはずだ。この歌手は十五世紀の第三四半期に記録され、地図の美しさに魅了され、自分の島シチリアより美しい島を探したが見つからなかったという。この時代に製作されて現代まで残っているもっとも美しい地図は、パリの国立図書館に所蔵されているマリョルカのクレスケス・アブラハムの作とされるカタロニア・アトラスである。まさに宝石箱をぶちまけたような豪華さで、エキゾチックな動物と誰も知らない富の強力なイメージで燦然と輝いている。これより大きく彩色も豊富な地図も記録には載っているが現存は確認されていない。これらは王家の贈答品だった。実用よりは見栄を意図している。しかし、実用的な水路図でも実に優雅に描かれ、流麗な細線のイラストと航程線の繊細なクモの巣模様で飾られている。当時は地図がさらなる音楽を誘い出せる時代だった。それは――カタロニア・アトラスもそうだが――一四〇二年にフランス西部ポアトヴァン地方の冒険家ガディフェール・ド・ラ・サールを神秘的な黄金の川に誘い出し、ついにはその命を断った地図でもあった。十四世紀末、『諸王国についての知識の書』という書物の氏名不詳の著者は、それまでの地図文化の蓄積から、想像豊かな幻想の旅を紡ぎ出している。それは到達できる世界の限界を超えた旅でもあった。

近年の学問の世界では、地図に関連するさまざまな問題――由来、年代比定、信頼度――について分類研究が進み、いくつかの具体的論点では明確な結論が下されている。一三三九年、カナリア諸島とマデイラ諸島の一部が、現存している地図に初めて姿を現わした。地図が一三八〇年代に下ると、カナリア諸島は、サベージ諸島、マデイラ諸島、アゾーレス諸島の二つの島と見えるもの以外のすべてと共に、ほぼ完全な形で示されている。これは実に目覚しい快挙だった。船にとってはその生死にかかわり、技術にとっては斬新で、当時の船乗りの経験にとっては他に類を見ない快挙である。懐疑的な学者はこれが果たして可能かどうかを疑った。アゾーレス諸島と思われる島が緯度的に正しくない場所にあり、しかもそれにほかの想像上の島の描写まで添えられている。大西洋東部の列島がそんなに早い時期にヨーロッパに知られていたか疑う余地ありとする疑問である。しかし、これらの地図の詳しい分析とこの海域の地理学上のロジックにより、結論は肯定側に傾いた。なぜなら、大西洋の風向きと海流は自然のダクト系統を形成している。それは船をジブラルタル海峡から南西へ押しやる傾向があり、帰路にはたいていのシーズンで船を大きく北方へ押し上げる。したがって、カナリア諸島の探検は第一段階の必須の急務であった。カナリア諸島は、大西洋のアフリカ側に向かう船は必ず通過する線上にあり、アゾーレス諸島は逆の帰路の最良のルートに点在していた。風向きとは逆の帰路の場合、緯度を保つ手段がまったくない航海者は、船を家郷へ返してくれる西風を求めて遠洋へはるばる迷い出ることになる。この危険に満ちた成り行きを救ったのがアゾーレス——もっとも近い陸地から一〇〇〇キロ以上も離れた絶海の孤島——諸島だった。一四三〇年代に、小麦が茂り野生の羊が生息するポルトガルの中継基地がアゾーレス諸島に設定されると、航海でここに立ち寄ることが一般的な習慣となった。

さて、しばらくはカスティリア人の航海と大西洋のアフリカ側を結ぶ証拠は確認できないままに推移するが、一三九〇年代に入ると、この領域でのチャンスを実現することを目的としたコンソーシアム（事業共同体）がセビリヤに集まり、征服のための許可を王家に求め始めた。十六世紀に記録された言い伝えによると、エンリケ三世王は、セビリヤの紳士フェルナン・ペラーサに征服事業を委託した。一三九三年、ペラーサ家はグスマン一族——セビリヤのもっとも強力な貴族の家系——と一体になり遠征に乗り出した。これは、同時代のほかの多くのグループと同様に、奴隷捕獲を目的にした襲撃部隊だった。宮廷の記録係によると、セビリヤとバスクの船乗りもこの襲撃に参加し、ランサローテ島で酋長とその愛妾を捕らえ、王にこう報告している。「この島々の征服はまことに簡単で、費用もごく安上がりで済みました[20]」。これが実に軽薄な予告となって、その後多くのコンキスタドーレス（スペインの征服者）たちがカスティリアの海外進出の空恐ろしい運命に誘い込まれていく。

このとき以降、カナリア諸島での出来事でカスティリア国、すなわち実質的にはセビリヤ人が関わらないものはなかった。しかし、列島への最初の征服から永続的なヨーロッパ植民地の設立を通じて、リーダーを含め関わった人間の多くが、ノルマンディ、ポワトー、ガスコーニュなどの出身のフランス人だった。ジャン・ドゥ・ベタンクールやガディフェール・ドゥ・ラ・サールは、黄金の川の伝説に引き寄せられた冒険家だった。彼らは、最初は、フランス王の下での仕事を心に描いていた。しかし、物資補給の面で困難が生じ、それ以降はカスティリア側の支援と庇護に頼るようになった。構想や資金の一部はベタンクールの従兄弟のロベール・ドゥ・ブラクモンという人物に仰いだ。妹の結婚の関係でグスマン家やペラーサ家などカスティリアの有力な一族とつながっている人物である。セビリヤはフランスの冒険家たちの基地と化した。ベタンクールはカスティリアの王に臣従の礼をとった。彼の征服の成果——ランサローテ、フエルテベントゥーラ、イエロなどの島々——はカスティリア王の領土となった。

歴史が時に華麗に展開するのは、こうした画期的な出来事がその突破口となる。事態の予期せざる成り行きの結果として、カスティリア王国は中央緯度にヨーロッパ最初の大西洋植民地を領有することになった。さらに重要なことは、大西洋の貿易風を横切る基地をわがものにしたことである。ここから、さらに遠くの海洋とその沿海部を探検することができる。カスティリアは、同じ世紀の後に海洋横断航海の時代が到来すると、大西洋の風向きへのアクセスを統御する立場を把握していた。有名な格言を潤色すると「ジャン・ドゥ・ベタンクールなしではコロンブスは想像もできない」となる。カナリア諸島のカーテンの幕開け人がなければ、カスティリアの海洋帝国のドラマもその幕が切って落とされることはなかった。

ベタンクールの権利は最終的にはペラーサ一族の手に渡る。一族は彼の手に成る征服地にゴメラ島（現サンタ・クルス・デ・テネリフェ）を加えた。しかし肥沃な土壌に恵まれたもっとも人口の多い島々は、その後六〇年間にわたってベタンクールとその後継者を寄せつけなかった。ラパルマ島、グラン・カナリア島、テネリフェ島は難攻不落だった。ペラーサ一族の悪戦苦闘には一万ダカットの巨費と跡取り息子の命がかかったと噂された。息子ギーエン・ペラーサは、おそらく一四五八年（日時は不詳）にラパルマ島での現地先住民との戦闘で命を落とした。「泣くがいい、女たちよ、咽び泣くがいい」と当時のバラードは命じたことだろう。

もし神があなたに慈悲を乞うならば、
この場所に花を残したギーエン・ペラーサのために、
今は萎れたが、かつてはその顔に香った花々のために[21]

文字通りに棒と石だけで戦いヨーロッパの軍勢を退けた先住民の粘り強さは、めざましくはあるが誤解をも招きかねない側面をこの物語につけ加えている。土着民の勇敢さがこの物語に与えた影響は、次の二点に絞られる。第一は、彼らがポルトガルの攻撃を撃退したこと。これによりカスティリアは、ヨーロッパのほかの勢力と列島の支配を共有する必要から免れた。第二は、彼らがペラーサ家の私的な努力に抵抗したこと。これによりカスティリアの王家は征服に公的資源を投入する結果となった。

大西洋のアフリカ側へのポルトガルの探検

探検には、ガディフェール・ドゥ・ラ・サールやギーエン・ペラーサなどに代表される騎士道の権化のような世界が、避けがたくついてまわった。ラ・サールやベタンクールの往時の首長であるブルボン公は、騎士道の美徳の典型のような人物で、また、十五世紀の大部分にわたり大西洋探検のパトロンとなりかつその推進者でもあったポルトガルの王子の一人も、その例に洩れなかった。ポルトガルの歴史の現代の指導的な研究家の一人ジョン・ラッセルウッドは、こう述べている。「ポルトガルの探検の正史は、不屈の冒険者による帝国の構築と無数の安息所の設立において、岬から岬への小うるさい描写にあまりにも偏りすぎている」[22]。

ルネサンス期の多くの王子たちと同様に、ポルトガルの親王たちも「名誉」におびただしく投資する傾向があった。なぜなら、金言的な正史を好み、今日で言う「歴史の審判」へのアピールを好む時代に生きていたからである。死後の名声こそが生きるに値する唯一の金言だった。ポルトガルの王朝もその例に洩れない。親王のうちでその賞讃をもっとも具現していたのがエンリケ王子だった。今日でこそ彼は「航海親王エンリケ」として人口に膾炙しているが、航海の庇護者としてのこの通称は本人もいささか面映いはずだ。彼は現実にはイベリア半島と対岸のモロッコのあいだの馴染みのルートを三度ほど往復したに過ぎない。この通称が一般的になるのは十九世紀以降で、造語されたのも早くても十七世紀とされている。

エンリケの世界は、古くさい大言壮語タイプの世界だった。彼の文人への心付けは、お金は気前よく使ったが、乏しい資源からひねり出したものだった。彼の初期の収入は海賊行為から出ていたらしい[23]。資産は次第に大きくなるが、それは石鹸事業の独占によるものだった。事業のことを戦争のようにしゃべりかつ書いたが、商業的な目的を十字軍の精神と和解させることには苦闘した。金を発見することができなくても、あるいは奴隷の売買で利益が上がらなくても、サハラ砂漠の周辺地域には価値の高い産物がさまざまにあった。彼の船が沿海部に立ち寄った時にこれを集荷すればよかった。カナリア諸島の天然染料、アフリカ本土のオリックス羊の皮、ジャコウジカの香油、アラビアゴム、ケープベルデ島の亀の肉と血液（レプラの有効な治療薬とされていた）などである。サグレスにある彼の城館は、一般には一種の学者サロンと誤解されがちだが、実際は日用品のチェーンストア、あるいは石鹸の連想かもしれないが、現代の巨大企業ユニリーバの創立者ウィリアム・リーバのソーントン館のようなものだったらしい。

エンリケは、本人の存在そのものが、新しいタイプだった。王家の末の息子だが、その立場より望みははるかに大きい。王子に生まれたエンリケは王になりたいと欲した。一三八五年にポルトガルの王座を奪ったばかりの貧乏な成り上がりの王朝である。彼は黄金の交易を操ることで約束される種類の富を欲した。しかし、アリストテレスが定義した真の貴族の規準である「累代の富」が彼には欠けている。それを補うために、彼は時代の貴族の気質を代表する騎士道の「規範」で自らを満たした。

「雑貨商エンリケ」というイメージのもう一方の極には、同様に間違ってはいるが少なくとも時代の雰囲気は伝えている「理想美のエンリケ」がいる。あの古代アーサー王のイメージである。魔法使いマーリンも顔負けの宇宙形態学者《コスモグラファー》や、勇ましい騎士や郷士に囲まれ、騎士道とキリスト教の美徳を広める使命で大海に軍を進め、浅黒い邪教徒と戦い、異国情緒に満ちた島々を発見し、暗黒の海では超自然の恐怖に立ち向かい、信仰のために戦う……。確かにエンリケはこの自画像を共有していた。気前のよさと高邁さが彼のもっとも自慢の個人的な美徳だった。騎士修道会のメンバーになったことはないが、ポルトガルのもっとも裕福なキリスト騎士団長に任命され、エンリケはその資産を自分のものとして扱い、その理念を自らの向上心とした。同時代人は、エンリケの敵味方の区別なく、彼の騎士道精神を是とする点で一致した。友人に対しては彼は寛大で、少々の行き過ぎは咎め立てしなかった。敵に対しては「虚栄に終始」し曖昧な存在だった。[24]

事を断じて行なう果敢さを彼は重んじた。人の信頼を裏切ることに対する戦いを、キリスト教徒に対する戦いよりも「名誉の高い」ものとした。名誉と名声が救いの次に位する人生の最大の目的とかねがね周囲の人々に説いた。エンリケは、土着の異教徒の敵対者を「サラセン人」――十字軍騎士の剣の一振りの格好の相手――の立場に格上げしたり、あるいはこれを森の伝説の原人――当時は騎士たちの象徴的な敵と一般的に見られていた――のランクに格下げしたりした。

それでも、十字軍のプロパガンダを真正面から受け止めることは、いかにも無分別に過ぎよう。人生のかなり後期にリスボンとコインブラでの神学の研究で与えられた称号を除いては、エンリケは信仰の普及になんらかの資源を投入することはついになかった。彼がその拡大に尽力した王国も、この世のものに過ぎなかった。エンリケの存命時から死後にかけて、ギニア沿海部――モロッコより南のアフリカ――で布教の勅書を特に得ていた唯一の修道士団は、ポルトガル王国の臣民ではなく、カスティリアのフランチェスコ修道会士だった。この人々にとってポルトガル人は「キリスト教徒とは名ばかりの海賊」に過ぎなかった。[25]

エンリケが雇った年代記作者（側近の祐筆）のゴメス・エアネス・デ・スラーラ（一四七四年頃没）は、エンリケのモチベーションの有名な分析で、好奇心と十字軍的熱情の分離を強調している。この組み合わせは、ほとんどの歴史家により決定的な影響要素と受け取られてはいたが、エンリケに関するほかの証拠では補強されてはいないものだった。彼が存命中に自らに引き寄せた科学的な「お世辞」は、今日へつらい上手の学監により殺し屋の「政治家」や事業が成功した「海賊」まがいに与えられる名誉称号以上のなにものでもなかった。

エンリケのモチベーションの分析でスラーラが一点だけ主人の声で語っている箇所がある。ただし、皮肉にもほとんどの歴史家がおしなべて見落としている箇所である。[26] スラーラによれば、「ほかの理性すべてが流れ出る根源の理性」は自らの天宮図に対するエンリケの絶対の信頼だった。[27] 火星が「秘事と野心の」第七の家に入った時、火星と土星がその支配的な影響力を振るうというものだった。この二つの惑星はエンリケを「偉大で高貴な征服を行ない、それまでは人間の目には隠されてきた秘事を明らかにするよう」運命づけた。現実に彼は占星術に深い関心を寄せていた。エンリケは、『占星術の秘事の秘密』という本も著している。コロンブスの息子の図書館に伝えられ今も現存しているその要約には、「各惑星の美徳を扱い、月下の世界に対するその影響力を広範に説き、これらに関連する占星術の予言を詳述している」とある。[28]

エンリケが運命的な使命感に駆られていたことを示唆するさまざまな証拠が今に残っている。彼には――本人がそう信じていたのだが――「才能」あるいは「資質」、またはポルトガルのドゥアルテ王の使節が言う「神命感」があった。[29] 教皇ウージェニー六世にこの使節が提出した文書によると、エンリケは「自分に手渡されてきた才能が地に埋められるより、これが神の眼前で輝くことを望んでいた」とある。聖書に出ている用語「才能」を使っていることは、彼が日頃からモットーにしている騎士道精神を思い起こさせるし、また彼が神命と感じていた「才能の美しい発揚」を実感させる。ところで、エンリケ本人はこの才能をどう考えていたのか？ 使節が教皇に提出した前述の文書は、この点でさらにうがった詮索を試みている。「洗礼名を殖やすことで――ただしこの表現は、王子たちに対する教皇の親近感を増そうとする試みとして退けるべきかとも存じますが――エンリケ殿はご自分が相続権としてかの才能を引き継がれた元のホアン一世王との相似性をあからさまに見せたかったものとも考えられます」。

一般論として王の相続人は潜在的な王にほかならない。エンリケが子の義務として考えたことのうちには、王権への相続が含まれても当然である（訳注――エンリケは、父親であるホアン一世と母親であるイギリスのランカスター公女フィリッパのあいだの第三王子）。彼は、祐筆《ゆうひつ》スラーラの自慢によれば、ポルトガルの王子のうちではもっとも王権に近かった。この点、アライオロス伯爵――エンリケとは親しい仲で、ポルトガルによるモロッコへの「十字軍」遠征では一定の役割を演じている——から一四三二年に王に宛てた覚書は事の本質に具体的に言及している。「エンリケ親王殿下は、グラナダまたはモロッコの征服を望んでおられます。つきましては、エンリケ親王にグラナダ王国すべてとカスティリア国の大部分を与え、われらがポルトガル王国の統治も同親王の手に委ね、国王陛下ご自身が望んでおられるカナリア諸島の領有についても同様になされることが宜しいかと存じます」。エンリケがかなりの費用をかけ、少なからぬ厄介ごとを押さえ込みながら維持してきた御しがたい「騎士や郷士」から成る親王家からも同じ声があがっていた。エンリケに関して残っている文献のかなりの部分が、驚くなかれこの連中の犯罪——特に殺しや強姦——に対する赦免状だった。[30]この従者グループは、エンリケの自負心の証拠だったが、単にそれに止まらない。彼にはこれに報いる必要も生じていた。

エンリケの周辺事情を伝える一つの有力な文献——発見が遅く、しかも誤りの多い文体のために概して歴史家の注目は免れてきたが——に、エンリケ親王家の郷士ディオゴ・ギョエスの話がある。この男は、親王の示唆により個人でアフリカ探検に挑んだ。[31]ということで、自分の主人の動機に関するディオゴの話は全面的に信用できる。エンリケは、従者たちに報いる黄金を欲していた。黄金の道をさえぎって横たわる「砂の海」はキリスト教徒には突破できない。これを突っ切ることができるのは「砂漠の船」のみ。そこでエンリケは、別の種類の船でこれに回り込む方策を求めた。

ヨーロッパ人は十五世紀にサハラ砂漠の横断を試みている。一四一三年、アンセルメ・ディサルギエールは、一団の黒人女のハーレムと三人の黒人宦官を伴い、ガオからトゥールーズへ帰還したと報ぜられた。ただし、どうやってアフリカの内部へそれほど深く入り込めたかは誰も知らない。一四四七年、ジェノヴァ人アントニオ・マルファンテは、トゥーアットまで至り、金の取り引きに成功したとの噂をまとって帰還した。

一四七〇年、先に述べたように、フィレンツェ人のベネデット・デイは、ティンブクトゥまで至り、そこでヨーロッパの織物類が盛んに取り引きされるのを目撃したと主張した。一四五〇年代から一四八〇年代にかけては、ポルトガルの商人は、アルクイムからワッダン経由で同じ目的地へ赴く努力をしばしば繰り返した。少なくとも彼らは時に自分たちを迎える金のキャラヴァンに回り道させることに成功したらしい。この種の努力が終わりを迎える頃には、金の産出地域との海洋経由の連絡が開拓されようとしていた。陸経由の難路が海経由のアプローチをようやく可能にしようとしていた。[32]

時代が少しさかのぼる一三四〇年代、ルイ・ドゥ・ラ・セルダは、カナリア諸島の征服を黄金交易の終点としてのマグレブの港の制圧に結びつけようとしたが、エンリケの家来ディオゴ・ギョエスもこの伝統的戦略の踏襲を頭に描いて黄金の探索に出立した。ディオゴはカナリア諸島に対するポルトガルの出撃を一四一五年からとしている。エンリケが目立つ役割を演じたセウタ——アフリカ北西端でジブラルタル海峡南岸の自由都市——に対するポルトガル軍攻略の年である。一四三〇年代以前にはエンリケの側にはカナリア諸島に対する持続した関心は認められないが、カスティリア側の文献には同地域に対するポルトガルの突出への懸念が一四一六年から出ている。ところが、一四二四年、伝えられるところでは一二〇頭の騎馬と二五〇〇の軍勢からなり、明らかにエンリケの発意によるポルトガル正規軍が主島のグラン・カナリア島に侵攻してきた。ルイ・ドゥ・ラ・セルダがカナリア諸島とハリタを含む公国を構想したとするなら、カナリア諸島とセウタを包含する構想についても、これを妨げる要素はなにもないことになる。セウタに対する攻撃は、伝統的に「再征服」の延長と見られているが、拡大を続けるポルトガルの小麦帝国の一環と解することも可能となる。それにサンゴの産地としてのセウタの経済的重要性も見逃すことはできない。セウタの攻略は、サハラ砂漠の黄金交易へのヨーロッパの介入の一環とみなすことができる。

ディオゴ・ギョエスの証拠に特段に依存しなくても、一四三〇年代以降はカナリア諸島がエンリケの主要な関心事であり、金の交易が彼の主要な動機だったことを私たちははっきり感じ取ることができる。エンリケの伝記の筆者であるスラーラは、カナリア諸島の重要性を――多分意図的に――隠蔽した。理由は、これを手に入れることにエンリケが失敗した場合、甚だ名折れになるからだった。あるいは、彼が述べているようにこれを別の年代記で扱っているからだった。ただし、この別の年代記なるものは現存してはいない。しかし、エンリケは教皇との文通でもカナリア諸島が自分の関心の中心であることを明らかにしている。[33] だが、一四三六年以降は、教皇の一連の十字軍派遣勅書から明らかにカナリア諸島が除外されているため、エンリケは自分の征服権を更新するよう、教皇に求め続けている。

カナリア諸島へのポルトガルの攻撃は一四四〇年と一四四二年にも繰り返され、ゴメラの原住民とのあいだでは、和解に達するための交渉がほとんど間断なく行なわれている。一四四六年、エンリケは自分の許可なしではポルトガル船がカナリア諸島へ赴くことを禁止しようとした。翌一四四七年エンリケは、ジャン・ドゥ・ベタンクールの跡取りであるマチュー・ドゥ・ベタンクールからカナリア諸島に対する怪しげな所有権を取得する。この人物は、処分できる法的な利害関係など所有しているはずがない。しかし、この見せ掛けの権利を盾にエンリケは、一四四八年から一四五四年にかけて、ランサローテ島をその入植者から、グラン・カナリア島を原住民から奪い取る動きを繰り返すが、いずれのケースも永続する成功にはいたっていない。

カナリア諸島で長らく持続したせめぎ合いは、単なる気まぐれから発したものではなかった。エンリケは「宗教的動機のみの行動」と主張した。彼に代わって書き／発言した人間も同様だった。エンリケの兄はこう断言した。「現地の邪教の住民の救いのためで、個人的な利得のためではない、利得など存在するはずもない」。だが、この言い分には裏があった。エンリケにとっても、また彼にとっては先例となるベタンクールやラサールにとっても、カナリア諸島はサハラ横断の「ゴールド・ロード」を囲い込む方策を意味していた。伝説の「黄金の川」――スラーラやエンリケに近い筋が好んで用いた用語――に近い沖合の前哨基地である。彼はこれを二面作戦――一方はカナリア諸島それ自体、もう一方はマグレブ地域――の扇の要と見ていた可能性さえある。これにより想定ルートをすべてカバーすることができる。[34]

物語の以上の意味合いは、エンリケの優先権としてのアフリカ探検の従来の全体図に書き換えを迫ることになるだろう。大いなる誇りとされているポルトガルの突出――エンリケ航海親王の人気の源泉とさえされている――は、実は一四三四年のボハドール岬（アフリカ北西部、西サハラ南西部の大西洋に突き出た岬。カナリア諸島はこれの北方にあたる）の陸地沿いの一周航海だった。これは、カナリア諸島の確保を目的にした努力の産物だった。当時の沿海部の地名は甚だ混乱していた。関連する地図上の緯度もまったく当てにならない。ポルトガルの航海者たちが特定の岬に特定の名を与える点で一貫していたかどうかも、疑ってかかる必要があるのである。したがって、「ボハドール岬」はユービ岬（アフリカ北西部、モロッコ南西部、大西洋に突き出た岬、カナリア諸島に相対している）以遠の陸地突出部と理解したほうがよさそうだ。この岬はそれ以前にも――多分頻々と――通り過ぎていた可能性が高い。ポルトガル人はカナリア諸島を「ボハドール岬の向こう」とみなしていた。エンリケのように航海の知識が比較的未熟な場合にのみ、この岬は意味を備えていたらしい。一四六〇年代に彼が死亡したとき、もしこれを思い出したとすればその記憶は決して彼を慰めはしなかっただろう。カナリア諸島からは肩透かしをくらった。王冠が彼の頭を飾ることはなかった。アフリカの黄金については、ほんの微量が彼の手のひらに乗っただけだった。

大西洋のアフリカ側のそれ以遠にも、ポルトガルの探検者は十五世紀に海洋空間調査の目的で数度の試みを敢行している。しかし、その大部分は初めから失敗を運命づけられていた。西風のベルトに乗って出発したからである。思うに、彼らには帰路のルートのことが初めから念頭にあったに違いない。それでも、珍しい地図や散逸した古文書の類の記録から、この当時のわずかな前進をたどることができる。一四二七年にポルトガルのディオゴ・デ・シルベスという船乗りが行なった航海のことが一枚の地図に記録された。フランスの女流作家ジョルジュ・サンドが作曲家ショパンと一冬の恋の戯れをマリョルカ島で過ごしていた時、この地図に興味をもって調べ始めた。ところがこれにうっかりインクをこぼした。地図は危うく台無しになるところだった。シルベスはアゾーレス諸島の島々のあいだの相対的な位置関係を初めて正確に確認していた。それまではこの島々は北から南へ縦に並んだ形で示されていたが、これ以降はなんとか菱形に並ぶようになった。十五世紀も半ばを過ぎると、アゾーレス諸島の西端の島まで探検の矛先は届いていた。

アゾーレス諸島の西端の島が発見される一四五二年から、フレミング・フェルディナンド・ファン・オルメンがコロンブスのように大洋の中で「島々と大陸」を発見するよう命ぜられる一四八七年までのあいだに、少なくとも七次にわたるポルトガルの大西洋探検の記録が今に残っている。[35] 一方、次章で考察するが、遅くとも一四八一年から、イギリスのブリストルの船乗りグループがブラジルという伝説の島を探すために活発に準備を整えていた。ファン・オルメンのようにアゾーレス諸島から出発する試みは、西からの卓越風によって押し戻される運命にあった。ブリストルから出発するグループは、成功するとしても、春のごく短い期間に出発する必要があり、大海の遠い側の航海条件を考慮するなら、ニューファウンドランドを越えることは困難と予測された。

アフリカの突出部をまわる

ポルトガルがカナリア諸島での事業に難渋する間、アフリカ大陸が次第に重要性を増し始めていた。スラーラが祝福する探検航海の連続発進が一四四一年から熱意をもって始まった。その頃までには、カナリア諸島の地域からは金《きん》はほとんど入手できないことが明らかになっていた。それ以降カナリア諸島は、スラーラの表現では「エンリケ殿下ご事業の偉大なる完成」を補佐する前哨基地としての重要性に格下げされていた。さらに南方への探索を広げ、この地域の主要資源である奴隷の狩り出しを大々的に進めることが必須とされた。物々交換によって得たかなりの量の金が西アフリカからポルトガルへ一四四〇年代中頃から入り始めていた。しかし、探検の範囲と金の発見の両面における大きな前進は、エンリケの死後にポルトガルの探検者がアフリカの突出部に浸透するにつれてもたらされた。

エンリケの人生の末に近く、才能に恵まれた一人の航海者がポルトガルに雇われた。ジェノヴァ出身のアントニオット・ディ・ウソディマーレで、この男は一四五〇年代中頃にセネガル川とガンビア川をさかのぼり、マリ王国の出先基地と接触を行なった。少なくとも一回の航海で彼はルポルタージュの才のあるヴェネチア人を帯同した。この男アルビゼ・ダ・モストはヴェスプッチに似た人物で、その言には誇張がつきまとう気配だったが、セネガンビアのウォロフ族の土地に対する彼の知識は真実味にあふれていたし、彼の話は真実の観察に満ちていた。カボ・ベルデ諸島は多分それ以前から目撃されてはいたが、ウソディマーレとダ・モストの航海により、その詳細が文書によりもたらされた。

ポルトガル帝国の形成過程では、外国人のプロ気質と専門知識がかなり重要な役割を担っている。その一例として、エンリケ親王家の騎士や郷士の効率の低い仕事ぶりとは対照的な、これら「外人部隊」の働きぶりに目を留めるのもなかなかに興味深い。ダ・モストは、本人の話からも明らかなように探検に個人的に関心があり、アフリカの地理と民族学に詳しかった。エンリケの家来のディオゴ・ギョエスは「世間の観察に甚だ熱心」と述べている。一方、親王家の家臣たちは、軍事、奴隷捕獲、島での支配権の樹立、あるいは黄金の探索においても、その関心は別のところにあった。[36]

西アフリカのポルトガル人社会のダイナミックな企業家精神の発露は、ポルトガルそのものの内部から出現した。リスボンの商人フェルナン・ゴメスに対する探検の権利の譲渡、すなわち「民営化」である。ゴメスは、一四六九年から一四七五年にかけて、広範囲な遠征を実行し、従来ポルトガルの船が航海した領域に三六〇〇キロに及ぶ海岸線を加え、北緯二度のサンタカテリーナ岬という地点にまで到達した。それまでのいわゆる航海親王の時代の苦難に満ちた手探りの遠征航海に比べると、まさに飛躍的な業績だった。ポルトガルは、アフリカ突出部のもっとも困難な沿海部航海を実現し、マデイラ諸島とアゾーレス諸島に植民地を設立して、帰路のルートの困難緩和を図った。西アフリカの航海の利益は、金、奴隷、象牙、マラゲッタ「胡椒」――アフリカ産ショウガ科の植物から採れるピリリと辛い香辛料――などの交易で得られた。

ポルトガルの王家は一四七五年にフェルナン・ゴメスから独占権を取り戻した。カスティリアの航海者に備えるためと考えられる。西アフリカへの航海は、王家の嫡子ホアン殿下の差配するところとなった。以後、アフリカの探検と開発はこの皇太子の、一四八一年の即位後は王の直轄事業となる。それ以降、セネガンビア地方(アフリカ西部、セネガル川とガンビア川流域の総称)には非公式で無防備の交易中継地が数多くできた。その多くは「土着化」したフリーランスの流れ者などの仕業だった。しかし、ホアンは組織を重んじ好戦的だった。一四七五年から一四八一年にかけてのギニア沿海部におけるカスティリアの航海者との争いで鍛えられた気質だった。

アフリカ突出部の下側で戦略的にも経済的にももっとも重要な地域は、ボルタ川の河口周辺と、金の産出で知られるベニア川とプラ川の西方だった。金の交易はさらに上流で行なわれていた。一四八二年、ホアンの命令でここに一〇〇人の石工と大工と作業員から成る大部隊が送り込まれ、サン・ホルへ・ダ・ミーナ砦が築かれた。王家の発意による威容を誇る大施設と訓練の行き届いた人員は、新しい政策の実行を予告するのに充分だった。土着の首長は「今までのひどい服装の連中のほうがよほどまし」とつぶやいたという。ヨーロッパ人の感覚ではサン・ホルへ・ダ・ミーナ砦はごく普通の施設だったはずだが、地図製作者は古代のアーサー王のキャメロット宮殿さながらに砲塔や尖り屋根を林立させ、いかにも幻想的な都市に仕立て上げた。

新しい政策にはほかの側面もあった。リスボンの王宮の近くのカーサ・ダ・ミーナにアフリカとの交易を一元化したことである。ここですべての航海が登録され、すべての貨物が保管された。また、セネガンビアのウォロフ族の首長たち、ベニンのオバス、さらにはコンゴのマニコンゴ——ポルトガル人はこれを「王」と呼んだ——などの沿海部の強力な首長たちとの友好関係を深める場としてもこれを用いた。コンゴの全域は、ベンゲラ海流のために浸透が困難だったが、一四八二年以降のディオゴ・カーンの努力により接触が確立された。カーンは一四八五年にはザイール川をさかのぼり、南緯二二度までの海岸線の形状をほぼ確定した。

これと同時にホアンは本国におけるアフリカ事業全体の格を高めようと努めた。まずギニア公の称号を名乗った。また、ポルトガルの野望を正当化すると思われていたキリスト教の布教の義務に高い優先権を付与した。たちまちに宗旨を変える黒人の首長たちの洗礼や再洗礼の儀式にも立ち会った。一四八八年のある政治的パントマイムでは、亡命中のウォロフ族の有力者を豪華な招宴——客はいずれもヨーロッパ風の衣服と銀器類で美しく着飾っている——で饗応した。[37] この頃までには、ポルトガルの探検は、次章のテーマともなる新しい局面を迎えようとしていた。船隊で大西洋の荒波を凌ぎ、アフリカを巡り、インド洋への新しいルートを開拓する局面である。[38]

その時点までは、スペインとポルトガルの中世末期の大西洋における成果は、中世の技術の比較的穏当な奇跡の果実だった。羅針盤、コッグ船、カラベル船、原始的な天文航法などである。航海者は、太陽の高さまたは水平線上の北極星の高さを肉眼で測り、これをベースに自分の船の相対的位置を割り出していた。航海者のほとんどが「無名の案内人」だった。名が残っているとすれば、散逸した文献内か、地図製作者のメモ書きによるものだった。中には十字軍への従軍経験者もいた。ガディフェール・ドゥ・ラ・サールや、一三六六年にカナリア諸島の水域にいたアラゴン人の船長ジョアン・デ・モーラなどである。自国では栄達の望みが断たれた落魄の貴族、あるいは失うもののない単なる冒険好きもいた。この連中が社会的に頭一つでも抜け出ようと、船上の人になった。彼らは、フェレールのように「黄金のルート」を求め、ヴィヴァルディ兄弟のように「香辛料のルート」を求め、ペラーサやエンリケ殿下のように「奴隷」を求めた。一方、グスマンのように、換金作物を栽培するための安価な土地を求める純粋な入植者も次第に増える傾向にあった。

彼らは、騎士道物語を体現しようと努めた。「フォルトゥニアの王子」になりそこねたルイ・ドゥ・ラ・セルダのように、領地を奪い王国をつくった。あるいは、ジャン・ドゥ・ベタンクールのように、セビリヤの街頭で自ら「カナリア諸島の王」を名乗った。あるいは、エンリケ殿下の家来たちのように、アーサー王の「騎士団」気取りで得意がった。もっと悲惨なケースもある。テルデ司教区のフランチェスコ会修道士の布教グループは、スペインとカナリア諸島の間を四〇年にわたり往還したあげく、一三九三年に、奴隷業者や征服者と結託していると疑われ、皆殺しにされた。イベリア半島の大西洋側の運命を決めた連中は、冒険の理想化にどっぷり浸った世界からやってきた。彼らは名声に憧れたが、ほとんどは忘れ去られた。しかし、彼らが海外への進出に与えた衝動と方向づけは、巨大な効果として長く残り続けた。

世界の他の地域の海洋志向

しかし、イベリア半島だけが探検者の唯一の揺籃の地ではなく、アフリカ側の大西洋だけが当時の唯一の競り合いの場でもなかった。十五世紀は、それまで未開拓または開拓半ばだったルートに新しい工夫を加える関心が、広範囲に散らばって発生した時代だった。中国のそれ[39]を除いては、比較的良好に文献の形で残っているのはトルコ人とロシア人のそれである。

オスマントルコは、海洋強国としての地位を次第に築き上げ、十五世紀の末ごろには潜在的に世界最強クラスの海洋帝国に成り上がっていた。ローマがカルタゴを屈服させて以来の、陸上帝国による海洋適応のもっとも顕著な成功例だった。トルコ人の海に対する適性は突如発生したものでもなければ、存在の初めから重武装だったわけでもない。十四世紀初め以来、トルコの首長たちは地中海のレバントへ沿海部の海賊の巣から外に出て行動を起こしていた。彼らの中には、指揮下に数百隻の船団を保有するものもあった。彼らの陸上兵力が征服した沿海部が長大になるにつれ、岸辺からの飲み水や物資の補給のためにトルコのコルセア船（私掠船）が海に出る機会も増大する。しかし十四世紀にあっては、彼らは野心を抑制し、小さな船によるヒット・アンド・ランの戦法に終始していた。

一三九〇年代以降、オスマン帝国の皇帝バヤズィド一世は、永続的な艦隊の構築を開始した。ただし、彼に先行した個別の業者——海賊まがいの私掠船集団の族長たち——とは根本的に異なる戦略は用いなかった。トルコ側の意図には関係なく従来どおりの戦いは発生し、そのつどトルコ側は敗北を喫した。一四六六年というかなり遅い時点で、コンスタンティノープルにいたあるヴェネチアの商人はこう豪語した。「トルコの海軍が海戦で勝利するには、船の数をヴェネチアの一に対して四または五に増強する必要がある」。しかし、その頃までには、海洋軍事力へのオスマン帝国の投資は、他のいかなるキリスト教国のそれよりもおそらく大きかった。先見の明があるオスマン帝国の皇帝メフメト一世とバヤズィド二世は、陸上の征服を継続するには、海上の軍事力の支援が必須と考えた。整然たる軍事作戦での実験が幾世代にもわたって失敗に終わったあげく、バヤズィド二世の海軍は、一四九九年から一五〇三年にかけての戦いでヴェネチア側に手痛い打撃を与えることができた。[40]

十六世紀の初め、皇帝バヤズィド二世とセリム一世の幕僚の一部は、スペインとポルトガルの海洋の版図に全世界で競う必要性を痛感し始めた。この両国の探検者の仕事に関する資料の収集が、皇帝の諜報機関の最優先の業務になった。コンスタンチノープルで一五一三〜一七年にトルコの海軍提督ピリレイスが製作した世界地図を囲んで幕僚たちは協議にふけった。確かにキリスト教徒は我々より海洋進出ではるかに先行している。それは忌々しいが、世界にはまだ残っている部分もある。地図にはコロンブスの発見に関する詳細な報告と、ヴェスプッチの発見を線描で示した図が添えてあった。その記録は、オスマントルコが艦隊を西地中海またはインド洋海域に入れることができたなら、スペインとポルトガルの艦隊との海戦で成功する確率がかなり高いことを示していた。しかし、問題はこれらの海洋で優位を維持することの困難さにあった。オスマントルコの中心地はこれらの大海から狭い海峡により切り離されている。敵はそこを容易にパトロールできる。大西洋に関しては、オスマントルコとしては実質的に近づくことも不可能。結局、オスマントルコにとって海外植民地の経営は見果てぬ夢と諦めざるを得なかった。時代はやや降る一六六〇年代、イングランドからの旅行者ポール・ライコートにオスマン帝国のある高官がこう述べたと伝えられている。「神は海をキリスト教徒に与えられた。一方、陸地はイスラム教徒にとっておいてくれた」[41]。

この間、ロシアさえも一四三〇年代――ポルトガルがカナリア諸島経営で繁忙を極めていた時代――に海洋進出を始めていた。その証拠は、現在モスクワのある美術館所蔵のイコンに描かれた絵にある。このイコンはかつては白海（ロシア西部バレンツ海の大きな湾入部）の孤島の修道院に掲げられていたものである（次頁イラスト参照）。先細の丸いドーム、黄金の聖壇、点火した蠟燭のような小塔を備えた黄金の修道院で飾られた島で、僧侶たちが聖母マリアを崇めている。この光景の輝かしさは、敬虔な想像力の産物に違いない。現実にはこの島は一年の大半を氷で囲まれた貧寒とした荒涼の土地だからである。

このイコンが製作される一世紀ほど以前の一四三〇年代にこの修道院は設立されるが、その際のさまざまな伝説をエピソードで示した絵が、尊崇される聖母マリアの絵を額縁のようにぐるりと取り巻いている。最初の僧侶たちは櫓を漕いでやってくる。「若い輝かしい姿」が天使の鞭で土地の漁師たちを追い払う。大修道院長サバティーがこれを耳にすると彼は神に感謝の祈りを捧げる。商人たちがやってくる。聖僧ゾシマが彼らに授けた聖なるパンを落とすと、炎が立ち上がりこれを守る。近くの島の洞窟で死にかけている難破船の乗組員を僧侶たちが救うと、ゾシマとサバティーが奇跡的に出現し、氷塊の上でためらいつつ、氷のパックを投げ返す。ゾシマは「海に浮かぶ教会」の幻像を経験する。その幻像は島に建てられた修道院で充足される。荒涼とした環境を嫌って天使たちがこのコミュニティにパンとオイルと塩を授ける。大修道院長としてのゾシマの先任者は、きびしい環境に耐え切れずこの地を去る。ゾシマは冷静に自分を誘惑しようとした悪魔を追い払う。ヨーロッパの植民帝国主義の典型的物語のあらゆる要素がここには詰まっている。この世

聖ゾシマと聖サバティーの人生の諸場面に囲まれたボゴリュボヴォの聖母マリア、1544～5年。

のものではない霊感、危険な環境への英雄的な航海、土着民の無慈悲な対応、育ちうる経済への適応とその設立、商業的利害の早急な参入、忍耐による良好な環境の設立などである。[42]

ヨーロッパの奇跡？

改革の必要性を感じることと、それを実行する手段を見つけることとは、別のことである。歴史家は、世界規模の探検において西欧人に優越した地位を与えたかもしれない特質をヨーロッパであれこれ探ってきた。当然のことながら、航海技術はこれを探るべき分野の筆頭格である。たとえば、避難や休息に適した港がなければ、航海者は長く海に止まることもできないし、よく知らない大海で安んじて帰路につくこともできない。ところが、この時代の技術的補助手段の大半は、このような事業にはどうしようもない代物だったらしい。経験を積んだ航海者は、初めて知った海域では、岸に沿って二つのランドマークのあいだで船を進めたとしても、別に驚くには当たらない。一一九〇年頃の文献に、アジアでは昔から知られているもっとも初歩的な航海の道具として、ヨーロッパの船乗りも採用できるこんな忠告が出ている。「太陽も星々も暗闇に包まれたなら、すべての船乗りがなすべきことは、盥《たらい》の中の水に浮かべた藁《わら》の中に、鉄を引き寄せる茶色の醜い石で充分にこすった留め針を入れることである」。コンパス（羅針盤）――一点でバランスされ、通常は三二の部分に分割された目盛り板の上を針が自在に動く――は、十三世紀から使われ始めた。ほかの航海用具も中世末までには漸次登場するが、その受け入れは遅々たるものがあり、船乗りの伝統的な保守の気質により、その技術的なインパクトも微々たるものに止まっていた。

航海用のアストロラーベ――天体観測装置の一種で、これを使うと、水平線上の太陽または北極星の高さから自分の船の緯度を計算できる――は、十二世紀にはすでに使用可能になっていた。しかし十七世紀までは、これを備えた船はごく少数に限られていた。日照時間に基づいて緯度を計測できる表のほうが使いやすかったが、ほとんどの水夫の管理能力を超えた時刻の管理が求められるのが難点だった。砂時計は船のボーイにしょっちゅうひっくり返される。いわゆる「太陽コンパス」――木の板の上に影を投ずるための小さな指柱器具――は、出発点からの相対的な緯度を計測できる手軽な器具だったが、船がこれを搭載していたとの証拠はない。

さて、役立つ技術的な道具が乏しいとなると、航海者は未知の海原を乗り切るのに、もっぱら実地の経験の蓄積と伝承に頼ったという印象に抵抗することは困難になる。十三世紀以降からは、航海マニュアルの編纂者は、水域の知識が乏しい航海者の航海指針に他人の経験を借用し始めた。ポルトラニ海図――中世の海図付き公用水路誌――もほぼ同じ時期に海図の形で類似の情報を提供し始めた。これに関するもっとも初期の参照は、一二七〇年のチュニスへの十字軍に参加した聖ルイに帯同したものである。ただし、これは多分陸上の人間の参考資料だったと考えられる。経験をつんだ航海者は、おそらく自分の記憶に依存した。水域に習熟していればもちろんだが、そうでなければ、彼は書面の航海指図書に頼ったはずである。

まず二つの結論が明らかかと思われる。第一は、航海への技術的援助は、中世後期の探検者の仕事にはいかなる役割もほとんどまたはまったく演じていないこと。第二は、もしなんらかの役割を演じていたとするなら、それはほかの文化からの借り物だったことである。この種の技術が決定的だったとするなら、中国やイスラム圏やインドの船乗りは、ヨーロッパの船乗りよりもはるかに早い時期に海洋の遠隔地に到達していたはずである。

船大工とは聖なる生業だった。船が組み立てられる聖なるイメージにより浄化される。救いの箱舟、嵐に翻弄される帆船、愚か者の船である。中世の造船所に関する私たちの知識の多くは、ノアに由来している。大西洋とさらに北方の船大工は、荒海を想定して船を建造した。耐久性こそ彼らの主要な価値基準だった。その規準から発して、厚板をその全長で次の厚板に重ね合わせて釘で留め、船体をこしらえた。地中海の船大工は、船の肋骨から始めることを選んだ。次に厚板を端部を揃えてこれに釘で留めた。地中海方式のほうが経済的だった。木材も釘も少なくて済んだ。いったん肋骨が組み上がると、あとは専門性の低い労力に任せることができた。その部分的な結果として、肋骨構造を先行させる方式がまずヨーロッパ全域に広まり、十六世紀にはこれがあらゆる造船所での標準になっていた。ただし、海戦や極端な荒海で厳しい打撃に耐えることが期待される場合は、厚板を重ね合わせる頑丈な船体への投資も価値あるものとして残った。

先述したように、中世後期のヨーロッパ人の航海に最初の奇跡を演じた船は、主としてコッグ船と呼ばれる方式のものだった。通常は丸い船底と横帆を備えたもので、順風で航行するのに適していた。したがって、十四世紀に発見されたルートに沿って進むのによく使われた。イベリア半島から北東の貿易風に乗じてアフリカの大西洋側に進み、北大西洋の西風に乗じてアゾーレス諸島経由で帰路につく航路に好適だった。ただし、基本設計に改良が加えられることはほとんどなかった。あったとしても、艤装への追加の改良による操縦性の若干の向上程度であった。

ところが十五世紀に入ると、少なくとも一枚の三角帆を備えた船がアフリカの大西洋側に出現し始め、その数も目立って増える傾向にあった。三角帆を二枚または三枚備えたものもある。これが甲板から急角度で突き出したマストにかなりの長さでロープで固定されている。キャラベル船と通常呼ばれるこの船は、二つの分野で大きな長所を備えていた。まず、アフリカ大陸の沿海部またはその近くの島からアゾーレス諸島への航海の区切りで、順風に沿って進み、貿易風の進路を横切る際にもそれほど南へ押しやられることなく、従来の船より狭い幅を風に逆らいZ形に進む性能を備えていた。キャラベル船は普通で風の方向とわずか三〇度しか外れていない方角を保つことができた。第二は、コッグ船より喫水《きっすい》の浅い船体の設計との組み合わせにより、キャラベル船の艤装は、アフリカの突出部以遠のさまざまな風向きや逆方向の海流の水域でも、これを直進突破して生き残る性能を可能にしていた。結局のところ、コッグ船とキャラベル船が合流して、同時代人が言う「丸いキャラベル船」が誕生したということだった。この新タイプの長所は次の二点に集約できる。第一は艤装の分野である。順風の大部分において横帆に依存できるが、必要な場合に備えて三角帆が加えてある。第二の船体設計の分野では、コッグ船の比較的大きな貨物収容能力を保ちつつ、キャラベル船を真似て船体をスリム化し、喫水を若干浅くしてある。

ところでこの新タイプの船はどこからやってきたのか? キャラベル船はアラビアのダウ帆船によく似ている。後者は紅海の航行の危険に備えて同じ技術を採用している。このことが「キャラベル船はイベリア半島における国際的技術合流の産物」との憶測を生んだ。しかし、これについての証拠はいっさいない。三角帆と浅い喫水は、すでにポルトガルの漁船の昔ながらの技術だった。アフリカの大西洋側へのポルトガルの探検者が通常使っていた船は、この漁船のモデルから発想された可能性が高い。これに艤装をあれこれ加え、寸法もはるかに大きくした。記録に残っている例では、拡大幅は一二〜一八メートルで、積載量も四〇〜八〇トンである。これなら、交易品をアフリカへ運び、奴隷を積んで戻ることができる。

大西洋の探検が技術者の創造性に挑戦した最大の課題は、飲料水の補給だった。船は前例のないほどの長期間にわたり海上にとどまることを強いられた。アフリカの海岸を南下するにつれ、そこはしばしば乾燥しきった沿海部の沖合だった。アゾーレス諸島を経由しての帰路は、飲料水の補給なしで三〜四週間を覚悟しなければならない。これに彼らがどう対応したか、私たちにはこれを知る術がまったくない。ただし一つだけ確実なことがある。飲料水の樽の改良である。現に、十五世紀末のスペインの荒物商は、ポルトガルの水樽のほうが優れているとみなしていた。飲料水を長持ちさせる方法は、これに酢を添加することだった。酢には有害な微生物の発生を抑止する働きがある。

造船の技術は、東方の海のほうが人間にとってはるかに慈悲深くできていた。一般的にインド洋の造船所で建造された船は、厚板をぴっちり並べてこれを縫い合わせるか、厚板の合わせ目に木製の枘《ほぞ》を挿入してつなぎ合わせ船体を組み立てていた。一方、ヨーロッパや中国の場合は、これを釘で接合している。前者の場合はいかにも頼りなく見える。しかし、それは西欧の習慣に影響された偏見に過ぎない。現実には、ヨーロッパの造船所で建造された船に比較して、東方の船体はより厚く頑丈で、防水性も優れていた。船体もはるかに巨大なものが可能で、マスト数も多く、積載量も当時のヨーロッパの最大の船に比較して最大で三〇倍を誇っていた。

一五一一年にポルトガルの船団が一艘のジャワのジャンク帆船を洋上で包囲し、これを拿捕《だほ》しようと試みた。その一部始終をポルトガルの一船員が記録に残している。それによると、目立つのは相手側の長所ばかりである。舷側がとんでもなく高いので、ポルトガル側はこれに乗り移ることができない。船体が四層の厚板で頑丈にできているので、砲撃してもびくともしない。唯一ポルトガル側にできることは、舵を引っ掛けて相手を航行不能にすることだった。このことは、アジア船の第二の大きな長所を示している。すなわち、高性能の操舵技術を備えていたことである。十五世紀から十六世紀初めにかけて、ヨーロッパの船は、まだ舵柄《だへい》で舵をとっていた。最後に東方の船――中国の船または中国の影響下で建造された船――は、切り離し可能な隔壁という長所を備えていた。これにより、船体の一部に岩礁または砲弾が食い込んでも、船は海に浮いている状態を保つことができる。

さて、技術に基づく説明で埒があかないと感ずると、研究者はしばしば西ヨーロッパの文化の独自性なるものに責任を押しつけたがる。文化とは、聖ならざる三位一体――文化 culture と混沌 chaos と混乱 cock-up――の一つである。これが、因果関係という昔ながらの理論を押しのけ、私たちの歴史観にのさばりかえっている。これはすべてを説明できる力を備えてはいるが、もう一方ではなにも説明できていない。大西洋の突破は、「西欧の興隆」、「ヨーロッパの奇跡」、世界の近代史における西欧社会による首座の奪取と続く巨大な現象の一環である。国力の伝統的な集中も創造性の源泉も場所を変えたおかげで、中国、インド、イスラムなどの以前の集中センターは辺境になり果て、これに代わり西ヨーロッパや新世界のかつての辺境諸国が新しいセンターとして颯爽登場した。資本主義、植民地帝国主義、近代科学、工業化、個人主義、民主主義――近年の歴史において世界を変革した偉大なる創造性の成果のすべて――は、ヨーロッパまたはヨーロッパを起源とする社会の独自性の産物である。この原因の一部として、それ以外の地域の創造性が当然の注目をまだ集めていないという事実が指摘できよう。しかしヨーロッパの独自性に対する昔ながらの誇張を考慮に入れるならば、これは確かに真実に違いない。したがって、大西洋の突破／進出とその結果のすべてを、これに関連する地域の文化の特殊性のせいにする論調もなかなかに誘惑的と見えてくる。

しかし、その根拠として提示されることの多い文化的特質の大部分は、残念ながらそれほど参考にはならない。それは西ヨーロッパの沿海部に独自のことではない、それは単なる勘違い、それは正しいタイミングで出現したわけではない、などがその理由である。国家の形態を含む政治文化は、東南アジアも、探検にはいっさい貢献していないヨーロッパの他の地域も、ある意味では幕藩体制の日本でさえも、これを共有していたからである。キリスト教は商業に通ずる宗教とされているが、その意味ではイスラム教やユダヤ教は、キリスト教を凌ぐものがあったし、ジャイナ教や仏教の一部にも、先述したようにジャータカやボロブドゥール遺跡の浮き彫り（七四ページのイラスト参照）にも表現されているように、キリスト教に比肩するものがあった。探検では、経験に基づく観察という態度が基本的に重要視される。これに確実になんらかの関係がある科学的好奇心と手法の伝統は、私たちが中世末期と考える時期において、少なくとも中国とイスラム世界では同様に強力だった。（ただし、後にヨーロッパとヨーロッパ人が定住するアメリカ大陸の一部では、明確な科学的文化が見られるようになるのも、否定しがたい真実である）。宗教的伝道は、諸大陸にまたがる現象である。私たちの歴史はその大部分において見落としがちだが、イスラム教と仏教は、いずれも中世末期と近世初期において、キリスト教のそれと同じ時期に新しい地域と新しい会衆の中で大拡張を経験している。植民地帝国主義と攻撃性は、決して白人だけに限られた悪徳ではなかった。近代世界の探検者は、拡大する国家とこれを真似る競争者のなかで行動していた。非ヨーロッパ文化のグローバルな探検における停滞と関心の欠如を説明するのに文化的特性を拠りどころにしても、それは説得力にはなんの関係ももち得ない。たとえば、十八世紀の中国の拡張、十九世紀の中国の停滞、二十世紀の「タイガー諸国」の経済の活気など、中国関連のさまざまな現象の説明に「孔子の教え」を呼び出しても、それで儒教への信仰が深まるなどとても考えられない。私たちは、西ヨーロッパの一部探検者による大西洋進出の説明に、この種の理論に頼ることにはよほど慎重であることが望まれる。

それにもかかわらず、私たちは特定の地域を探検者輩出の温床にしたヨーロッパ文化の一つの特質から目をそらすわけにはいかない。彼らは理想化された冒険にどっぷり浸かっていた。彼らの多くは、時代の典型的な貴族的品格――騎士道の「掟」――を共有し、これを体現しようと努めていた。彼らの船は馬で、それで荒波を乗りこなした。彼らが胸をときめかせた役割は、海洋を背景にした人気の騎士道物語――当時の低俗読み物――に主役で登場する放浪の王子様だった。この主役は大胆な冒険で王国を征服したりする。運に見放された主人公は、海の冒険に乗り出し、島の王国や領地の支配者になる。彼は、アポロニウス、トロイのブルートゥス、トリストラム、アマディス、カナモール王、トゥリアン王子など、騎士道物語のスペイン版の主役の一人である。この騎士道物語を十四世紀から十五世紀にかけての文字を読めるあらゆるレベルの人間が競って読みふけったものである。物語は作家セルバンテスの例の有名なジョークで締めくくるのが常道とされていた。サンチョ・パンサが主ドン・キホーテにどこかの島の領主にしてほしいとせがむ。「頭上に少しばかりの空が見えれば、それでいい」。物語の余白では騎士道精神と聖人伝が合流している。「聖ブレンダンの航海」――先述したように伝説によれば、地上の楽園を求めて西方の海を探検したアイルランドの隠者――は、大海を放浪することにより魂は浄化されるという考え方を世に広めた。コロンブスは数度にわたってこの文章に触れ、地上の楽園を自分の航海の目的の一つとしている。十四世紀のスペインの小説『騎士ジファールの書』は、流刑に処せられた聖エウスタスがつらい別離を強いられていた家族とようやく再会できたとの伝説を神聖化したものだった。

海を騎士道精神発揚の場とする伝統は、十三世紀初頭まで遡ることができる。ネズミを追い回したり帆の索具と格闘する海の男の生活には、騎士道のロマンスが横溢していた。旗を華やかになびかせた船は軍馬に似ている。その連想が賢王アルフォンソ十世からギル・ヴィセンテ(一四七〇頃~一五三六)にいたる物語作家たちの創作意欲をかきたてた。船隊は星明かりの中で帆を波のように連らね、馬群は腹帯と馬具で美装され、騎士の戦闘に備えていた。

水夫よ、高らかに伝えよ
船も帆も星も

すべて美の極みだと。
馬上の者よ、高らかに伝えよ
馬も武具も戦も
すべて美の極みだと。[43]

エンリケ航海親王の家臣は、騎士道気取りの連中ばかりだった。また彼の親族もたいていは無法者同然で、不名誉または破廉恥の罪で宮廷から追放された小貴族の者どもだった。それでも、島のトリストラムとかランスロットなど、小説に出てくる名を名乗った。さて、マデイラの武勇の士トリストラムは、彼らが公言する理想とその行ないのあいだのずれを端的に示している。一四五二年、エンリケ親王家の騎士ディオゴ・デ・マデイラがマデイラ島に流刑に処された。そこで彼はトリストラムに家臣として仕えた。アーサー王と円卓騎士ランスロットの時代以来、領主は自分の妻と騎士の家臣のあいだの道ならぬ恋情にしばしば悩まされている。このケースでは、ディオゴが自らの立場を悪用して、トリストラムの娘を誘惑した。トリストラムはこの男の性器を斧で叩き切り男を地下牢に放りこんだ。騎士道の掟と無慈悲な残酷さが交じり合った奇怪な世界である。

海の物語にも実生活が反映される。騎士ペーロ・ニーニョの世界は、カスティリア王国の海上の戦闘の世界である。十五世紀の第二四半期に彼の旗手が記したニーニョの年代記は、戦闘の記述であると同時に、騎士道の物語でもあった。この年代記『勝利』は、馬上槍試合でも戦闘でも恋の駆け引きでも、無敵を通した騎士に祝福を惜しまない。彼の最大の戦闘は海上で戦われる。「戦で勝つことは最大の善であり、人生の最大の栄光でもある」。著者が人生の無常を口にすると、対話の相手は「幸運」と「風」に変じ、その母親は

「海」に変じる。「その中にこそ私の任務が存在している」と対話者は応ずる。[44]
この世界が、コロンブスの義父の世界でもあった。バルトロメオ・ペレストレロは、ピアチェンツァ（イタリア北部）の商人の末っ子だった。父親はポルトガルで一財産を築き、子供たちをポルトガルの宮廷内あるいはその近くに住まわせた。バルトロメオの兄は王家が設立した修道院の次長にまで昇進した。姉たちはリスボンの大司教の愛人になった。エンリケ親王家に仕えたために彼には船乗りになる道が開け、マデイラ島に近いポルト・サント島に渡りここに植民した。ここで姉たちの子供を認知すると、一四四六年に世襲の辺境軍政官の地位を得た。彼は一四五七年に他界するが、コロンブスはこの人物の第二の結婚による長女と一四七〇年代の末に結婚した。詳しい日付は判っていない。[45]
残っている文献はごく少ないが、フランスとイングランド——十五世紀のほかの探検者コミュニティの故郷——の騎士道物語にも海洋を背景にするセッティングが認められる。消えた文献の中でもっとも重要なのは、十六世紀の要約に登場する『アーサー王の事績』である。そのなかでアーサー王は自分の島がいかにも小さいと気づき、アイスランド、グリーンランド、ノルウェー、ラップランド、ロシア、北極大陸の征服を目指し船出する。一見してこれはなにかおかしい。だが伝承には沿っている。十二世紀、ジェフリー・オヴ・モンマス——イギリスの聖職者、物語的な『ブリタンニア諸王史』の著者——は、アーサー王が征服したと想像される地域に「西方の」六つの島をあげている。また、物語の多くは、アーサー王の終焉の地として大西洋の一孤島を示唆している。また、十六世紀の言及だけで知られている別の文献に、マッカムのロバート（別の版ではライオネル）・マッキンについての十四世紀の物語がある。それによると、この男は情婦と船で逐電し、それまでは知られていなかったマデイラという島に嵐で吹き寄せられたとある。[46]
コロンブスは、騎士道物語が誘う興奮にきわめて敏感だった。探検の歴史でもっとも有名な出来事といえば、言うまでもなく一四九二年十月十二日のあの「新大陸発見」の瞬間である。この日、コロンブスが乗っていたフラッグシップのマストの上から見張りが「陸だ！」と叫んだ。有名な話である。だが、それにもかかわらず、このエピソードは不透明な霧に包まれている。まず、この見張りが誰だったのかよく判っていない。しかも、この見張りの優先権にコロンブス自身が異議を唱えている。その前夜に陸地の明かりを自分は目視しているという言い分で、彼は第一発見者への報酬の権利を主張した。この自らの権利に対するコロンブスの主張は、不正直、強欲、名誉欲へのむさぼりとして、甚だ評判が芳しくない。しかし、次のように考えると状況はいくらか理解しやすくなる。彼の航海は前例がなかったとされている。本人の主張では「吾らが確実に知るかぎり、かつていかなる人間もこのルートを通ったことはなかった」。しかし、前例は文献の中にあった。中世スペイン語版のアレクサンドロス大王の物語で、この古代のマケドニア王は海からアジアを最初に発見した。陸が見えると、スペイン語版の本文はこう続く。

Díxoles Alixandre de todos mas primero
Que antes lo vió él que ningunt marinero.[47]

これは次のように訳すこともできる。「乗組員すべての第一の者アレクサンドロスは部下に言った、いかなる水夫も知る前に自分が陸を見たと」。後に自分の発見のことを「アレクサンドロス大王が苦労して征服した」世界と称したコロンブスが、この文に影響を受けたと考えることは、あまりにも空想が過ぎたことになるだろうか？　自分の人生の軌道が中世末の騎士道の物語の筋書きにあまりにも似ている。それで彼はこれに自分を重ね合わせる誘惑に抵抗できなかった……。ある意味で彼は自分の物語を書きとめるに際して、この部分を剽窃《ひょうせつ》した。

交易や航海に対する敵意または無関心との理由で他の文化を責めることは、それほど賞讃に値する行為ではない。しかしそれにしても、海洋の騎士道精神という「カルト」は、他の文化では特定の階級の名誉を汚したり社会の流動性を停滞させたりする活動を、ヨーロッパでは逆に崇高にする効果を持ち得ていた。十五世紀初期の中国（明）の海洋進出の気概は、陸上勢力の優越性を反映する官僚の抵抗で挫折した。十五世紀のマラッカ都市国家では、イスラム教徒の交易者は貴族の称号を用い、ヒンズー教徒の商人もサンスクリット語に由来するやや格下のニーナという称号を使ってはいたが、決して最高のレベルに達することはなかった。この地域の支配者たちは、洋上交通でその手をどっぷりと「汚し」ながらも、ポルトガルの王のように「商業と航海の神様」などとあけすけに名乗ることは決してなかった。

しかし、この種の相違を過大視したり、アジアの沿海部は偏見で足枷をはめられていたと考えたり、あるいは彼らの長距離交易と植民帝国の可能性が文化的な欠陥で足萎えに陥ったなどと考えることは、いずれも間違っている。それどころが、アジアの多くの国は、スルタンやザモリンのような企業家的眼識を備えた君主により運営されていた。この地域の伝統的な社会が植民帝国の本家や資本主義への跳躍台になる適合性は、その多くの国家に内包されている商業／帝国主義の歴史により良好に証明が可能である。ヨーロッパ人による頂点への跳躍は、ヨーロッパ人の卓越性の結果とはとても考えられない。それは、他の国々の無関心と、潜在的な競争者の競技場からの一方的な退場の結果だった。

たとえば、中国の海洋活動は、鄭和《ていわ》の最後の航海の後に突然打ち切られた。儒教系の官僚群による宮廷での勝利の結果と考えられる。この人々は植民帝国主義を嫌悪し、商売を軽蔑していた。オスマントルコの活動は、海峡により栓がつまった。あらゆる方向――地中海中央部、ペルシア湾、紅海――の海洋への出口は、狭い海峡を通過しなければならない。相手はこれを容易に征圧できる。ロシアは、圧倒的にまた不可避的に氷海に面している。したがって、十五世紀のこの国の膨張は陸へ向かうほかはなかった。

風向きに戻る

以上さまざまな不利な要素は、すなわち西ヨーロッパ側の有利な要素を説明している。世界規模の冒険に打って出るには、恵まれた場所に存在することが決定的だった。帆船の時代に入ると、海洋ルートの発見は、都合のいい風向きと海流に乗ることに左右された。インド洋と西太平洋の航海者は、季節風の海域の外側では、彼らがそうしたいと欲しても、長距離航海に適した条件を発見することはできなかったはずである。太平洋を横断して東へ向かう唯一の航海可能なルートは、植民地時代にアメリカ大陸の西海岸地域に交易の市が成立するまでは、実質的に行き止まりだった。インド洋を出て南の方向は骨の折れる危険な海域だった。知られているかぎり、その労が報われる目的地はなかった。季節風海域の住民には決まった風向きで実験する必要はなかった。

風向きが一定した太平洋海域の内部では、世界でもっとも勇敢な航海者であるポリネシア人は、その位置から常に風に向かって突っ込むことを運命づけられていた。先述したように、彼らは前千年紀初めの時点において、当時の技術で可能な限り膨張の極限に達していた。ハワイ諸島、イースター島、ニュージーランドなど、もっとも遠い居留地は常時接触を保つにはあまりにも遠い辺境だった。十七世紀から十八世紀にかけてヨーロッパの訪問者により初めてその存在が報告された頃、祖先の地からの文化的分岐が生じてから、すでに数百年の時が経過した。

これとは対照的に、大西洋は世界のハイウェーだった。海洋の環境に習熟するには、まず風向きと海流の関係をマスターする必要がある。帆の時代に入ると——すなわち歴史のほとんどすべてにおいて——人間が海でできる限度を絶対的に取り仕切ったのは「立地」という条件だった。これに比べると、文化、思想、個人の才能またはカリスマ性、経済力、歴史などほかのすべての起動力などは、ほとんど意味を持たないに等しい。歴史でなにが起きたかの説明の大部分において、そこには有り余るほどの熱気が充満してはいるが、風は充分には吹いていない。

貿易風の体系が大西洋を支配している。すなわち、季節には関係なく同じ方向に吹く卓越風の規則的なパターンである。アフリカの北西の端あたりから、一年を通して、赤道の北の数度ほどの幅で、季節風が大海を横切り、カリブ海周辺の陸地に達している。北東の貿易風のおかげで、テージョ川（ポルトガルのリスボン近辺で大西洋に注ぐ）とグアダルキビル川（スペインのガディス湾で大西洋に注ぐ）の河口周辺の沿海コミュニティは、特権的な立地条件に恵まれていた。帆の時代におけるスペインとポルトガルの両帝国の途方もない膨張は、部分的にはこの幸運の結果だった。南半球においても、アフリカ南部とブラジルを結ぶ風により、同じパターンが鏡映しに生じている。北東の貿易風と同様に、これらの風は赤道に近づくにつれてまっすぐの東風に変ずる。この二つの貿易風のあいだでは、赤道の周辺またはそのすぐ北でドールドラムという赤道無風帯が出現している。これらの貿易風の緯度を離れると、両半球ともに西風の海域となる。南半球ではこれが特に強く一定していて、地球一周の高速ルートを提供している。[48]

このパターンの規則性には三つの大きな例外がある。アフリカの肘の曲がり目あたりのギニア湾で、年の大部分で季節風に似た効果により風がサハラ方向に吸い込まれ、アフリカ西部の突出部の底辺を危険な風下海岸にしている。西風の北方のベルトでは、春に短期間の変風の時期があり、これが北アメリカへの探検隊の多くがブリテン島から出発したことの説明になっている。イギリス諸島よりさらに北では、西風は規則性をかなり弱め、アーミンガー海流により支配される時計とは反対回りの一連の海流があり、これはスカンジナヴィア半島から発し北極圏の下を西へ向かっている。これは、先述したように、フェロー諸島、アイスランド、グリーンランド、および北アメリカの一部への古代スカンジナヴィア人による航海を可能にしたものである。ほかの海流も、これを有効に利用できる航海者により発見された可能性は否定できない。たとえば、カリブ海からヨーロッパを目指す航海者にとって、メキシコ湾流――「若さの泉」を求めていたスペインの航海者により一五一三年に発見された――は北大西洋で帰路へ向かって吹く西風と方向が一致していた。南アメリカ大陸の海岸線沿いに南流するブラジル海流は、東南貿易風をずばり横切り風下浜沿いの航海の危険性を和らげるものだった。

大海の北西の端部から発するこの風の流れを利用すれば、世界の風の大通りに容易に入ることができる。重要な時期に海洋事業に驚くほど無関心だった一部のマグレブ地域のコミュニティを例外として、ほかの大西洋側の人々は北西貿易風の通路という恵まれた立地条件を享受していないし、当時の西ヨーロッパ人が用いた海洋の技術や伝承も持ち合わせていなかった。では何故マグレブ人はヨーロッパ人の事業に参加しなかったのか？　あるいは、これを先取りしなかったのか？　彼らの海洋に対する潜在能力は伝統的に軽視されていた。大海は想像力の大鍋だった。空想の説話があれこれとぐろを巻いている。それが当時の文学においても現実の経験より圧倒的に優先されていた。シチリア王国のロジャー二世の宮廷地理学者アルイドリッシは一つの伝統を確立し、後の物書きのほとんどがこれに従っている。「海の向こうには」と彼は書いている。「なにがあるか、誰も知らない。……航海に立ちはだかる艱難はかぎりがない。深い暗黒、叩きつけて来る高波、繰り返し襲ってくる暴風雨、さまざまな海の魔物、吹き荒れる強風……。誰もこれに立ち向かって海に出ようとはしない。皆が陸にいようとする」。しかし大海への航海を試みる者が稀だったとすれば、それは適切な船や人や気概がなかったことが原因だったのではない。人々は陸のほうで大いに忙しかった。商売は繁盛、新しい入植者は次々にやってくる。海での戦闘が頻発するため、船台はいつもいっぱい。それにインド洋海域では新しい機会を開拓するには、その報いがいかにも小さすぎた。[49]

大西洋のほかの沿海部では、西ヨーロッパの事業と競うことに興味を持つコミュニティはなかった。カリブ海周辺の交易の民は、長距離航海の手段を開拓していなかった。アフリカ西部の都市や王国の商業は、もっぱら川による交通と沿海部交易に目を向けていた。[50] しかし、問題は残る。大西洋側という良好な立地条件は西ヨーロッパには一貫して存在していたからである。もし立地条件が決定的なら、何故彼らの世界規模の海洋事業がそれほど遅れたのか？　また、何故それほど突然に解き放たれたのか？　この問いを次章の中心テーマとしたい。

5 躍進する

一四九〇年代の前方への大跳躍

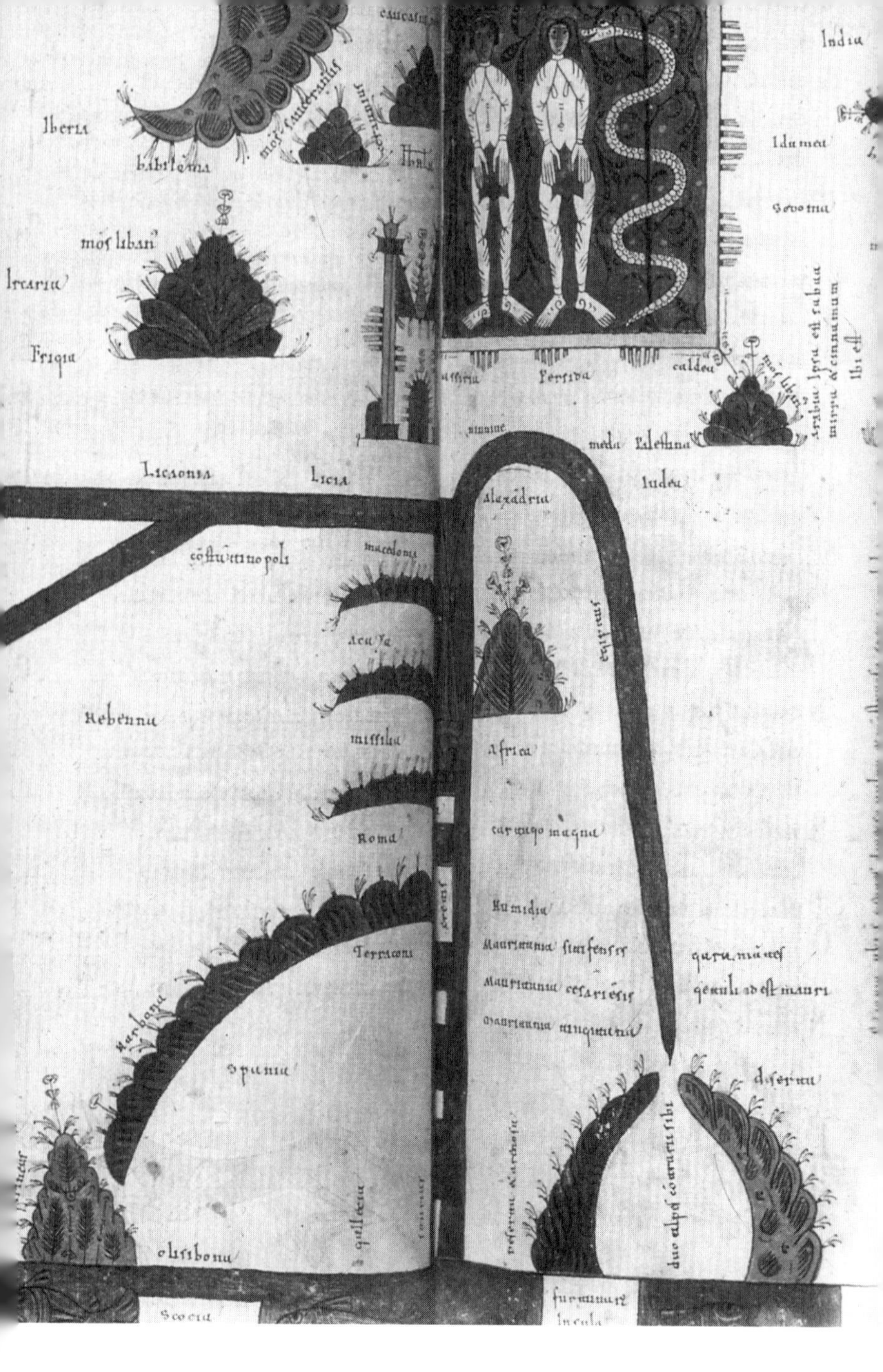

India
Iberia
babilonia
mōs libani
Idumea
Frigia
Assiria
Persida
caldea
media
Palestina
Licaonia
Licia
Iudea
alexadria
costantinopoli
macedonia
Acaia
Rebenna
Africa
missilia
Roma
cartago magna
Numidia
Mauritania sitifensis
Mauritania cesariensis
Mauritania tingitana
Terracona
garamantes
getuli id est mauri
Narbona
Spania
desertu
duo alpes contrarii sibi
olisibona
Scocia
furtunate insula

船長室は計器類、計算式、地図、当て推量、
嘘と本当のあいだのギャップなどで溢れている。
それに航海の物語、半分は夢で終わり、
あと半分は夢が叶う、多分。

F・C・ターバラ、「クリストバル・コロン」

以前ボストンで「スペインの版図内の土着の人々に対するスペイン人の接し方」という演題で講演したことがある。質疑応答に入ると聴衆の中からボストン市長が立ち上がり、私にこう尋ねた。「アイルランド人に対するイギリス人の態度は、それより悪くはなかったと思いますか?」。ニューイングランド地方のどこに行っても、自分は湖のこちら側の岸にいるが、向こう岸に残してきた同じ文化がほとんど変わることなくこちら側にも広がり、しかもその昔ながらの特質をほとんど失っていないとの感慨に打たれる。ボストンにおけるアイルランド人の遺産の名残りも、そんな感じを人に強いる多くの兆候のうちの一つである。ロードアイランド州のプロヴィデンスで、常駐しているただ一人の外国人領事はポルトガル人である。ここでは朝

食用にスイートブレッド（子牛などの胸腺）を、ティータイム用にテントゥガル菓子を買うことができる。筆者がその近くに住んでいたブラウン大学から数ブロック先の駐車場には「ポルトガル人以外は駐車お断り」の掲示があった。先祖の母国、先祖の不安を人はすぐに呼び起こすことができる。ニューイングランドの長い沿海部では、アイルランドやポルトガルを思い起こさせる懐かしい情景が随所に点在している。母国の鏡映しが大海を跨いだこちら側で現に存在している。それは、人々の懐古や血統という感情に取り巻かれている。ニューイングランド地方は一つの沿海文明である。海を渡ってきた文明が狭い沿海部にひしめいている。それどころか、それは互いに向き合っている二つの文明の片割れである。

　小さなコミュニティが大西洋を跨いでいる。単一の文明への帰属感も同様だ。現今、人が「西側の文明」と言う時、それは基本的には西ヨーロッパの一部とアメリカ大陸の多くまたは大部分から成る大西洋連続体を意味している。この大海を跨ぐ世界が成立したということは、文明の歴史では珍しい現象だった。他の文明がその起源となる環境を凌ぐ時、それは少しずつ着実に行なわれる。陸続きを転がり進み、狭い海を島伝いに転がり、島や途中の市場をひとつずつ跳び進む。文明の核としてのインド洋海域の初期の歴史も、このパターンに合致している。ほかとは違って港から次の港への沿海航海が可能な海域だったからである。これを横切る航海者は、今自分がどこを進んでいるか知っていた。一方、海または空での長距離の旅でなければこちらの岸から向こうの岸へ到達できない大西洋のような大海を跨いで、人間と習慣と趣味嗜好と人生観と帰属感をそっくりあちら側へ投影することは、全く先例のないことだった。

　大西洋の歴史にまつわるあらゆる問題の中でまず思い浮かぶのは、もっともややこしく、かつもっとも理解されていない「その歴史とはどう始まったのか」という問題と、「大西洋の超《メタ》ヨーロッパはどのように船出したのか」という問題である。ヨーロッパの沿海部の人々は、その歴史の大部分において、ほとんど例外なしに、長距離の航海にはきわめて進取性を欠いていた。それは、この点で甚だ早咲きだったアジアの沿海部の人々やポリネシアの船乗りたちと比較すると、一目瞭然である。とすれば、ヨーロッパの人々による大西洋の全面突破に関する説得力のある説明は、あの名探偵シャーロック・ホームズが「夜の犬」について提示した質の説明でなければならない。すなわち、「なにが起きたか」の説明だけでなく、「なにが起きなかったか」の説明も求められる。西ヨーロッパ人の突然の大突破だけでなく、それに先行する長い期間の「無為」とは一体どのような説明に値するのか?

私たちは、現在の形のヨーロッパの文化を、西から東へもたらされた運動により形成されたと考えている。シャルルマーニュ大帝による「東方進出」とそれに続く運動、三度のルネサンス、科学/工業の「改革」、啓蒙主義と政治/社会的改革、およびそれに続く運動、欧州連合(EU)の創設などである。しかし、有史以前と古代の大部分において、造形運動は逆方向に働いていた。農耕と冶金技術の普及、印欧語の伝播、フェニキア人とギリシア人とユダヤ人の移動、「ヘリコンの東の顔」からの学問の伝達、キリスト教の伝来、ゲルマン人とスラヴ人とステップ地方の人々の侵入と移住などである。これらの運動の大部分は、「くず」や逃亡者を生み出すが、彼らは大西洋の「へり」で終わりとなった。そこで彼らは海から吹きつけてくる西風に羽交い絞めにされたかのように、じっと止まった。西ヨーロッパ人のこの長期の消極さは、彼らの最終的な目覚めよりもはるかに注目に値する。今日、西側の文明は「起業力」をもって特質とされている。しかし彼らはほぼ一〇〇〇年にわたり、じっと動かずに海を眺めていた。今から約一〇〇〇年以前、最初はローマ文化と征服者の進出により、次はキリスト教の遅くはあるが地を舐めるような浸透により、ヨーロッパの大西洋側の円弧は、今日歴史家がローマ・カトリック教会系のキリスト教圏と呼ぶものの外側の縁《ふち》に化した。印象深い文明圏、しかし、さらに西以外には進みようのなさそうな文明圏であった。

キリスト教圏の大西洋側の縁

それは「海の余白」――当時の世界地図の余白部分――をも占めていた。ペルシアや中国の学者たちは、自らの文明伝統の優越性に自信があり、キリスト教圏などは自分たちの研究には一顧にも値しないと考えていた。ローマ・カトリック教会系のキリスト教圏を東方と南方へ拡大する努力――陸伝いで東ヨーロッパへ、あるいは地中海経由でアジアとアフリカへ――は、若干の進捗はあったものの、疫病と寒冷のために概ね停頓するか後退を強いられた。北方と西方については、西からの卓越風で促された船乗りにより海岸沿いのごく小さな海域が探検の対象になった。小さなコミュニティの中には、限定された海域で海洋文化を発展させたものもあった。中でも注目に値するのは深海漁業である。主としてこの経験から、一四九〇年代の航海者は船と船員を調達した。特に大海に深く進出したのは、中世中期のスカンジナヴィアの航海者と植民者、および十四世紀と十五世紀に大西洋東部のいくつかの列島を探検して入植した海洋の民だった。大海を横断する海流を利用してスカンジナヴィア半島とアイルランドの船乗りは、九世紀にアイスランドを、十一世紀にグリーンランドを入植地として開拓した。十四世紀の中頃までには、アイスランドの人々は北アメリカ大陸の本土まで船で到達していた。しかしそれ以遠のまだ頼りないルートのもっとも遠い地点は、グリーンランドの入植地が絶滅すると切り離される運命にあった。

地中に埋まった形で後世出土した彼らの人骨は、十五世紀になるとグリーンランドでの生活が次第に厳しくなってきたことを物語っている。彼らはアザラシを食い続けた。しかし生存の最終段階に入っても、夏の流氷を嫌うゴマフアザラシは食べていない。牧草地が縮小し始めると、彼らは蓄牛のストックの維持に努めた。花粉分析は、気候が湿潤になってきたことを示している。最後の入植者たちが「近くの国の野蛮な邪教の者ども」により全滅の悲運にあったのか、単に死に絶えたのか、あるいは自らの意志でほかの土地に移ったのか、判然としない。しかし一つだけ推測できることがある。彼らは気候が寒冷化を増し生き続けることが困難になるにつれ、最終的には生態学上のオプションをすべて食いつくした。[1] この人たちだけが被害者だったわけではない。十五世紀の全般にわたってヨーロッパは縮小の文明だった。災厄からの回復と十四世紀の縮小はゆっくりとしたペースでしか進行しない。疫病は十四世紀よりはその苛酷の度合いを減じていたが、それでも頻発していた。この時点では「小氷河期」の気候の厳しさにはいくらか慣れてはいたが、西ヨーロッパの人々は、高地を再び占めようとはしなかった。また、前の世紀に放棄した遠隔の植民地を再び占有しようともしなかった。ほとんどの地域で人口の増加は微々たるものだった。おそらく、黒死病以前に到達していたレベルを回復できないでいたものと推察される。人間以外の敵――疫病、戦争、飢饉――に人間という敵が加わってくる。一三九六年、トルコに対する十字軍の失敗は、キリスト教圏の東地中海の最先端からの長い撤退の始まりとなった。この間、北東では、リトアニアの異教徒がバルト海沿岸のドイツ騎士団の征服地を侵食した。

大西洋の大突破が到来すると、それは一四九〇年代というただの一〇年間に、いきなり爆発した。一四九二年のコロンブスの最初の大西洋横断航海と、一五〇〇年のパブロ・アルバレス・カブラルによるブラジルでの陸地初認のあいだには数年間が経過したに過ぎない。そのわずか数年間で、その後の世界の形を決定づける二つの航海が達成された。

まず最初に、この二つの航海は、ユーラシア大陸とアフリカ大陸を両アメリカ大陸に引き合わせた。南アジアと西南アジアおよび地中海をあいだに挟んで、中国から西ヨーロッパに到る旧世界の特に人口が密集した中央ベルト地帯と、新世界でもメソアメリカおよびカリブ海周辺の技術の進歩と人口の集中の著しい地帯を結ぶものであった。海は、ヨーロッパの人々がその沿海部から外へ進出するに際しての障害にはならず、むしろそれまで想像もしなかった帝国と交易を実現するに際しての手段となった。ヨーロッパの西端は、それまでの歴史的な囲い込みの柵としての役割を放棄した。言い換えるならば、ごく短い期間のうちに、一四九〇年代の大突破は大西洋文明というものを可能にした。船乗りは、今や旧世界の西岸と新世界の東岸を結ぶ信頼できる交通のルートを確保していた。記録された歴史のすべてにわたり障壁として立ちはだかっていた大西洋は、今や交通のリンクに一変した。その結果、新しい可能性が一挙に開花した。アメリカ大陸におけるヨーロッパの植民帝国主義、大西洋を横断しての生態学的および文化的な交流、ヨーロッパ経済の利益のためのアメリカ大陸の資源の開発、これまではアジアに有利に働きヨーロッパを相対的な貧困に留めてきた文明の富の平均化などである。一四九〇年代に固有のこの文脈を無視しては、その後の世界の歴史に関する正しい理解が得られるとはとうてい考えられない。

さて、大突破の成果の第二は、この時期の航海者により先導された諸ルートが、大西洋の風向きの暗号を解読したことである。北大西洋の風向きと海流がどのように働くかについて、ヨーロッパ人はかなり正確で広範な知識を身につけ始めていた。さらに注目すべきは、南大西洋の風向きのパターンについて彼らが習熟し始めたことだった。彼らは、南半球で大洋を横断する東南の貿易風を利用する手段と、赤道の南で世界を巡る強く速い西風のベルトに乗る手立てを発見した。その差し当たりの効果は、世界でもっとも裕福で忙しい交易の競争の場、すなわちインド洋海域への参入が可能になったことである。商人たちは、海運業をヨーロッパからインド洋へ切り替えることが初めて可能になり、目も眩むようなアジア内の貿易に海運業者として参加できるようになった。これは、近年の研究で明らかになり始めているように、喜望峰めぐりでポルトガルの船が行なっている香辛料の交易よりはるかに儲かる商売だった。そのほかの効果としては、東インド（インド、インドシナ、マライ諸島を含む地方の旧称）の香辛料の産地にヨーロッパ人が直接接触できることだった。ただしこれが全面的に実現するのは、太平洋への実用的なルートの開発も含めて、十七世紀以降のことになる。一四九〇年代の大突破は、一言で表現するなら集中した現象だった。その間に、ほんの五指に満たぬほどの航海で、大西洋は長距離文化伝達の潜在的な競技の場に変貌した。すべては、数世紀どころか一〇〇〇年にもおよぶまったくの無為無策の挙句のほんの七年ばかりの出来事だった。

では、いったいなにが一四九〇年代を「特殊」にしているのか？ 歴史家は概《おおむ》ねこの質問は聞こえぬふりをする傾向がある。時に技術が云々されることもある。しかし、この一〇年間に特筆される技術の突出は別に認められない。中国、大部分のイスラム諸国、南および東南アジア、さらには部分的にはポリネシア諸国と比較しても、ローマ・カトリック教会系のキリスト教圏は長距離航海ではまったくの準備不足だったらしい。コロンブスは、航海の計器類と海図の取り扱いで熟達を気取ったが、現実にはそれにはほど遠かった。彼はすべての海洋横断航海で四分儀を自分が乗るフラッグシップに据えつけたが、これは実用というよりはお飾りだったらしい。彼は実際にははるかに簡便な手段で緯度を測っていた。北極星の周囲の数個の星の移動により夜の長さを測り、これを二四時間から差し引いて日照時間を確定し、これを印刷された表に照らし合わせて自分の位置を読み取った。何故こんなことが判るかと言うと、彼が航海日誌に記録した緯度の間違いが、彼が使った表の現存しているコピーの中のミスプリントに対応しているからである。[2] 知られているかぎり、十六世紀もかなり経過した時点まで、四分儀またはアストロラーベで海上における自分の緯度を正確に計測できた航海者は皆無である。

一方、海図も大突破になんらかの役割を果たしたとはとても思えない。もちろんコロンブスは最初の大西洋横断航海で海図を用いた。彼も同僚指揮者のマルティン・アロンゾ・ピンソンもこれを大いに多用し、コロンブスの話によると、これに敬意を表して航路を変更したこともあったという。しかし、彼らが選んだルートに先例があったわけではない。したがって海図はすべて推測に過ぎない。当時のほかの航海者は、海図やその他の補助手段をそれほど信用してはいなかった。彼らが信用したのは原始的な天文航法だった。勘と経験でコースを判断し、太陽と北極星を肉眼で観察して自己の位置を算出する。地図作製と探検は互いに栄養にすべきプロセスである。しかし、探検者のほうは事実の認識面でかなり晩稲《おくて》だ。地図作製の専門家が探検に同行することが当たり前になるのは、十七世紀もかなり経過してのことだった。[3]

西ヨーロッパの人々の探検の才覚の説明について、前章で提示したさまざまな理由は、そのどれ一つとして一四九〇年代の大突破のタイミングの説明にはなっていない。もしこの地域の文化のなにかがそれに該当するならば、それは長い期間にわたり作動していたはずである。文化とは発作的に花開くものではない。ゆっくりと積み重なり、長く残るものである。国家間あるいはコミュニティ間の競合は、確かに一四九〇年代の出来事に一定の役割を演じた。大西洋に面したいくつかの港は、探検の果実の分け前をめぐって確かに大慌てで乱舞を演じた。またカスティリアとポルトガルとイングランドは、探検者たちが明らかにした開拓可能な土地をめぐって、確かにその権益確保に狂奔した。しかしライヴァル関係とは長い期間に跨るものである。一四九〇年代だけが異様に恵まれた一〇年間であったことを、それは特には説明していない。

さて、一四九〇年代の異常な実績をもっとも良好に説明している特徴――それが争う余地のない事実であることのメリットを少なくとも示している特徴――は、それが一四八〇年代に続く一〇年間だったことである。すなわち先行した一四八〇年代とは、大西洋の航海への投資家にとってきわめて報いの豊かな一〇年間だった。[4] 一四八一～二年のポルトガルの議会は、マデイラ島とポルト・サント島(いずれもマデイラ諸島)の管理体制を大いに称揚し、一四八〇年の単年度だけで「船首楼を備えた二〇艘の大型船とその他の四～五〇艘の中型船が主として砂糖を積荷として出港した。ほかの商品と船はこの勘定に入れていない。両島で収穫した物品の大いなる価値は賞賛に値する」と議決している。一四八二年、先述したように、アフリカの突出部の下辺に、サン・ホルヘ・ダ・ミーナの砦が築かれ、金の交易がポルトガル人の手に落ち、この間カーサ・ダ・ミーナにアフリカの交易が集中化された。それまでは、ポルトガルの大西洋探検への投資家は支出の回収に苦労する歳月が続いていたが、今では主としてリスボンのイタリア系銀行家のあいだで新しい事業の資金調達は様変わりに容易になっていた。

カスティリア王国の大西洋における困難に満ちた金食いの事業、カナリア諸島の征服は、騒乱が静まり砂糖の生産が軌道に乗るにつれて利益を生み始めた。一四八四年、グラン・カナリア島で最初のサトウキビ圧搾設備が稼動を開始した。コロンブスへの資金提供者は、全員が一つのことで共通していた。カナリア諸島の征服または商業的開発である。この頃、海外事業の中枢部で軍隊の派遣や資金の調達などを担当する部署に、アロンゾ・デ・キンタニーリャという男がいた。財務官僚だが、政策立案にもっとも影響力を振るっていた人物である。彼は、免罪符の売り上げからの収入が停滞して財政が危機に陥った一四八九年に、カナリア諸島経営の全責任を引き受けたらしい。彼は一連の手段を案出した。戦利品を抵当に入れたり、イタリアの資本家と合作するなどである。もう一方では後にクリストファー・コロンブスの航海の資金捻出に貢献するグループに渡りをつけるべく奔走していた。

キンタニーリャは、カナリア諸島の場合と同様に、「インド諸島の事業」でも援助の中心的役割を演じた。いずれのケースも資金提供の面で鍵となるのは、セビリヤのジェノヴァ出身の商人フランチェスコ・ピネリとフランチェスコ・ダ・リバロロだった。ピネリは、キンタニーリャと同様に長らくカナリア諸島の事業の資金捻出に関わっていた。一四八〇年三月以降、王家の名代として免罪符売上金の受領を管理していたからである。キンタニーリャの最初の個人的援助は、同年の四月に行なわれている。ピネリは、グラン・カナリア島の砂糖精製設備を取得し続け、ラパルマとテネリフェの征服者にも資金提供を続けた。一四九三年にインド諸島の交易が王家の独占事業として組織されると、ピネリはコロンブスの後援者としての役割により、同事業の最初の管理者の一人に任命された。

フランチェスコ・ダ・リバロロは、事業全体ではさらに大きな役割を演じたらしい。彼の娘婿は、グラン・カナリア島の事業では最大の出資者の一人だった。リバロロは、ラパルマとテネリフェの征服事業の金融にも個人的に参加し、同地域のもっとも裕福な商人にのし上がっていた。投下資金は砂糖と染料にほぼ集中していた。彼はコロンブスの頼みの綱であり、コロンブスはリバロロの家に住んでいたこともあり、第四次航海でも資金をリバロロに依存している。

セビリヤのコロンブスの世界の周辺で、ジェノヴァ人でない人間も、カナリア諸島征服の資金提供に手を染めている。たとえば、グスマン家の当主のメディナ・シドニア大公で、この人物をコロンブスは有力なパ

セビリヤ大聖堂の祭壇にしつらえられたセビリヤの市街の情景、
両端に聖フスタと聖リュフィナの像が見える。

トロンの一人とみなしていた。もう一人は、フィレンツェ人ジアノット・ベラルディである。ベラルディはコロンブスの最大の債権者の一人で、大西洋交易のもっとも初期の時代の立役者の一人でもあった。しかし、残りはほとんどジェノヴァ人である。コロンブスを援助しその航海に資金を提供した金融サークルでも事情は同じだった。カナリア諸島の制圧でも、後のアメリカ大陸の発見でも、資金面で後ろ盾となった人物像はある程度まで重複していたらしい。ジェノヴァ人がカスティリアのために大西洋で演じた役割は、その数年後にポルトガルのためにリスボンのフィレンツェ人が演じたそれとよく似ていた。[5]

この間、北大西洋では探検によりブリストルの商人は利益を享受していたらしい。デンマーク王家によるアイスランドとの交易の禁止により、北方の物品はブリストルの港の記録から消えていたが、一四八〇年代に入ると捕鯨の製品とセイウチの象牙がブリストルでは復活し始めた。先述したように、一四八一年に表面上は探検の目的の航海で塩が大量に運ばれたという事実は、その時点までに豊かな漁場がすでに発見されていることを示している。一四九〇年代の西ヨーロッパの極貧の経済においても更なる探検のために資金が用意されたことは、一四八〇年代の儲けがいかに大きかったかを物語っている。

証拠がないか、あるいは不適切なごく初期の推測の上での航海を除外するなら、一四九〇年代の四回の航海こそ絶対的に重要な探検と見なすことに誰も異議はあるまい。幕開けは一四九三年のコロンブスの二度の大西洋横断航海だった。最初のは甚だ有名な一四九二年の航海からの戻り旅、二度目のは東から西への往路の横断航海である。一四九二年の航海は世の大喝采をもって迎えられた。しかし一四九三年のそれは、重要性でははるかに優っていた。一四九二年にコロンブスがやったことは、ただやみくもに西に向かって進み、そのあげく何かにぶち当たったというだけのことである。そのルートは将来の太洋横断の航路の基準としては無価値だった。不必要に長大で苦労でいっぱいだ。しかし一四九三年には、彼は大西洋のど真ん中で実行可能な往還のルートを確定した。帆の時代を通じてこれに優るものはないというルートである。

大西洋大突破の旅でこれに続いたのが、一四九七年にブリストルから出発してニューファウンドランドに到達し、再びブリストルへ戻ってきたジョン・キャボットである。これは、春の変風の短期間に使える東風を用いて、海洋経由で北アメリカ大陸へ到達できるルートを確立したものだった。短期間の価値には疑問があったが、やがて近代初期の植民地運動の時代に入ると、「新ヨーロッパ」へのもっとも有効なルートとして大いに注目される将来性をはらんでいた。次に、やはり一四九七年に開始されたヴァスコ・ダ・ガマの最初のインドへの航海は、大西洋の東南貿易風の通路を横切りはるか南の西風に出会うルートを発見した。

一四九〇年代の最後の数年間は、いわゆるアンダルシア（スペイン南部）人の航海が、コロンブスによる新世界の大陸沿海部への断片的な探検とあいまって、さまざまな成果を拡大した時代だった。アンダルシア人の航海の最南端は、ブラジル海流に出会っている。一五〇〇年、ペドロ・アルバレス・カブラルは、ヴァスコが探検したルートで大西洋を深く南下し、ブラジルに突き当たっている。

以下、航海者それぞれの冒険について順に考察を進めていきたい。

コロンブス

コロンブスは、文献類の平凡な証拠に抵抗して各自の手前勝手なコロンブス像を描きたがる――ユダヤ人説、スペイン人説、スカンジナヴィア人説、さらにはスコットランド人説など百花繚乱――ミステリー小売商人を魅了してやまない対象だった。現実には、彼の出自について疑う余地は微塵もない。似たような社会的背景を備えた当時のどの人物よりも、彼の素性については研究が行き届いている。コロンブスはジェノヴァの機織工の息子で、家は大家族で騒々しくいつも経済的に切迫していた。この事実を認めなければ、彼を正しく理解したことにはならない。探検者になる動機づけがあったとすれば、社会的なチャンスが生まれながらに制限されている世界から脱出したいとする欲望だった。

コロンブスのように社会的な野心を秘めた若者にとって、それが叶えられる道は三つしかなかった。戦争と教会と海である。コロンブスは多分この三つすべてを視野に入れていた。社会については兄弟の一人が聖職者の道を選ぶことを期待していた。また、自分では「騎士の隊長になり、征服戦で活躍」することを夢見た。しかし、船乗りこそが自然な選択だった。ジェノヴァのように一方的に海洋志向の土地の若者なら尚更である。雇用の機会も儲かるチャンスもいくらでもあった。それに、前章で述べたような「海洋を背景にし

た騎士のロマンス」におそらく青年コロンブスは胸を躍らせていた

一四七〇年代、ジェノヴァの商家で砂糖の買い付け係として働くうちに、コロンブスは地中海東部と大西洋のアフリカ側の海域に対する知識を蓄積した。また、同じ資格でポルト・サント島をしばしば訪れ、エンリケ航海親王の世界から落穂を拾い、将来の妻に出会った。先述したように、親王の家臣の一人の娘である。また、コロンブスは一四七七年にブリテンとアイスランドを訪れ、一四八〇年代にはアフリカ大陸の沿岸を赤道から一度北の地点まで南下したことがあると触れ回っていた。しかし彼には誇張癖と誇大妄想の傾向があり、これを考慮に入れるならこの種の根拠のない――単独行動の――一方的な主張を受け入れる気にはとてもなれない。それでも西方の大海を横断する計画を立てた頃には、大西洋についての重要な二つの事実をすでに把握していた。カナリア諸島の緯度では東風が吹き、その北では西風が吹くという気象上の事実である。

彼の死後に紡がれたさまざまな伝説と、本人の一方的な主張を割り引くなら、彼が計画を立てるにいたったプロセスを再構築することが可能となる。一四八六年以前には、彼がなにか計画を胸に温めていたという確実な証拠はいっさいない。ほとんどの歴史家をこの年度をさらに早い時期に誘うのは、根拠を欠いた話への敬意のみである。また、本人自身の心でも計画が具体性を備えているわけではなかった。腕達者なセールスマンなら誰でもそうだが、彼は聞く側の気質に応じて話を変えた。新しい島を探したい、昔の文献に大西洋の遠方にあると出ている「未知の大陸」を発見したい、中国や東洋との儲かる商売ができる短いルートを探している、などである。歴史家たちはこの矛盾を解決しようとして迷路に陥った。しかし、コロンブスが提示した目的地の「ミステリー」に対する解決はごく単純だった。彼はこれを相手によって気まぐれに変えた。それだけの話である。ほとんどの歴史家が彼に奉った「確固とした一貫性」という褒め言葉は、彼本人がでっち上げ、初期の伝記作者たちが有難がった神話に過ぎない。意志強固という伝承のコロンブス像はいったん解体して作り直す必要があると筆者は声を大にして主張したい。

コロンブスにとっての真の問題は、どこを目指すかではなく、どこかに本当に到達できるかどうかだった。彼はパトロンになってくれそうな王族との交渉で、貴族としての地位と法外な報奨金を求めた。しかし一四八〇年代の終わり頃、パトロンを求めての交渉は容易には進展しない。その原因はとてつもない要求だけにあるのではなかった。彼が提示する構想は、いずれも専門家の目には投資の価値があるとは見えなかった。なるほど、大西洋に新しい島々が存在しても不思議ではない。現に今までにも多くが発見されている。とすれば、ほかにもまだ多くの島が発見を待っていると考えても理性に反するわけではない。しかし、カナリア諸島やアゾーレス諸島より遠い新しい島は、開拓しても得になるか甚だ疑問。砂糖など需要が旺盛な産物の栽培に適していると仮定してもだ。地理学者がアンティポティーズ（対蹠地《たいせきち》）と呼ぶ未知の大陸を発見できる可能性はごく低いと見られた。古代以来の伝承地理学もそれを否定している。たとえそれが存在するとしても、アジアや東方の豊かな海域へ通ずる新ルートを開拓した探検に比較して、どれほどの値打ちがあるのか雲を摑むような話だ。最後に、船が大西洋を横断してアジアに到達できるという考え方は絶対に不可能とされた。世界は大きすぎる。前三世紀のギリシアのエラトステネス以来、西方の学者は世界がどれほど大きいかをほぼ承知している。アジアは、西方のルートではヨーロッパからはいかにも遠い。乗り越えるべき海がまだ数千マイルも残っているのに、糧食は尽き飲み水は腐ってしまう……。

一方、一四七〇年代から一四八〇年代にかけて、エラトステネスの計測は間違いで、地球は今まで考えられていたより小さい可能性があると主張する一派が、専門家の中に少数ながら出現した。フィレンツェの人文学者パオロ・デル・ポッゾ・トスカネッリは、ポルトガルの宮廷に書簡を送り、大西洋経由で中国に到達する試みを促した。一四九二年に現存する世界最古の地球儀を製作したニュルンベルク（ドイツ）の宇宙《コスモ》形態学者《グラファー》マルティン・ビーハイムも同じ考えのグループの一人だった。フランチェスコ修道会の天文学者でカスティリアの宮廷で傑出し、後にコロンブスの最良の友人／支持者の一人となるアントニオ・デ・マルケナ師も同じ意見だった。

以上のようなことで、一四九二年にはコロンブスは注目の的となり、彼が中国への遠征隊を指揮すると広く認識され始めた。コロンブスは世界は小さいという証拠を求めて広く地理学の書を漁り、資料の多くを誤読／曲解することでとんでもなく小さめの結論に到達した。地球は本当は考えられているより少なくとも二〇パーセントは小さいというものである。アジアの東端の位置に関する評価は昔から間違いだらけともコロンブスは考えた。そこで、スペインからアジアの東の縁までは「数日の航海で」到達するはずとの結論にいたった。

多くの紆余曲折の挙句に彼がようやく売り込みに成功した計画は、「中国を目的地に西方へ航海し、可能ならばチパング（日本）で旅を終える」というものだった。当時この地の人々は日本のことをチパングと呼び、マルコ・ポーロはその位置を誇張して「中国の彼方一五〇〇マイルほどの大海の中」としていた。最終的にコロンブスに航海の許可を与えたパトロンたちは彼を信用していたのだろうか？　アラゴンとカスティリアの王と女王であるフェルナンドとイサベラが、コロンブスと同じ空想をめぐらしたとする文献上の記録はいっさいない。彼に託された使命には「大海の中の島々と大陸」とあるだけだ。王と女王は曖昧に「われらがもっとも親しき友である大公殿下」に宛てた書簡を彼に預けた。コロンブスはこれを中国の支配者に奉りたいと堅く心に決めた。しかし両君主は、大西洋の探検の結果としてポルトガルが得る利益については、大いに貪欲だった。ポルトガルは、サハラ砂漠以遠で産する金についてはすでに利権を確保し、インド洋海域へのルートについても着々と調査を進めていた。一方カスティリアは、カナリア諸島以遠では新しい資源をまだなにも手にしていない。コロンブスの計画で王と女王には直接的な資金負担はいっさい発生しないことが明らかになると(コロンブスの資金要請に応えるため、イサベラ女王が宝石類を質に入れたという昔ながらの言い伝えはまったくのお伽話)、コロンブスの航海に邪魔立てする理由はなにもない。駄目でもともと、高みの見物を決め込むだけで事は済む。

出発する港をコロンブスはパロスと決めた。この地を彼はよく知っている。友人も支援者も多い。特に海運業の大立者で知られるヤニェス・ピンソン兄弟——マルティンとヴィンセンテ——が船員を募り、船二艘を用立て、三艘の船隊を組むことに尽力してくれた。しかもマルティンは、コロンブスと同格の船長として最初の大西洋横断に加わることになった。

事業の成功にとってパロス港の選択よりも重要なことは、カナリア諸島を経由して航海するというコロンブスの決定だった。その理由の一つはしごく単純なことだった。当時のほとんどの世界地図には、中国の主要な港である広州がカナリア諸島と同じ緯度に位置している。しかし、これより重要なもう一つの理由があった。風向きである。カナリア諸島は、北東の貿易風の通路を斜めに横切れば直ちに近接できる海流の通路に位置している。風を背に受けて航海する勇気を備えた航海者にとって、あるいは、往路は追い風だが帰路も追い風になる別のルートを発見できる可能性がある知識を備えた航海者にとって、カナリア諸島を経由するルートは、西方への抵抗しがたい高速の通路と映った。

貿易風の通路をずばり横切ることは、実に怖いことだった。その横幅がどれほどあるのか、その向こうになにがあるのか、確かなことは誰も知らない。その怪しい空間は地図では空白になっているだけ。あるいは、想像上の島がちらほら出ているか、地図製作者の想像力に基づく伝説の陸地が居座ったりしている。この分野は百花繚乱だ。不当に均衡に欠けている地球という惑星の形状に秩序を回復するため、地球の「暗黒側」に置かれたアンティポディーズ――対蹠地――という未知の陸地、ヘラクレスの苦行の一つであるヘスペリディーズの園、再浮上したアトランティス大陸、あるいは中世神話のアンティリア大陸などである。

コロンブスは、パトロンになる可能性があるヨーロッパのいくつかの宮廷を「巡業」して、自分の考えを広める劇を上演して回った。あるいは、少なくともそれをやったと触れ回った。しかし、カナリア諸島を経由する必要性からカスティリアの王家にとって価値が高いことが次第に明らかになってきた。十五世紀に入ると、この島々を獲得したことがカスティリアの王家との接触が不可欠となる。まず、ヨーロッパで需要が急上昇しつつある奴隷と染料をもたらす。一四五〇年代以降は、近くのマデイラ島でブームとなった砂糖産業が、この種の事業の模範を示した。グラン・カナリア島、ラパルマ島、テネリフェ島など灌漑に適した土壌では事業が大成功する希望が持てる……。特にきっかけとなったのは金《きん》である。一四六〇年のエンリケ航海親王の没後、手付かずで放置されていた探検の権利をポルトガルの商業資本が一四七〇年代に取得すると、アフリカ西部の産金地帯を探検するレースが熱を帯びてきた。カスティリアのフェルナンド五世は――祐筆の一人によると――カナリア諸島を「エチオピアの金鉱山」に通ずる鍵と考えていた。一四七七年十月、カスティリア王はそれまでペラーザ家に伝えられていた権利を取得した。征服を完成させるための戦いは、多くの血を流し多大な財産を食い尽くした挙句、テネリフェ島の最終的な制圧をもって一四九六年に終息した。しかし、コロンブスの事業が開始する時点では、カナリア諸島の大部分はカスティリアの権力のもとで良好な治安が保たれていた。

カナリア諸島は、そのほかの意味でもコロンブスの事業にとって決定的に重要な役割を担った。彼が一四九二年九月六日に船出したサン・セバスチアン・デ・ラ・ゴメラの港は、彼の目的に大いに適していた。ここからさらに西には好適な水深を備えた港はない。大西洋に彼を押し出してくれる北東の貿易風の通路に、この諸島より近い島もない。コロンブスがここを使い始めたのは、一四八八～九年の原住民の反乱が制圧され、治安が確立されたばかりの時点だった。反乱の制圧により、島の統治権はゴメラの総督の未亡人ドーニャ・ベアトリス・デ・ボバディリャの手に移っていた。彼女は多分一四八六年にコルドバでコロンブスと会っている。ついでながら、彼女はコロンブスの心に愛情をかきたてたとされている。

ここで指摘しておきたいが、カナリア諸島は、コロンブスを惹き付けたのと同じ理由で、大西洋の歴史に、したがって世界の歴史においても戦略的に重要な拠点であり続けた。帆船の時代全体を通じて、大西洋の風向きの系統の中心に位置するカナリア諸島は、カリブ海周辺の富に対してスペインに特権的な立地条件を与え続けた。ここには新世界の富の多くが集中している。さらに中央アメリカとメキシコにおいては、ペルーの資源に対する出発点となる太平洋側の港と、太平洋全域のミッション活動の前衛拠点でもあった。カナリア諸島は、十七世紀のスペイン王の評価では「朕のもっとも重要な所有物。ここからインド諸島へずばり直接にアプローチできる」となる。ほかの探検者が挫折した海域で、コロンブスは成功した。カスティリア帝国の支援を後ろ盾に船出し、風向きの秘密の鍵を解くカナリア諸島を経由する最良のルートをたどり、開拓を待つ心躍る陸地へ導く風向きのコースに乗ることができたからである。

コロンブス本人も、彼の初期の伝記作者も述べていることだが、航海の往路において、コロンブスと決意を分かち合う人間はいなかった。無知で恐怖に駆られ反乱を策する船員とは始終争った。これに確かな証拠があるわけではない。しかし、船員の一部が「俺たちは命を危険にさらし、船長だけが王様のようにふんぞり返っているのは納得できない」と憤慨した話には、真実の響きがある。少なくともこれにはコロンブスの動機づけについて、なにごとかを物語っている。コロンブスは孤立する不安と、周囲の人間の背信行為へのほとんど妄想症に近い恐怖心の餌食になっていた。彼一人が「外部の人間」だった。人種的忠誠心で二つに分断された船員グループからはじき出された「よそ者」である。バスク人は団結して反乱の気配をちらつかせた。パロスの連中はピンソン家に忠誠を誓っている。十月の最初の一〇日間は、陸地がまったく見えないことが全員の心に暗くのしかかった。コロンブスの戦略は、どこか陸地に到達するまでとにかく西へ直行することだった。しかし、実際には意図したコースから少し南へ逸れていたらしい。理由は風圧量の計算の難しさと、磁気偏差である。後者についてはコロンブスも気づいてはいたが、これを調整する手段がわからなかった。これに加え、航海の終わりに近く彼は航路を少し南西に修正した。海図によれば日本は現在のコースより南にあること、あるいは飛ぶ鳥や雲の形状に対応したことがその理由と考えられる。船乗りが頼りにするこれらの自然現象は、大海のど真ん中では出現しないものである。

以上の理由により、彼がたどったコースを絶対の自信を持って再構築することはできない。したがって、一四九二年十月十二日の彼の陸地初認が正確にどこで起きたのか、私たちには知る術がない。場所や航路に関する彼の記述は概してあまりにも曖昧で矛盾だらけなので、とても信用するわけにはいかない。彼の旅の記録はきわめて想像力にあふれている――ほとんど詩的――ので、これを字義通りに受け取る読者は、意味を理解することとの格闘で疲れ果てることになる。彼がカリブ海に達した時に手を触れた最初の島に関して確かなことのすべては、それが小さくて、平らで、肥沃で、水溜りが随所にあり、大部分が珊瑚礁に囲まれていて、中央あたりにコロンブスの表現では潟湖があり、東側に砂嘴が出ていることである。天然の良港という響きである。これがバハマ諸島かタークス諸島かカイコス諸島のいずれかの島であっても別に不思議ではない。彼はこれにサン・サルバドル島と命名した。現在ワットリング島と呼ばれている島は、彼の記述にはマッチしているほうである。

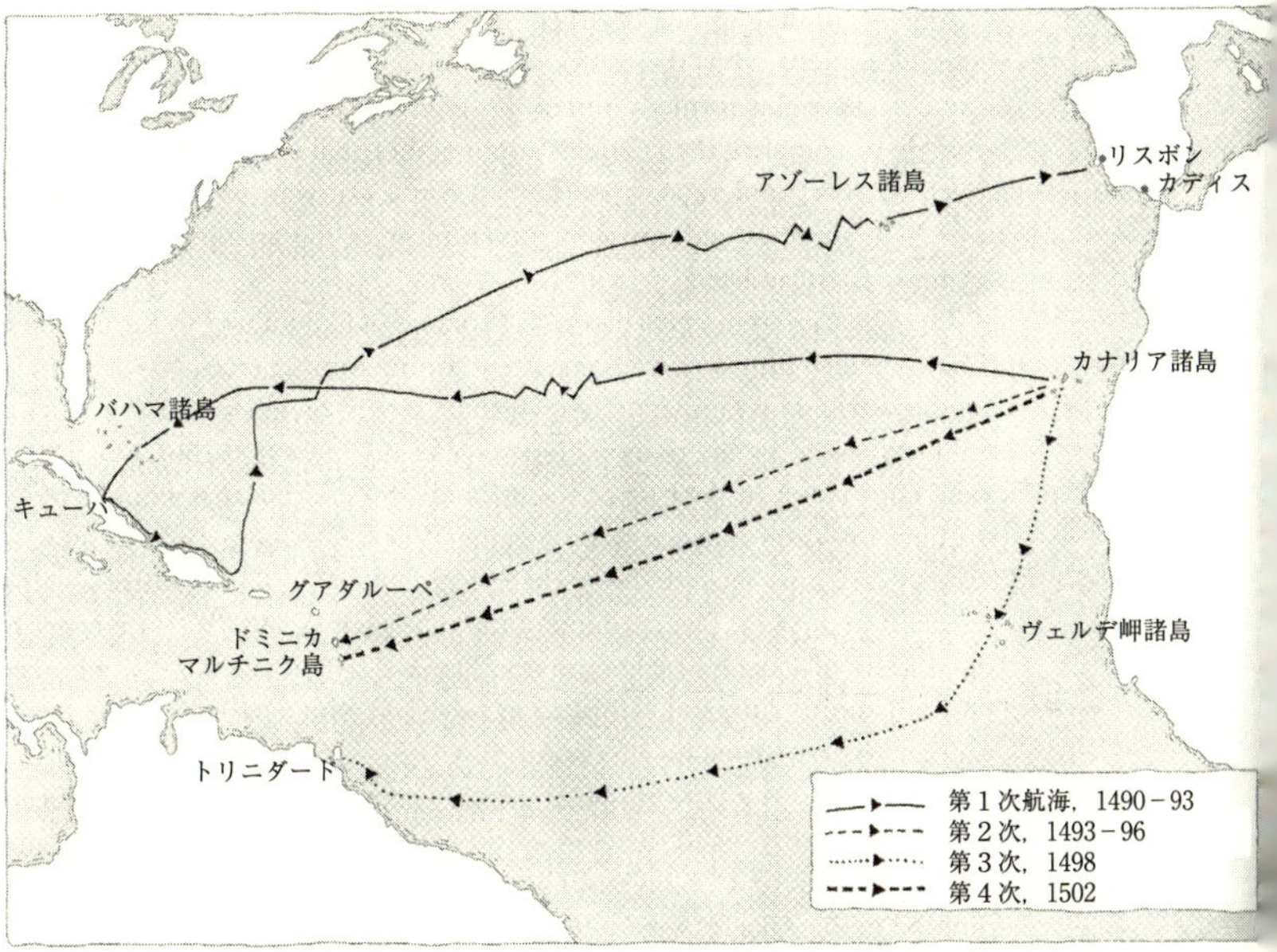

クリストファー・コロンブスのアメリカ大陸への航海ルート

残っている資料から判断すると、コロンブスにもっとも強い印象を与えたのは原住民だったらしい。これは彼自身の優先順位を必ずしも反映してはいない。彼の最初の伝記作者は、最初の航海にもっぱら焦点を絞り、特に新世界の「インディアン」にこの人物は熱狂した。彼はこれに関連する事項を主として選択し、そうでないものは多く捨てたらしい。この両者の対話は概ね次の四つのテーマに絞られている。

その一は、彼が目にした人々の裸体をコロンブスが強調している点である。当時の読者は、この人々を「自然人」と理解したはずである。合法的な政治機関を持ってはいないが、善良な性格の人々。古典に傾倒する人文主義者にとっては、裸体は古代詩人が「黄金の時代」と関連づけた一種の森林の無垢を体現している。コロニーに対するもっとも強力な宗教的影響の源泉であったフランチェスコ修道会の人々にとっては、裸体とは神への依存の印であった。裸体とは、聖フランチェスコ自身が自らの使命を神に向かって示した状態でもあった。

その二は、カナリア諸島の島民、黒人、およびこの地上でまだ探検の手が伸びていない地域に生息していると広く信じられている人間そっくりのモンスターに、コロンブスがこの島の住民をしつこく比較していることである。この比較の目的は、住民がどの種族に似ているかを伝えることではなく、人間の原則を確認することにあった。すなわち、この島の住民はほぼ同じ緯度に居住している他の人間と比較可能であり、アリストテレスの定義にも合致している。言い換えるなら、彼らは身体的に正常であり、モンスターではなく、したがって——中世後期の心理学の基準では——完璧に合理的な人間である。これにより彼らはキリスト教への帰依の可能性がある種族としてその資格を認められたことになる。

その三は、コロンブスが彼らの性格の生来の善良さを主張したことである。彼は島民の倫理像をこう伝えている。「無垢で、争いを好まず、物質的な欲望で汚されていない。むしろ、貧しさにより浄化されている。自然崇拝の気配が若干感ぜられるが、これが偶像崇拝など不自然な道を目指すとは考えにくい」。つまり、コロンブスの「インディアン」は、キリスト教徒の道徳的模範ということになる。この点、中世の文学——特にフランチェスコ修道会や人文主義の作家による作品——に頻出する異教徒の長大なリストとは極めて対照的だった。

最後に、この島の土着の人々が商業の対象になり得る証拠をコロンブスが求めていたことである。一見してこれは彼らの道徳的資質に対する賞讃とは矛盾している。しかし、彼の観察の多くは互いに相反する二つの結果をもたらした。争いを好まないことは、善良の証明であると同時に、容易に征服できることでもあった。裸体は確かにのどかで牧歌的だ。だが疑い深い人間にとっては、それは野蛮さと動物に等しい下劣さにつながる。取り引きの上での未熟さは、穢れを知らない純真さと同時にだまされやすいことを示している。合理的なものの考え方は人間としての資質でもあり、同時に奴隷として扱いやすいことでもある。コロンブスの態度は曖昧だったが、この裏表の二面性を使い分けるという性質のものではなかった。彼の心はこの裏表の二面性で千々に乱れた。

コロンブスは、十月十五日から二十三日までの日々を、小さな島々を踏査することで過ごした。土着の人々への観察を積み重ねた結果、彼らはすでにかなり文明化している、あるいは少なくとも、かなり抜け目ないと感じた。あるいはそう自分に思い込ませた。ある場所では、彼らは取り引きを自分に有利に運ぶ術を知っていた。別の場所では、女たちは簡単な絵柄の衣服を身にまとっていた。小奇麗で清潔に保たれている家も目についた。身振りまたは相手の表情などでなんとか判ったことは、この島々は王を頂点とした政治組織体で運営されているらしいことだった。私たちはカリブ海の地図で今日この島々を指差すことはできないが、コロンブスの心の中ではこの島々は重要な位置を占めようとしていた。順番に並んでいて、その彼方には「利益が上がるに違いない」土地がどっしりと存在している。コロンブスの妄想の中では、十月十七日に自分に伝えられた黄金の最初の大きな一塊は、誰かこの島の偉大な君主の像をつたえるコインになっていた。

こうして次第に高まる期待は、自然界に対するコロンブスの知覚にも影響を与えたらしい。存在するはずがない雑種の植物を見たと主張した。コショウボクもどっさり目にした。しかし実際はそんなものは一本も生えてはいない。染料、薬種、香辛料などについても口にした。しかし自分には判別する術がないと認めた。タバコの木には実際に出会った――「インディアンたちはその葉を非常に珍重している」。最初はそれがなにかよく判らなかった。コロンブスは、土地のガイドを誘拐するからうまく誘い出し、自分の船に同乗させて近くのカリブ海を見て回った。島々はカヌー船の交易でつながっていた。土地の船乗りは完璧な海図を頭の中に備えていて、後の航海では豆粒や小石を並べてコロンブスにその配置を説明した。[6]

コロンブスは、少なくとも自分の頭の中では、文明化された土地と利益の上がる交易に近づいていた。十月二十四日にキューバ島に近接すると、日本か中国をついに発見したと思った。思いがそこに及ぶと、彼は現実とは関係のない曖昧な記述に閉じこもった。すべては甘く美しい夢物語に終始した。しかし、この島の土着の人々がいかにも貧しく、とても交易の相手にならないことが次第に明らかになると、コロンブスは自分の仕事を正当化するもう一つの手段として、この人々への福音伝道を唱え始めた。無垢な人々が集まってくる清らかな教会の幻が彼の目にちらついた。一方、市場価値のある商品が見つからないことの埋め合わせに、この土地の原住民を奴隷にするという考えにも始終突き動かされた。これがまさにコロンブスの本質だった。両立しない二つの考えを同時に抱いても、いっこう気にならない。

キューバ島に落胆したコロンブスは、この島を離れようとした。船出を数回試みたが、いずれも風向きが悪く失敗した。しかし、マルティン・ピンソンの船は自力で脱出に成功し、この副長格の男とは探検があらかた終わるまで連絡が取れないままだった。型通りにコロンブスはピンソンを疑った。俺を裏切り自分の儲けに走りやがった……。十二月四日、コロンブスはようやくキューバ島を脱出し、イスパニョラ島に漂着した。さて、ここで彼を捉えた熱っぽい心理状態を理解するには、想像力の大ジャンプが求められる。故郷から数千マイルも離れた大海で孤立している。わけの判らない危険に繰り返しつぶされかける。環境にはまったく馴染めない。読書や経験はコロンブスにも船員にもなんの役にも立たない。連れてきた原住民のガイドのおしゃべりや身振りもさっぱり意が通じない。こんな状況で人の心理はどんな状態に陥るか？　たとえば、人食い人種が自分たちの跡をつけているという原住民の話をコロンブスは最初は笑い飛ばしたが（この話は大筋としては本当だったらしい）、二週間もたたぬうちに、さらに奇怪な幻想をコロンブスは抱き始める。

アマゾン女と禿頭の男ばかりがそれぞれ住んでいる島のこと、悪魔サタンが怒って「航海の邪魔をしようとしている」話、伝説のプレスター・ジョン（中世にアジアの奥深くに住み、西方への十字軍を計画したという強大なキリスト教国家の王）が近くにいるとの幻覚などである。

まだマルティン・ピンソンとの連絡が取れていないクリスマス・イヴのこと、彼の本船が岸に座礁した。これでコロンブスは帰国する決心を固めた。運の尽きた船の木材で砦をつくり、船員三〇名をこれに駐屯させた。一月十五日、追い風に乗じて船を出した。不思議なことだが、最初は東南に航路を設定した。しかし、当初からの計画どおりに早々と北方を目指し、以前から馴染みの西風を求めて海を這うように進んだ。しばらく穏やかな航海が続くが、二月十四日に状況は一変し、暴風雨に突っ込んだ。これが彼に強烈な宗教的経験を呼び起こした。その後コロンブスは人生の危機に出会うたびに同じ感情に出会うが、その長い一連の経験の第一回目だった。彼は「神に選ばれてある」との感覚を表現した。それは今日では狂気の兆候とも受け取られかねないほど激越な表現だった。神は聖なる目的のためにわが命を救い給いぬ。神は吾を取り巻く数多の敵から吾を救い給いぬ。「神は吾の中にて、また吾を通して数多の驚異を演じ給いぬ」。アゾーレス諸島に難を避けて後、奇跡の生還で自らを祝福しつつ、彼はリスボン経由で帰国した。リスボンではポルトガル王に三度の謁見を賜わった。前例のないことで、多くの人がコロンブスの真意を怪しんだ。嵐で彼と別行動になったマルティン・ピンソンもほぼ同じ時期に帰着したが、航海の疲労でやつれ果てていた。ピンソンは、王に報告書を提出することもかなわぬままに死亡した。コロンブスがこれを提出したことは言うまでもない。

コロンブスの仕事について評価は分かれた。宮廷のある宇宙形態学者はこれを「人間を超えた神の航海」と激賞した。しかし、コロンブスの考えを支持する論者は寥々たるものだった。彼はアジアに到達するか、あるいはこれに近づいたと主張した。王が彼に約束した報酬は、彼が王との約束を果したかどうかにかかっている。しかし、専門家のほとんどは「彼は明らかにアジアに到達していないし、これに近づいてもいない。世界はそれよりずっと大きい」というものだった。「彼はひょっとしたらアンティポディーズとかいう対蹠地にぶちあたったのではなかろうか」という意見も出た。多くの地理学者はこれに大喜びした。その一人はこう書いている。「気を引き立てるがよい！　なんと幸多き事業かな！　吾らの両国王陛下のご庇護の下にて、世の最初の創造以来隠されてきたものが明らかになりつつあるとは！」。大方の意見は「コロンブスは、カナリア諸島のような大西洋の島嶼に行き着いたらしい」というところに落ち着いた。彼の土産物の多くはエキゾチックな誘惑に満ちていた。連れてきた土着民、オウム、これまで知られていない植物の標本などである。しかし、開発の可能性はまったく感ぜられない。だがコロンブスは、物々交換で土着民から入手した少量の金《きん》も所持していた。彼はこれの産地の近くまで行ったと主張した。王の観点からは、これだけでももう一度航海する値打ちが充分にあった。

コロンブスの今回の航海のコースは、前回のコースよりはるか南の小アンティル諸島のドミニカを目指すものだった。大西洋横断では最短最速のルートのはずだった。しかしカリブ海へ戻ったとたんに、彼の発見の構想は音をたてて崩壊する。まず、人食い人種の話は本当だった。コロンブスがグアダルーペと命名した島で人食い祭りの無残な宴の後を発見した。しかし恐怖はこれに止まらない。イスパニョラ島に到着すると、前回この地に残してきた駐屯地の要員は、土着民により皆殺しにされていた。無害の御し易い「インディアン」にとっては大仕事だったに違いない。入植地の立て直しを図ると、彼が健康には理想的と賞讃した気候はその真反対と判明した。部下の船員たちは最初は眉をひそめるだけだったが、やがて反抗の気配を示し始めた。後の作り話かもしれないが、こんな報告も寄せられた。「夜になると気味の悪い啜り泣きが聞こえ、頭のない人間が通りを行進し、飢えた入植者に薄気味悪い挨拶をおくる」。

こんな手に負えない問題や怖い話が次々に起きると、コロンブスの心は萎えた。島の総督という報いの薄い役目を放棄し、自分が熟知している気に入りの仕事に専念した。さらに探検を進めることである。四月二十四日、コロンブスは二つの目的で船出した。第一はさらに金の埋蔵を確かめること。第二はキューバ島がアジア本土の一部であることを証明することである。しかしいずれの目的も達成できない。ジャマイカ島とキューバ島のあいだの浅瀬や珊瑚礁を縫っての困難な航海が数週間も続くと、イスパニョラ島での不首尾で生じた精神的な緊張が限界を超え、心身ともに疲労困憊の状態に陥っていた。後にこの時期のことを思い起こすたびに、眠れなくなり目が「真っ赤に充血した」と伝えられている。彼は総督としての職務を放棄し、世界を一周し、カリカット（現インド南部）と聖墓（キリスト）を経由して帰国したいなどと語っていた。

コロンブスは、キューバがアジアの一部であるという証拠には、どんな法外なものでもすぐにとびついた。土地の名がマルコ・ポーロに出てくる地名に似ているからキューバはアジア、グリフィン——胴体はライオンで頭と翼はワシ——の足跡を見たからキューバはアジアなどである。キューバ島の海岸部で三週間以上が経過すると、彼は船の記録係を呼び寄せ、違反すると巨額の罰金を支払うか舌を抜かれる罰則付きの条件で、全員から以下の同意／誓約書を取るよう命じた。「キューバは本土であること、この大きさの島は今まで発見されていないこと、さらに航海すれば中国人に出会うこと」。船長に疑義を呈する船員はまずいなかった。理由の第一は、これに同意しても明らかに無価値なこと、第二は船長は苛酷な経験を経ているので、理性の判断の埒外にいることだった。イスパニョラ島に戻っても状況はまったく改善されていなかった。一四九六年三月にスペインへ戻る前、彼が最後に行なった探検は、イスパニョラ島をうろつくことだった。行く先々のあらゆる土着のコミュニティに、口汚く服従を強要してまわった。

キャボット

その頃、大西洋の大突破に貢献する次の探検者はイングランドにいて、北方の緯度で大海を横断するための資金集めに奔走していた。時はあたかもイングランドやデンマークの交易者や海賊が北大西洋での活動に本腰を入れようとしていた時代だった。昔ながらの物産――クジラ、セイウチの牙、アイスランドの奴隷――は、グリーンランドでの交易が不調になっても、[7] 商人の注目を相変わらず引き付けていた。イングランドとデンマークは、アイスランドでの商権をめぐって衝突し、デンマーク王はこの地からイングランドの商人を締め出そうとし、一四七〇年代に入るとますますその力を強め始めた。これと同時期にハンザ同盟――バルト海および北海の沿海部で繁栄しているいくつかの都市共和国の連合体――により北方の多くの港からも締め出されたブリストルの商人は、そのエネルギーのはけ口を必要としていた。

したがって、一四八〇年代は時に応じて、一四九〇年代になると多分定期的に、ブリストルの港からは新しい島々を求めて遠征隊が船出した。今日のイギリスにおいてもブリストルは独特の土地柄で、コンミューン――町の自治体――が大きな権限を有し、ルネサンス期のイタリアの都市共和国、あるいは古代ギリシアの都市国家のような独自性を誇っていた。十五世紀末の時点でブリストルはイングランド第二の都市だった。この町の商人の富は、巨大で壮麗な教会の数々を町にもたらした。海運業の建立に関わるセント・メアリー・レドクリフ教会は、今でもイギリス諸島最大の教区教会で、これは一四四五年の暴風雨で倒壊した同教会を自力で再建したブリストル一の商家ケイニンジェス一族の財力のおかげとされている。ブリストルの造船所は、当時の世界最大の船を海に送り出していた。一四八〇年代における北大西洋の産物のブリストルへの輸入の急増は、この種の船舶による北大西洋交易の復活を反映している。しかし、その一部は商業以外

ブリストルの海運業が建立したセント・メアリー・レドクリフ教会、1829年の銅版画より、作者不詳

の航海と推測される。彼らは探検事業——「探して見つける」——を明確に意識していた。[8] ブリストルの人々はその目的に「ブラジル」と名づけた。中世後期の海図の多くはこの推定上の陸地を掲載はしているが、その位置についてはすべてが合意してはいない。

ブリストルの航海者たちは、一体どこまで船足を伸ばしていたのか？　一四八一年の航海では大量の塩を運んでいる。これは、ニューファウンドランド島沖のタラ漁向けとの推測が成り立つ。スペインのスパイだった某商人——イギリスの二重スパイという説もある——は、一四九七年にコロンブスに手紙を出し、「貴殿もご承知の通りブラジルを発見され」とか「過去にはニューファウンドランドにも足跡を印せられ」云々と述べている。しかし、疑う余地のない大西洋横断を最初にやり遂げたのは、ジョン・キャボットというヴェネチアの市民（ジェノヴァ生まれとの説もある）だった。この男は、コロンブスが帰還してしばらく後に、海洋横断のプロジェクトを胸に秘めてブリストルへ渡ってきた。

キャボットはこう考えた。「コロンブスが北緯二八度あたりで大西洋を横切り、アジアか、あるいはどこかきちんとした目的地に到達したとすれば、そこは地球の横幅が比較的に大きい海域だ。それより北で横切るなら、距離はかなり短縮されるはず」。そこで彼はブリストルの商人グループとロンドンの英国王に、この意図による航海を断行する権利と手段をしつこく求めた。一四九六年、当時の駐英スペイン大使は本国にこう報告している。「コロンブスに似た人物が、インド諸島の探検に類似した計画を提案しております」。ミラノ大使によれば、この人物の目的地は「本人がチパンゴと呼ぶ島嶼で、……世界中の香辛料も宝石類もここにその起源があると同人は信じている様子でございます」。同年三月、英国王ヘンリー七世は、キャボットらが発見するであろう土地に対する支配権をキャボット親子に与えた。ただし次の条件がついた。「その土地がそれまでいかなるキリスト教徒にも知られていないこと、さらには他のキリスト教徒の王がその土地に支配権を主張していないこと」。しかし厳密に言うならこれは意味のない条件だった。相手がキリスト教徒であろうとなかろうと、ヘンリー七世には他人の土地をどうこうする権利などなかったからである。

キャボットは、関係者すべてが「小さい船」と呼んだもので船出した。一四九七年の五月二十日から八月六日までのあいだに、後の本人の推測によると、アイルランドのドーセー岬とガロンヌ川の河口（フランス南部）の緯度に相当する距離で一続きの海岸線を探検したという。これはほぼ北緯四六度と五一度のあいだを意味する。いったん押し戻されるが、再び同じ海岸線を逆にたどったという。彼はニューファウンドランドの東岸の全長を南下して北上したことになる。これで概ね意味が通ずる。船がニューファウンドランド島の南端あたりに到達すると、逆方向の海流に押し戻されるからだ。キャボットはこう主張した。「七〇〇リーグ（約三四〇〇キロ）前方に本土を発見した。偉大なるカーンの国である」。ほかにもタラなどの豊かな漁業資源を報告し、エキゾチックな植物相の近くでログウッド（染料の原料）や絹の産出の可能性を付言した。それから数年後の同僚のヴェネチア人バスカル・パスカリーノの話によると、キャボットは王から下賜された報奨金一〇ポンドをきらびやかな服装に投じ、もっぱら騎士気取りで振る舞ったという。島々の支配権はジェノヴァの床屋を含む船員一同に気前よく約束した。

英国王は今やキャボットの事業への投資家になり、ブリストル港の関税収入から二〇ポンドを彼の次の航海の費用として寄付し、最高で六艘の船を調達する権限を彼に与え、その船の費用として少なくとも二二ポンド一六シリングの予算を計上し、船員の新規雇い入れにも力を貸した。ロンドンの年代記作者によると、ロンドンの商人たちも資金調達に色気を示した。しかし、キャボットの資金の支えは、特に最初の航海に関するかぎり、ブリストルの商人グループが大半を担ったらしい。つまるところ、野心を抱く船乗りがブリストルを目指すのも、これがその理由だった。世代が一つ下ると、ブリストルの著名な商家の一つソーン家の当主はこう広言した。「自分は、探検への衝動を父親と、ニューファウンドランドの発見者であるもう一人のブリストルの商人ヒュー・エリオット氏から引き継いだ」[9]。ブラジルを志向する投資家の多くは、キャボットが資金を引き出した投資家層と明らかに重なっていた。

キャボットは、次の航海で、船出した五艘の船のうちの四艘と共に、再び姿を見せることはなかった。最後の一艘は暴風雨でぼろぼろになってアイルランドに戻ってきた。イングランドが宮廷歴史家として雇ったイタリアの人文学者ポリドール・ヴェルジルはこうコメントしている。「キャボット氏は、大海の海底以外には、どこにおいても新しい陸地を見つけることはできなかったと信ぜられている」。しかし、キャボットの奮闘は結果として不毛に終わったのではなかった。それはポルトガルとブリストルそれぞれの航海者に、時にはその共同事業に引き継がれた。その結果、一五〇二年までには、ハドソン海峡からノヴァスコシア州の南端に至る沿海部の大部分のことが明らかになっていた。しかし、この地域の探検に対する物質的報酬は微々たるものだったらしい。これに続く三〜四〇年間の大部分において、キャボットの跡を継ぐ努力は寥々たるままに推移した。コロンブスのほうがはるかに豊饒な結果を残していた。一方、この間、南大西洋におけるポルトガルの航海者の頑張りの結果、きわめて魅惑的な経済上の見通しが開けようとしていた。

ダ・ガマ

一四八七年の夏、バルトロメオ・ディアスは三艘の船隊でリスボンを出港した。目的はアフリカをぐるりと回るルートの発見である。初めはディオゴ・サンの沿海部をたどるルート[10]に従うが、やがて大いなる勇気をもって岸から離れた。北緯二七または二八度あたりと考えられる。東南の卓越風を使って大海に乗り出し、順風を見つけることが当面の意図である。こうしてディアスは西風にめぐり合い、喜望峰の東三〇〇マイル（四八〇キロ）あたりで陸地を視認した。今日のモーセルベイである。これは南大西洋の風の流れを知る上で大きな貢献だった。ディアスはさらにカーボ・パドローネ（フィッシュ・ポイント）まで足を伸ばし、その後帰路についた。この遠征はきわめて良好に運んだ印象である。岸から離れての回り道も事前に計画されていたことを示している。

　これに続く一〇年間、ディアスの事業を継ぐ努力はいっさい記録されていない。歴史家はこれに困惑の念を表明し、記録が消滅した航海がこの間にもあったに「違いない」とか、国策として秘密を必要とするため記録が曖昧になったとかの推測に「逃げる」のを常套手段としている。ポルトガルの宮廷における党派間の争いが進歩の足を釘づけにし、探検の意欲を麻痺させたとの説もある。しかし、現実には説明は単純をもって最良とする。バルトロメオ・ディアスの発見は失望をもって迎えられたに違いない。彼は、喜望峰から先の海流が逆であることを報告したものと思われる。アフリカの東海岸にもっと深く進出できなかった事実は、彼がそれに危険と困難を感じたことを示している。現に十六世紀の作家ホアン・デ・バロス――さまざまな情報に通じ、後にポルトガルの探検の正式な記録者になった――は、こう述べている。「喜望峰近辺の海の凄まじさについてのディアスの記述は、エンリケ航海親王の時代にアフリカの沿海部の航海者を躊躇させた海の怒りに似ていて、危険の新しい伝説を創造した」[11]。ディアスは現実にはあの岬を「大嵐岬」と命名していた。「喜望」とは、この発見を幸先のよいものに見せるためのプロパガンダを目的に考案されたレッテルだった。

これに加え、ポルトガル人は、インド洋に海を経由して出ることはできないという疑いにとりつかれていた。二世紀のギリシアの天文学者プトレマイオスは、「インド洋は陸で閉ざされている」と考えた。十五世紀にインド洋海域で活躍したヨーロッパの商人たちは、この疑いを晴らすためになにもしていない。アビシニア（現アフリカ北東部のエチオピア）やナイル川を経由して紅海に達するルートについては、当時の多くの旅行記が現存しているが、それ以遠のルートについては文献にほとんど記録がない。ただし、輝かしい例外が一つだけあった。ニッコロ・コンティによる東方世界遍歴の記録である。これを一四三九年にポッジョ・ブラッチョリーニが『運命の気まぐれ』という有名な本に収録した。ヴェネチアの普通の商人だったコンティは仕事のことでダマスカス（現シリアの首都）へ赴いた。一四一四年、その地で彼はペルシア湾経由で香辛料の産地を調べようと思い立ったらしい。ホルムズ海峡を通る常識的なルートでインド洋に入ったコンティは、当時すでに確立していた航行ルートの大部分をカバーし、遠くジャワ島やサイゴンまで足を伸ばした。ただし、インドと東アフリカを結ぶ地域には足を踏み入れていない。

後のコンティの名声に間接的につながる運命の変転が起きるのは、一四三七年に紅海を経由してカイロに戻った時だった。パスポート（航海許可証）を待つ二年のあいだに、コンティは信仰を捨てることを強いられ、妻と子供が伝染病で死ぬのを見送った。やっとの思いでイタリアへ帰国したコンティは、フィレンツェに行った。そこでは彼のキリスト教放棄の赦免を求めるため、教皇が総評議会を招集している。この総会にはイタリアやギリシア世界から人文学者や宇宙形態学者が集まっていた。人々はコンティの話に耳を傾けた。ポッジョは彼の紀行を「運命の気まぐれ」という道徳譚に仕上げていた。それでも、紀行文学という昔ながらのジャンルの好例としてなかなかの出来栄えだった。十五世紀のこの本は、二八部が今にいたるも現存している。教皇ピウス二世は、自らの世界地図の執筆でこのポッジョの本を全面的に参照している。特にビルマと中国に関する資料にそれが著しい。またガンジス川とイラワジ川に関するコンティの話は、一四五〇年代にヴェネチアで出版されたフラ・マウロの世界地図——この時代ではもっとも広範に世界各地を網羅した仕事——にも影響を与えた。

このほかにも生き残って話を伝えた航海がある。一四九四年の春、ジェノヴァの商人ジローラモ・ディ・サント・ステファノとジローラモ・アドルノは、ナイル川を遡上しケネーに達した。ここで七日間のキャラヴァン旅行のつもりで紅海に臨む港町エルクセールに赴いた。ところが、彼らはこの海で悪名高い危険に出会う。三五日間をかけてようやくマサワ（現エチオピア北西部の港町）にたどりついた。二人はここを「プレスター・ジョンの港町」と思い込んだ。二人がインド洋の旅で到達したもっとも遠い地点の一つ、ビルマのペグーでアドルノが死んだ。もう一つの地点のスマトラ島では、サント・ステファノが所持品をすべて没収され、イタリア語ができる役人に命だけは救われた。カンベイで船は難破したが、サント・ステファノはシリアの交易商人に雇われて、ホルムズ海峡経由で家郷を目指した。記録に残っている先駆者と同様に、彼らは探検者ではなく、決まったルートを行く旅行者だった。しかしその旅も香辛料の島々には達することなく挫折した。いずれにせよ、二人の安否が知れたのは、ポルトガルの事業にとってはいかにも遅すぎる時点だった。

この間、ポルトガルの王家は、旅行者の報告に依存せずに自らの諜報組織に使命を託することにした。選ばれた諜報員ペドロ・デ・クーヴィリャンは、ポルトガルとカスティリアが戦争状態に入った時に、カスティリアのメディナ・シドニア大公の配下から、ポルトガルのアルフォンソ五世のそれへ鞍替えしていた。クーヴィリャンは外交面でホアン二世の補佐に当たっていたが、一四八七年に仲間のアルフォンソ・デ・パイバと共に、次の三つの使命で国外へ送り出された。一は、香辛料を産する土地へのルートを発見すること。二は、大西洋からインド洋へ出る航路の可能性を確かめること。三は、伝説のキリスト教徒の君主で、当時はアビシニア（エチオピア）の皇帝その人と信ぜられていたプレスター・ジョンと接触することである。二人は蜂蜜商人の触れ込みでアレクサンドリアへ向かった。カイロから南下した二人はトーロまたはエルトゥールで紅海に出て、スアキム経由でさらにアデンまで船で下った。この地で二人は別れた。クーヴィリャンは香辛料の産地を求めて東へ向かい、アルフォンソ・デ・パイバはプレスター・ジョンに接触するため南へ下った。

今日まで残っているクーヴィリャンの旅の唯一の記録は、それから三〇年ほど後にある老人の記憶をつなぎ合わせたものである。そこにはロマンチックなエピソードも出てくるが、これはかなり疑わしい。またあれこれ矛盾する展開は、この老人の記憶の混乱が原因と考えられる。たとえば、彼がナイル川を四度も上下した話、あるいは変装してメッカとメディナを訪れ、そこからシナイ半島の聖カテリナ修道院に寄り道してカイロに戻った話などである。信用できそうな話もある。一方、彼がホルムズ海峡とカリカット（インド南部）へ到達し、南アジアから東アフリカへのルートを南のソファラにいたるまで調査したことである。この旅の途中のある時点で——カイロとされているが疑わしい——彼は仲間のパイバの死亡を耳にし、プレスター・ジョンに関連する使命の継続を決心し、ポルトガル本国へは香辛料交易の見通しが明るいとの報告をまず送った。

ポルトガルの宮廷は、クーヴィリャンの報告が届くまで、喜望峰回りの遠征を差し控えた。しかし残念ながら、彼の報告書なるものがポルトガルへ届くことはついになかった。宮廷の意見は、探検を推進すべしとするグループと、アフリカへ集中すべしとするグループに二分された。一四九六年にホアン二世が他界し、従弟のマヌエル二世が跡を継ぐと、袋小路の一部は解決の兆しを見せ始めた。新しい王マヌエルは世界の終末を救うメシア的な王というイメージを大いに好んだ。十二世紀以来、ヨーロッパに奇怪な予言「反キリストに対する世界の最後の王が立ち上がり、聖霊の時代が目前に迫るであろう」が広く囁かれた。コロンブスを含む廷臣たちは、カスティリア王フェルナンド二世にこう阿諛追従《あゆついしょう》した。「陛下は世界の最後の王になるかもしれません。十字軍を率い、エルサレムを占領し、メッカを焼き払いなさりませ」。マヌエル二世もかかる使命に同様に敏感だった。

探検の指揮官を誰にすべきか。その人選は意外な人物を指名した。ヴァスコ・ダ・ガマは近づきがたい人物である。彼の筆による文書も、味も素っ気もない官庁用語による些細な事務通達の書簡しか残っていない。後に提督、子爵、伯爵と登りつめた栄光にあっても、ヴァスコは無言を通し、世の賞讃ともほとんど無縁だった。したがって伝記作者も世の言い伝えに頼るほかはない。輝かしいほうは、低い出自から大躍進した成功者であり、輝かしくないほうは無慈悲なヒルのような横柄な男というものだった。しかし現実のヴァスコは、英雄でもなければ悪漢でもなかった。宮廷にはまったく不向きな短気な田舎ものだった。それが不慣れな大役付きでカタパルトのように宙に打ち上げられた。変わり栄えのしない雑木がいきなり華麗な熱帯植物に接木された。ルネサンスという名声へのカルトのフラストレーションいっぱいの達人が、流血によって交易の拡大を目指した。[12] ヴァスコは、「身代わりのカモ」が意外にもとんでもない成功者に転じた歴史でも稀有な一例だった。彼は無名の畑から拾い上げられ、航海の全責任を任されるが、その見せ掛けの大出世は、彼が失敗することを期待した宮廷の一勢力の「黙認」のみによるものだった。いわば人身御供のつもりが大化けした。ところで航海の資金がどう工面されたかは、今でも謎として残っている。確実に言えることは、主としてリスボンのフィレンツェ系の商家から王家が借りたらしいということのみである。

それから数年後、宮廷史家のホアン・デ・バロスは、今はもう残っていない資料からアジアでのポルトガルの事業の歴史を組み立てるに際して、宮廷でのヴァスコ送別の話を書き残している。バロスが正しいとすれば、王がヴァスコに与えた言葉は、封建時代の伝統の言い回しで強欲を暗黙裡に強調したものだった。王の主張によれば、王家の世襲財産を膨らませる目的は、諸侯や高官たちに金銭面で報いることを可能にするとのことだった。「インドとオリエントの土地の発見」は「もっとも利潤が高くかつ名誉に満ちた事業で、最大の賞賛に値する」と王は言明した。さらに王はこう希望した。「わがポルトガルの民はその地にキリスト教を広め、これを世に知らしめることが肝要である。また、多くの富を抱えた諸王国を野蛮人の手から奪い取り、ヴェネチア、ジェノヴァ、フィレンツェなどイタリアの諸都市に通商を通じて力を与えた東方諸国の富にも手を伸ばすことが大いに望まれる」。ヴァスコが授けられた信任状は、王の心の中にある言外の目的を解く鍵でもあった。それには、プレスター・ジョンやカリカットの支配者へ宛てた書簡が含まれていた。ポルトガル人が求めていたのは、ヴァスコ遠征団の船長の一人がインドに到達した時に言い放ったとして有名になった言葉「キリスト教徒と香辛料」だった。[13]

ヴァスコは一四九七年七月八日に四艘の横帆艤装の船団で出発した。キャラベル船は国に残した。ただし、一艘だけは例外で、主船のあいだを連絡用に行き来する補給船として帯同した。これは、順風で航海できるという自信の表明でもあった。シエラレオネ（アフリカ西岸）の海岸から先は、ヴァスコは三ヵ月以上をかけて六〇〇〇マイル（九六〇〇キロ）以上の大海をひたすら南下した。陸地を望見しない航海としては、当時の断然の世界最長記録だった。

十一月四日、久しぶりに陸地を目にした。セントヘレナ湾である。最初は友好的だった土地の人間との関係がやがて険悪になり、槍の投げ合いになった。そこで十一月十六日に陸に派遣していた偵察隊を船に呼び戻した。それから二日後、「われわれは喜望峰を見た……。しかし、風がSSW（南南東）だったので、これを回ることは不可能だった」。十一月二十二日になってようやく「風を船尾に受け、喜望峰を回ることに成功した」。モッセル湾に達した頃には、補給船が使用不能の状態になったので、これを捨てた。最初のうちはほとんど前進できない。しかし、十二月十二日、「暴風に出会い、船尾よりの風の前に出て」、それから三日も経たぬうちにレシフェ岬を通り過ぎた。ここは、バルトロメオ・ディアスがポルトガル人としての探検の極限の土地だった。だが、ここで船隊は再び海流に羽交い絞めにされる。十二月の十七日から二十日まで、押し戻そうとする海流と苦闘を続けた。しかし、なんとかクワズル・ナタルに近づくと、「神は我らが前方へ向かうことを許された」。

沿岸で立ち寄ったところではどこでも、彼らはコイコイの牧夫に出会った。どこでも住民はいぶかりかあからさまな敵意を示した。イニャリーメ川の河口で碇を下ろした一月十日、彼らは初めて「善良」と思える住民に出会った。隊員が残したこの土地に関する記述――人口の密度はかなり高い、銅、錫、象牙を豊富に産する、人々は善良で「諸侯」や「王」もいる――は、アジアの偉大なる文明にようやく近づいたと思い込んだ時の彼らの高揚感を如実に反映している。それは、コロンブスが絢爛たる東方世界に近づいたと思い込んだ時のカリブ海の原住民に対する接し方の変化に通ずるものがある。

しかし、今回はその期待は裏切られない。遠征隊の一行がザンベジ川の流域に入ると、そこはすでにインド洋の交易圏の内部だった。隊員たちは土地の首長の着衣に絹とサテンを目に留めた。また、自分たちと同じ大きさの船に関して知識がある人々にも出会った。モザンビーク島から北では、彼らは土地のパイロット（水先案内人）を使って航海の助けとした。ところが、このパイロットは実際は囚人だった。航路を間違えたと見られると鞭で殴打される。この風習――ヴァスコ・ダ・ガマはこれを明らかに必要と感じたらしい――は、この沿海部で支配的なイスラム教徒のコミュニティとの彼らの関係を悪化させることもあった。しかし、四月十四日、一行はマリンディで比較的に好意に溢れた歓迎を受けた。この土地の人々はキリスト教徒との交易には慣れていた。現にヴァスコが入った港にはインドから到着したキリスト教徒の商人の船がもやっていた。

ここで遠征隊は一人のパイロットを雇った。インド洋海域を先導してコショウの大市場カリカットへ遠征隊を案内する用意があるとの触れ込みである。同時代の資料はこの人物のことをキリスト教徒とも、イスラム教徒とも、グジャラト人とも呼んでいる。また十六世紀初頭の文献は、彼に「モレモ・カナ」または「モレモ・カナクワ」の名を与えている。モレモとは、単にパイロットを意味する言葉のなまった形である。カナまたはカナクワは個人の名、またはパイロットを意味するスワヒリ語（東アフリカで用いられる混合語）の可能性もある。確かなことが一つだけある。この人物はアラビアのあの有名な水路学者イブン・マジドではないということである。かなり以前から「ヴァスコ・ダ・ガマをインドへ案内したのはイブン・マジド」との説が歴史学会で根強く囁かれているが、この時点でイブン・マジドがこの近辺にいるということは絶対に不可能である。

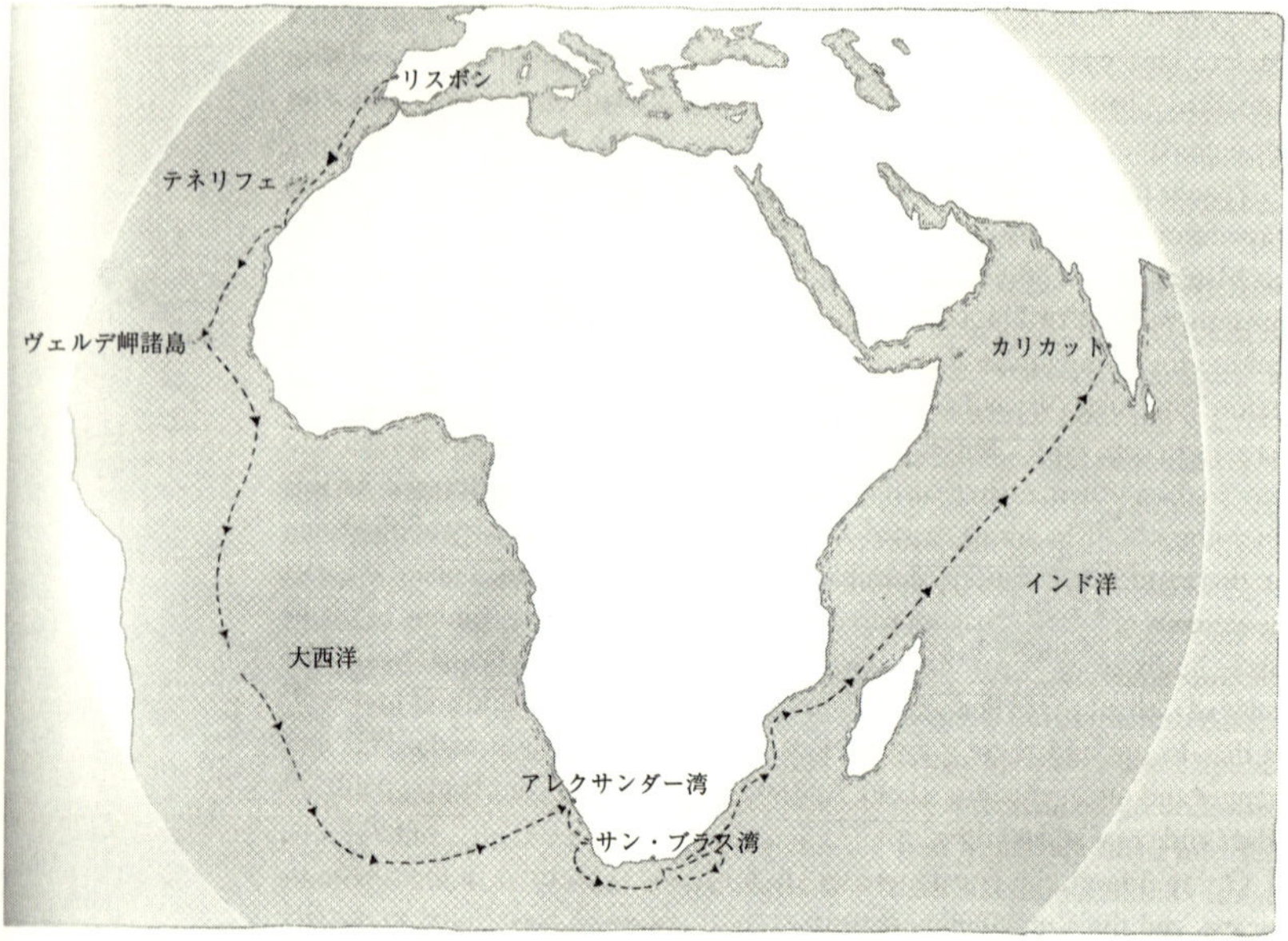

ヴァスコ・ダ・ガマのインドへの航海

それでも十六世紀の末以来インド洋を渡海するルートをヨーロッパ人に教えたとしてイブン・マジドを非難し続けてきたイスラム教徒がまったく間違っていたわけでもなかった。十六世紀末ごろに書かれたこの賢人の航海指図書がたまたまポルトガル人の手に入った。それは表向きはメッカへの巡礼者が参考にする文書だった。イブン・マジドはこう感慨を洩らしている。「私たちは、インド、シリア、アフリカやペルシアの沿海部、ヘジャズ地方、イエメンなどから船で長年航海を続けている。その目的はただ一つ。行きたい土地への直接のルートから逸れずに、人間の力で確実にそこに到達するということだ」。しかし現実には、イブン・マジドの航海指図書の主要な市場は、商用だったと考えられる。たまたま、これがインド洋海域でのヨーロッパの探検者の通常の——ただしこれまでほとんど注目からは逃れてきた——習慣の最初の一例となった。彼らは、インド洋ではどこへ行くにも地元の案内人を全面的に頼りにした。新しく雇ったパイロット——名は不詳だが——のおかげで、遠征隊は季節風の吹く大海をわずか二三日で乗り切った。五月二十日、ヴァスコはカリカットの二マイル（三・二キロ）沖合に碇をおろした。最初から彼の使命は的外れだった。ヒンズー教に無知なポルトガル側は、土地の文化をキリスト教のなじみの薄い一形態と思い込んだ。土地の支配者に引見されると、ヴァスコは土地の人間の目にはお粗末としか見えない贈り物を差し出した。衣服類、帽子と上着類、水差し、バター、蜂蜜、少量の珊瑚などである。相手側の廷臣たちはこれを嘲笑し、主人は黄金しか受け取らないだろうと言った。ヴァスコは自分は大使であるとがんばった。土地の人間は彼を品揃えの貧弱な商人として扱っていた。お互いの疑惑に支配された交渉の後、ヴァスコの配下の一人は契約書のように見えるものを渡された。それには、カリカットの支配者がポルトガルの同列の身分のものに宛てた次のような文言が記されていた。「ヴァスコ・ダ・ガマ殿は確かにわが土地に来られた。私はそれを欣快とするものである。わが土地は、多量の肉桂と多量の丁子、生姜、胡椒を産し、貴重な宝石類も数多く採取される。貴国の土地より私が欲するものは、金と銀と珊瑚と紅の布のみである」[14]。

八月二十九日、ポルトガル人は母国へ向けて船出した。今回は、逃げ出すために急いだことと、土地の善意を信用したくない思いが重なり、彼らは土地の知識を尊重することを忘れた。この季節に船を出すことがそもそも間違っていた。風はまだ海から岸に向かって吹き付けていた。アンジェディバ諸島で修理のために暫時停泊した。それから出発し直すが、一四九九年一月七日にようやくマリンディに帰着できた。この航海で遠征隊は乗員の半分近くの命を失い、生き残った者も壊血病で幽鬼のような姿をさらすのみだった。航海全体を通じて乗員の心労は極限に達し、半数以上が命を落としていた。ある地点では船隊で活動できる人員は七〜八名にまで減り、一四九九年の一月にはモンバサの近くで船一艘を放棄することを余儀なくされた。

生き残った二艘の船は、七月と八月にそれぞれポルトガルによろよろとたどり着いた。

ヴァスコは、想像できるほとんどあらゆる間違いを犯した。南大西洋に深々と南下した彼の有名な航海は、ヨーロッパ人としては前例を見ない長期の大洋上の航海として確かに賞讃に値する。しかしそれは「能力」というよりは「向こう見ずの無謀さ」の表現だった。ヴァスコは、喜望峰の向こうへ出ることができる風を求めて遠回りを試みたとも推測される。しかし、彼は緯度の推測を誤って東行を焦り、アフリカの東岸に行き着いた。その後も逆方向の海流に押し戻され、壊滅の危機にさえ直面した。新しいルートでインド洋に入ることはできたが、それは土地のガイドに頼りそれまで幾世紀も知られている海路をたどってのことだった。首尾よくインドに到達しても、彼の失策は続く。ヒンズー教徒をキリスト教徒と勘違いし、ホスト側の心証を大いに害した。そのためにある報告では「土地の人間すべてが彼が病気になることを祈った」ほどである。それやこれやで、後にこの地へヨーロッパからやってくる布教や交易の関係者にも深い反感の根を残した。帰路に際しても彼は無謀にも土地の習慣を排除し、卓越風に逆らって八月に出港し、その結果遠征隊すべてを壊滅的な危険にさらした。

ヴァスコの航海を「不滅の業績」と称えた従来のさまざまな理由も、今や学問的研究により消滅しようとしている。ヴァスコの時代のインド洋における西欧の植民地帝国主義は、今では甚だか細い些事と見られ、「ヴァスコ・ダ・ガマの時代」も、世界のこの地域では、それに先立つ時代とほとんど変わりはなかったとみなされている。土着の帝国や交易都市は、従来と同様に支配力を堅持し、ヨーロッパ人がその縁のほうでうろちょろ動いてもこれに影響されることはほとんどなかった。[15] 少なくとも十七世紀がかなり経過する時点までは、ヨーロッパの主権は全体像にほとんど関係のない局地に限定され、その外側でも植民地化は「影」の存在に過ぎず、まだ個人の発意で「改良」が加えられる段階に止まっていた。[16] また近年の学問的コンセンサスによれば、十八世紀に入っても、アジアへの西欧の進出により「文明の同一性」が図られたことはほとんどなかった。[17] 喜望峰を回ってインド洋海域へ進出してきたヨーロッパの商人たちは、ナイル川／紅海経由でやってきた古代および中世の彼らの先輩たちと同じだったと今では見られている。彼らは、交易の既存の枠組みの中に入り込み、地域の市場と供給者に労役を提供し、最悪でも局地的／一時的な分裂を引き起こしたに過ぎない。[18] 後述するが、状況が根源的に大転換するのは、十七世紀に入ってオランダ人が登場してからである。オランダの東インド会社は、インド洋を横断する新しい高速ルートを開拓し、重要な産物に関して独占権を施行し、同世紀末には、交易ルートだけでなく、生産に関しても選択的なコントロールを課す動きに出た。以上の改革をヴァスコ・ダ・ガマに帰するのは、いかにも適切さを欠く。

最後に、喜望峰回りのルートにより従来のユーラシア大陸横断ルートの交易が衰退したとの考え方は、神話とされて久しい。鍵となる商品——コショウなどの香辛料、香料、薬種類——に対する世界規模の需要が拡大するにつれて、十六世紀の全期間を通じて従来のルートの交易量は新ルートの開拓も加えて増大を続けた。十七世紀がかなり経過しても、伝統に支えられた交易チャンネルは揺らぐことはなかった。新時代の最初の犠牲者——中央アジアをキャラヴァンで通り抜けるルート——が被害を受けたとするなら、それはポルトガルとの競合の結果ではなく、十六世紀末から十七世紀にかけてのアジア内部における政治的動乱の結果だった。[19] ヴァスコの航海後の一〇〇年間、ヨーロッパのいかなる競争相手も彼に倣おうとはしなかった。香辛料交易における十七世紀の危機の責任はオランダにあるとするのが、今では定説になっている。このオランダの侵食に対して、ヴァスコ・ダ・ガマは、多く見積もっても甚だ迂遠で間接的な責任しか負ってはいない。

それでもヴァスコの航海は、自ら獲得した名声の少なくとも一部分の値打ちはある。それは交易のグローバル化を告げる一つの舞台の開幕だった。それは前例のない文化的出会いの場だった。それはユーラシア大陸の両端が影響力を交換し合う新しいルートの開拓だった。それはヨーロッパの海運業がインド洋地域で繁栄していた魅力溢れる交易に参加することを可能にした。影響力は以上より劣るが、それはヨーロッパとアジアの間の直接の交易を刺激した。イギリスの十八世紀の著名な経済学者アダム・スミスは、歴史上のもっとも重要な出来事の一つとして、これをコロンブスによるアメリカへのルートの発見と並べてあげている。これはまさに正しい。なぜなら、東洋の産品で豊饒化したヨーロッパの経済がインド洋沿海部のそれに追いつく長く遅々としたプロセスを、それは可能にしたからである。それはインド洋海域の人々と権力構造を大きく変えることはなかったかもしれない。この人々は、ポルトガルからの貧しい野蛮人に目を留めることはほとんどなかった。しかしもう一方では、それはヨーロッパを変革した。従来にもましてヨーロッパ人に豪華な東洋との接触機会を与え、新しく台頭しつつあった大西洋世界を、より古くより裕福な文化と接触できる立場に導いた。

カブラル、ヴェスプッチ、アンダルシアの航海者

ヴァスコ・ダ・ガマの航海は、南大西洋の中央部における南東貿易風の支配力を確認した。一五〇〇年のカブラルによる次の大航海がこれと異なるアプローチを試みたことは、この横風を横断する最短ルートを発見することが目的だったとも考えられる。カブラルはケープ・ベルデ諸島から旧世界を直接出立し、赤道近辺で南へ向かう海流ではなく、北東の貿易風を使ってできるかぎり南へ下った。ヴァスコ自身の報告書と助言に従えば、このルートはブラジルに直接行き着くはずだった。リスボン出発の式典は豪華そのものだった。

船隊は一三艘から成り、これに一二〇〇名のきらびやかな大部隊が乗り組んだ。盛装された船隊はタホ川を「花盛りの春の庭園のように」飾った。今後交易が望まれる東方の君主たちに感銘を与えるための一大デモンストレーションである。ヴァスコの前例のおかげで交易では莫大な利益が約束されている。これが乗員の確保と資金調達を容易にした。カブラルは廷臣の一人だった。個別の船の船長の多くも同様だった。カブラルは初めから自信に満ちていた。三月八日にリスボンを船出すると、食料や飲料水の補給でどこかに寄り道することはいっさいなく、四月二十二日にブラジルを視認した。

カブラルの次の航路は、南大西洋の風向きの危うさと利点の両方を露呈した。船団は西風が吹き出す根元を少し越えた海域にいる。一方、五月二日という出発のタイミングは決して良好ではなかった。目的地はモッセル湾。ディアスとヴァスコによりアフリカ南岸の適切な停泊地として推奨の場所である。おそらくトリスタン・ダ・クーナ諸島の北の危険な高気圧海域でのことと考えられるが、船団は暴風雨に襲われ、四艘が沈没し、残りは散り散りになった。四散した船団が再び合流するのは、それぞれが喜望峰を回りモザンビークに到達してからのことになる。

カブラルのブラジル到達は、まさに幸運な出来事だった。南大西洋に島嶼や大陸が存在するという噂は、遅くとも一四四〇年代から噂として広まっていた。コロンブスは、一四九八年の第三次大西洋横断航海で、オリノコ川デルタ地帯で大きな陸塊の存在を確認している。そこにしばらく身を置いてみる価値もあるなどと報告している。この航海は、コロンブスの心の中では、自己擁護の旅だった。彼は自らにこう言い聞かせた。「自分の発見はもう一つの世界であるはず。ローマ人やアレクサンドロス大王やギリシア人が征服したいと願った土地に違いない」。彼の航海は、ソロモン王にとっての伝説のオフルの土地、アレクサンドロス大王が発見したと伝えられるセイロンの島、皇帝ネロが憧れたナイル川の源流と同様に重要だった。彼はカーボベルデ諸島を経由する新しいコースを試みた。それは比較的に遅い航海だったが、トリニダードで陸地を視認した。これに上陸してしばらくぶらついた。アメリカ大陸の本土の一部にヨーロッパ人が初めて足跡を印した記録である。それはパリア半島（現ベネズエラ北東岸より東へ延びる半島）の南側の岸で、しばらく歩くと湾に達した。そこにはオリノコ川とサン・ファン川の豊かで新鮮な水が流れ込んでいた。コロンブスは次のような結論に達した。「皇帝陛下が明らかにするよう命ぜられたこの土地は、とんでもなく大きいに違いない。これより南にもこの種の土地が数多くあるに違いない。これについては、これまで全くなにも知られてはいなかったのだ」。

コロンブスは、北極星の高さを読み間違え、それが彼を以下のようなそれほど祝福されない思索に導いた。現在の南米大陸にコロンブスが近づくにつれて、北極星が極を巡る半径は大きく見えた。コロンブスは上昇しているに違いないとの結論に達した。

そこで私は次のような結論に至った。世界は人々が言うようにまん丸ではない。ナシの実のような形だ。だいたい丸っこいが、芯がある部分の表面は少し突き出ている。球状のボールの一端に女の乳首をくっつけたような具合だ。そうしてこの乳首状の部分がもっとも高く、もっとも空に近い。東洋の果てのこの大海の赤道部分がまさにその乳首だ。

コロンブスはこの結論の延長を不可避と考えた。「東洋の果て」は、「地上のパラダイス」にもっとも適した場所と昔から決まっている。彼が目に留めた新鮮な水は、あの伝説の川から流れ出たものに違いない。「もしあれがパラダイスから流れ出たものでなければ、驚異はさらに大きなものになる。なぜなら、世界のほかのどこかにあれほど大きくて深い川があることを私は信じないからである」。忍耐は彼をエデンの園へ連れ込もうとしていた。

私が地上のもっとも高い地点へ昇りつめたように、この赤道沿いの航海をさらに続けたなら、私はきっと周辺の大気の柔和さが極限に達し、星々の位置も大幅に変わり、水の質も変わったことに気づくだろう。ただし、高度が最高になる地点にまで航海することが可能とは私は考えていない。また、人間がその高さまで登りつめることが可能とも考えてはいない。なぜなら、私はここが地上のパラダイスと信じているからだ。ここは、神のご意志がないかぎり、誰も到達できない場所である。[20]

イスパニョラ島に帰着すると、コロンブスには悲運が待っていた。この地に駐屯していた船員が反抗の気配を示し、それに対する仕打ちを咎められたコロンブスは、義務不履行の罪でチェーンにつながれてスペインへ送り返された。王は彼が発見した航海ルートの独占権を彼から取り上げ、新世界への航海の権利を一般に公開した。グアダルキビル川（現スペイン南部、アンダルシア地方最大の川）周辺の港々には、プロの船乗りが数多くいた。特にコロンブスの船乗り仲間は彼の業績の後継者になることを望んだ。一四九九年五月、まず名乗りを上げたのがコロンブスのかつての「右腕」アロンゾ・デ・オヘダ、続いたのがコロンブスの将来の「腹心」アメリゴ・ヴェスプッチである。

ヴェスプッチは、多分一四五四年にフィレンツェで裕福な公証人の息子として生まれた。幼少の頃は学問にほとんど興味を示さず、やむなく商業の世界に身を投じメディチ家に雇われて信用を得た。一四八九年、雇い主は彼に次のような使命を与えた。「セビリヤでジアノット・ベラルディという紳士と提携して事業を起こす話がある。行ってこれがいい話かどうか見極めて来なさい」。ベラルディとは、先述したように、探検者の有力な資金提供者の一人である。ヴェスプッチはセビリヤに移動し、そこでベラルディの仲間、代理人、ベラルディの言葉を借りれば「特別な友人」に成り上がった。この間にフィレンツェの政治的な混乱でメディチ銀行が破綻したため、ヴェスプッチはセビリヤで人生を送ることになった。一四九六年から、ヴェスプッチは東インドの船隊に物品を供給する契約を結んだ。ということで、一四九七年に一般に彼が行なったとされている航海は、彼のものではないことになる。文献はその年を通して彼がセビーリャに滞在していたことを証明している。彼の探検家としての経歴は、私たちが知る限り、オヘダについて航海に出た時から始まっている。

遠征隊は最初はマルガリータ島を目指した。一四九七年の航海でコロンブスが発見した島である。それから未知の海岸線に沿って西航し、サン・ロマン岬を回り最初の発見をした。マラカイボ湾である。原住民の村落が水の上に建っている。ヴェスプッチはぼんやりとヴェネチアを思い起こした。これでこの沿海部全体にベネズエラの名が与えられた。それから彼らはカーボ・デ・ラ・ヴェラに達し、航路を北に向けてイスパニョラに戻った。ヴェスプッチの手記には自分の発意でアマゾン川の河口まで達したとの記述があるが、これに証拠があるわけではない。

コロンブスはオヘダを「自分の」真珠採取権を盗んだとして非難した。オヘダは真珠を失い困窮のうちに死んだ。これで得をしたのがトリアナのゲラ兄弟である。東インド海域の船にビスケット類を納入して生計を立てていた商人だが、資金をかき集めるには良好な立場にあった。この計画に積極的に加わったのが、コロンブスの船乗り仲間のペーロ・アロンゾ・ニーニョである。この人物は一四九九年に真珠の採集でマルガリータ島まで遠征している。この航海は探検の目的ではほとんど成果をあげないままに終わるが、一五〇〇

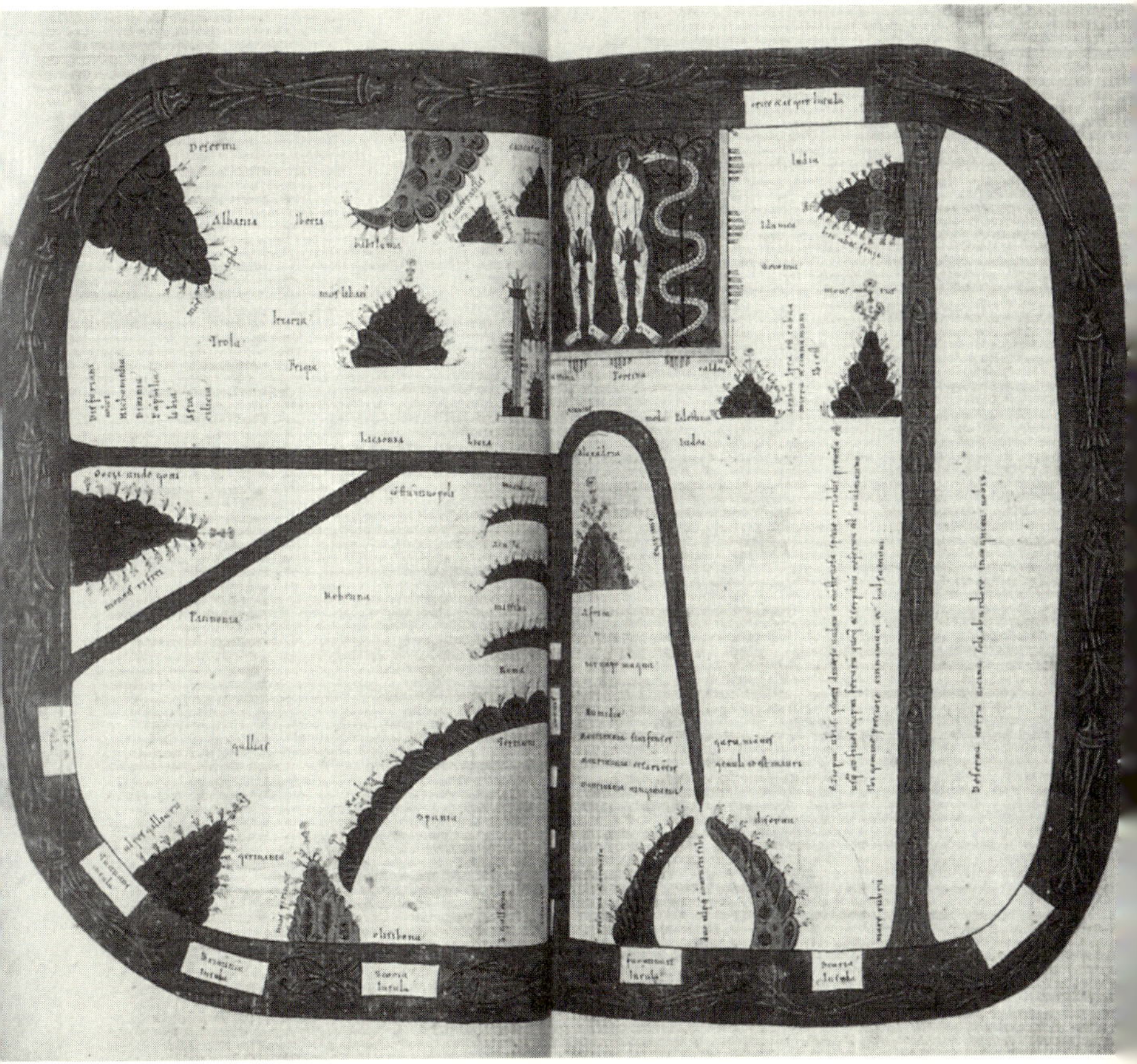

リエバナの『聖ヨハネの黙示録』に出ているビータス・マップ、1109年。第4の大陸が示されている。ビータスはここに人間が住んでいると考えていた。アダムとイヴが恥ずかしそうに佇んでいる地上の楽園は極東に位置している。

年一月にはロドリゴ・デ・バスティダス率いる遠征隊がオヘダが到達した地点を越え、ウラバ湾を探検した。しかし、バスティダスの船はシロアリに食い荒らされ、イスパニョラへ戻ることを強いられ、戻ったところで船は沈没した。

この間、個人の資金によるほかの航海も、ブラジルの沿海部の探検で実績を重ねていた。ヴィセンテ・ヤニェス・ピンソンは、一五〇〇年一月にカブラルと同じ航路に乗った。彼の四艘のキャラベル船は、一四九九年十一月十八日にパロス――スペインのアンダルシア地方の港町――を出港し、貿易風の南の縁にのってケープ・ベルデ諸島を目指した。「恐怖の大海」で高速を得る幸運に恵まれ、ケープ・ベルデ諸島を出てからわずか二〇日目に、彼らがコンソラシオン岬と名づけた場所の沖に到着した。ピンソンはそこから西航し、アマゾン川の河口部を踏査している。カブラルが陸地を視認した頃、ピンソンは沿海部を北上し帰路についていた。したがって、彼の功績がカブラルに影響を与えることはあり得ない。

ピンソンは、イスパニョラ経由で、一五〇〇年の九月にスペインへ戻った。その頃には、無一文の下級貴族アロンゾ・ベレス・デ・メンドーサの旗振りのもとで、類似の冒険がすでにその緒についていた。この航海は、ピンソンよりもさらに南に達し、多分現在のサン・フランシスコ川の河口を発見したらしい。もう一人のパロスの住民ディエゴ・デ・レペによる航海もピンソンの到達点より南で陸地を視認しているが、新しい資料の収集には至っていない。

ベレス・デ・メンドーサのケースは、かかる航海に必要な資金獲得の典型を示している。それはまず騎士道的かつロマンチックな精神で発想された。その目的には「地上の楽園」の発見が掲げられた。それでもメンドーサには実務家の後押しが必要だった。イスパニョラへ要員を供給することを専門にしていたアントンとルイスのゲルラ兄弟がキャラベル船二艘を提供し、船隊に食糧係として参加した。メンドーサはもう一艘を借金で用意した。ゲルラ兄弟は、自分たちの資金提供分の「保険」をブラジルの沿海部での奴隷と染料用の植物を抑えることで担保とした。こうして事業の発想者は再び無一文に戻った。

最終的にヴェスプッチはこのライヴァルたちの名声を凌ぎ、コロンブスのそれさえも脅かし始める。彼には証人として信用できない面があった。仲間の頭脳を断りなしに借用し、怪しげな忠誠心でスペインとポルトガルの宮廷のあいだを往還した。一方、彼は輝かしい業績をあげた航海への投資家であり、記録者でもあった。残念ながら、彼の記述はかなり曖昧で、その航海指図書はいかにも素人臭く、その計算／推定は甚だ荒っぽく、一体どのルートを通りどこまで深く南下したのかさっぱり見当もつかない状態のまま放置されている。しかし、確かと見えることは、一五〇一～二年の航海でヴェスプッチが自らリオデジャネイロと名づけた港に到達し、ブラジルに関する知見を広げ、後継の人間が南アメリカ大陸の踏査を継続する士気を励まし続けたことである。

しかし、以上の個人資金による航海は、いずれも南アメリカ大陸とアジアの関係の謎を解くには至っていない。ピンソンは自分がアジアの巨大な岬に立っていると信じていたし、ヴェスプッチも「新世界」という言葉の使用とは裏腹に、同じように思い込んでいた。ヴェスプッチは「世界は小さい」というコロンブスの考え方も共有していた。これらの誤解や問題はそのまま次の世紀に引き継がれる。これを是正／解決した航海が次の章のテーマとなる。しかしその前に、まず大西洋を越えたところの世界と大西洋の沿海部以外のヨーロッパ人の活動に目を留め、一四九〇年代に胎動を始めたそのほかの探検の成果を概観しておきたい。

コロンブスの周辺の世界――大西洋以外の探検

大西洋の規模の探検に相当するのは、世界のほかの地域では、軍隊による長距離の移動だった。この時期のアンデス地方の年代記は曖昧の一語に尽きるが、インカ帝国はこの一〇年間に大膨張したらしい。北はキト（現エクアドルの首都）から南はビオビオ（現チリ中南部の州）まで、緯度で三〇度以上に及び、アンデスの文化圏の定住民のほとんどすべてをその支配下に入れた。植民地時代の初期に流布した話では、この南方への膨張を司った支配者トゥパク・インカ・ユパンキが、海洋の探検も行ない、太平洋で「黄金の島々」を発見したことになっている。同じ時期、アフイトゾトルがアステカの勢力圏を支配していた。アステカ王国の文書を書き写したと考えられる文献によれば、この王は四五の部族社会を征服したと伝えられている。その遠征は二〇万平方キロの広さに及び、北はパヌーコ川（現メキシコ中部）から南は現在のグアテマラとの国境地帯にまで達したという。

この大遠征を推し進めた野心は実に壮大というほかはない。しかし十五世紀の世界で突出して大きな長距離の軍事行動は、モスクワ大公国（後のロシア帝国の母体）が起こしたものだった。イワン三世（大帝）の統治の期間（一四六二～一五〇五）、モスクワに服従した地域は一万五〇〇〇平方キロから六〇万平方キロに増大した。まさに四〇倍である。ノブゴロドを併合し、カザンとリトアニアとの国境地帯をもぎ取った。しかし、彼の軍隊がそれまでほとんど知られていなかった地域に足を踏み入れたのは、北東地域だった。前世紀に宣教師グループが探検したルート沿いに、ヴィム川の流域をつたってペチョラにいたる地域である。この「暗黒の土地」に進出する目的は、中国、中央アジア、ヨーロッパで当時巨大な需要があった亜寒帯動物の毛皮――主としてリスとクロテン――の供給を確保することだった。一四六五年、一四七二年、一四八三年にイ

ロシアの地図、シグムント・フォン・ヘルベルシュタインの『モスクワ大公国見聞録』1549年より。右上に黄金の老女が姿を見せている。

ワン三世は、ペルミとオビ川流域に軍隊を派遣しこの土地に住む部族に毛皮による貢物を課した。最大規模の侵略が行なわれるのは一四九九年で、この時ペチョラ川の河口にプストジェルスクの町が建設された。四〇〇〇の大軍が冬に橇《そり》でペチョラ川を渡り、オビ川を目指し、四〇〇〇の捕虜と大量の羊の毛皮を得て帰路についた。ミラノ駐在のイワン三世の大使は「わが皇帝陛下は、年に一〇〇〇ダカット相当の毛皮の献上を貢物として受けておられる」と吹聴した。

クロテンは黒い黄金であり、ロシアの北東の辺境は凍ったエル・ドラード（黄金の国）だった。この地域はまだ神話に閉ざされたままだった。一五一七年に神聖ローマ皇帝の使節としてモスクワに派遣されたシグムント・フォン・ヘルベルシュタインは、さまざまな怪奇の話を耳にした。モンスターのように膨らんだ巨人、舌のない人間、「生きている死人」、人間の顔をした魚、「オビ川の黄金の老女」などである。それでも従来の知識水準に比較すると、以上のさまざまな接触により、北方の亜寒帯やシベリアに関するロシア人の知識は格段に向上した。

軍事行動による内陸部辺境の探検のいくつかのケースを別にすれば、この時期の世界のその他の地域に対する探検の記録は実に乏しい。開拓が遅滞したもっとも顕著なケースは、アジアの沿海部とインド洋海域とその隣接の海で起きている。一四九〇年代までは、情報に通じていた客観的な観察者なら、誰でもこの地域をこの地球でもっともダイナミックでかつもっとも優れた探検文化を備えた地域とみなしたはずである。すでに長期間／長距離探検の目覚しい実績も数々達成している。しかしこの運命の一〇年間に限って、西ヨーロッパのライヴァルたちは跳び蛙のように先行し、彼らに待ったをかけるか、あるいはこれを追い越すはずの勢力は惰眠をむさぼっていた。

たとえばインド洋の西端では、オスマントルコは前章で述べたようにその立地条件により動きを大幅に制限されていた。マムルーク氏族（中世エジプトを支配していた白人奴隷階級出身の武士階級）のエジプトは、グジャラト（中世インド西部の王国）と外交使節を交換し、ジッダの港には保護領のような権益を行使し、インドと紅海経由で交易を始めていた。しかし、その紅海は常に航海には敵意を示すために、エジプトはこの海を異教徒の侵入者から守るには苦渋を舐め続けていた。エチオピアは、一四六八年にゾロヤコブ王が他界すると、版図の拡大を停止した。さらに一四九四年にアデルで隣国のイスラム教徒との戦いに敗れると、領土拡大の夢は消滅し、生き残りだけが目的の弱小勢力に成り下がった。ペルシアは長引く危機に喘いでいた。次の世紀に入って少年予言者イスマイルが全土を再統一して初めてこの危機からようやく抜け出した。アラビアの通商はアフリカの南部から中国までインド洋全域に及んでいたが、船隊の保護や交易の推進で軍事力に依存することはなかった。アラビア半島の南部で海洋帝国への希求が高まるのは後のことになる。詳しいことは後の章にゆずるが、これは多分ポルトガルの真似で、ただしこの時点ではまだその兆候は表面化していない。

インド洋地域の中央部では、この間、長距離の版図拡大にエネルギーを費やす王国はなかった。ビジャヤナガル王国はアジア沿海部のほとんどの地域と交易は行なっていたが、船隊は保有していなかった。この国の宮廷があった都市は一四九〇年代にナラシンバ王の下で贅沢な都市改造を行なうが、この間、伝統的なナラシンバ王朝は没落の運命にあった。シカンダル・ロディのデリー王国は、国土の膨張は停止し、拡大方針に固執しビハールに新しい州を獲得するが、スルタン（王）が死後後継者に残した広大な国土は、一五二五年にアフガニスタンからの侵入者によりもろくも潰え去った。グジャラト王国は巨大な商船隊を保有していたが、長距離の政治的野心にはとんと縁がなかった。その海軍力は自国の交易保護が主眼で、他国に攻撃を加えるためのものではなかった。むろん海賊はうようよいた。たとえば、一四九〇年代初め、バハドゥール・カーン・ギラニという首領に率いられた海賊がデカン川の西岸の巣窟から出て航路を襲い、しばらくの間、現在のムンバイ近くのダブホル、ゴア、マヒムなどを含む重要な港を制圧した。[21] しかしこの地域のいかなる国も、新しい航路の探検や海洋植民帝国を開拓する誘惑とは無縁だったらしい。

さらに東の中国は、すでに考察したように、積極的な海外膨張の政策からは手を引き、これを復活させることはついになかった。日本では有力な戦国武将の間で国土が分断され、一四九三年には将軍が京都で幽閉された。東南アジアは帝国が林立していた。マジャパヒット——ジャワ島の帝国の一つ——の歴史の攻撃的な局面は、すでに過去のものになっていた。タイとビルマの植民地帝国主義はまだ揺籃の段階で、これが海洋への野心を示すことは結局はなかった。この海域の過去には、有力な海洋帝国が連綿と存在していた。スリビジャヤ、セレンドラ王朝のジャワ島、十一世紀から十二世紀にかけてのインド南部のコラス、十四世紀のマジャパヒットなどである。いずれも特定の海上ルートの独占を試みた。しかし、ヨーロッパ人が喜望峰回りでインド洋になだれ込んでくると、この海域の土着のコミュニティでさらに探検を推進する必要性や衝動を感ずるものはなかった。また、まずポルトガル人が先鞭をつけ、後にオランダ人が受け継いだ形の海洋帝国主義のようなものは、この海域にはもう存在していなかった。

ヨーロッパによる大西洋の征服は、手短に言うなら、他の地域による探検と植民帝国主義の停滞と時期を一にしていた。ただし、これは、世界がこれにより直ちに変革されたことを意味するものでもなければ、富と力のバランスが今日で言う西欧に急速に移ったことを意味するものでもない。それどころが、このプロセスの前途は長く苦痛に満ちていて、さまざまな障害により巻き返しを強いられる前途であった。しかし、いずれにせよ、このプロセスはすでに始まっていた。この矢を放った大西洋沿海部の諸コミュニティ——特にスペインとポルトガル——は、その推進力を温存し、これに続く三つの世紀のほぼ全期間にわたり、探検における支配を継続した。次の二つの章のテーマは、彼らが達成した全容とその限界の説明と吟味である。

［以下、下巻に続く］

訳者あとがき

今となってはよく知られていることだが、コロンブスはアメリカの最初の発見者ではなかった。正確には「北アメリカ大陸南東のカリブ海のある島へのヨーロッパ系白人としての最初の漂着者」と称するべきだが、アメリカ大陸を広義に解釈するなら、コロンブスを遡ること数百年以前の九世紀にはすでに古代スカンジナヴィア人――ヴァイキングと称せられる人々――がアイスランド、グリーンランドはおろか、ニューファウンドランドあたりまで足跡を印していた。特に選択的にこの地を目指したのではなく、ヨーロッパ一円への進出の一環としての行動だった。フランス建国の父で知られるシャルルマーニュ大帝は、この連中の荒々しさと残虐非道に恐れおののき、特に沿海部の警戒を厳命したと伝えられる。

さて、本書の大テーマは「探検」とそれが可能にした「文化の合流・グローバル化」である。探検は楽ではない。未知の危険が口をあけて随所で待ち構えている。一人の成功者――たとえば、マゼラン、クック、ベーリング、アムンゼン――のかげに、それに倍する、あるいは桁違いの数の挫折・失敗者がいる。本書はその敗軍の将たちの物語でもある。一将功なり万骨枯る――たとえば、喜望峰回りの航海で知られるヴァスコ・ダ・ガマ――のケースも枚挙にいとまがない、成功者のマゼラン以下もついには非業の死で人生を終えている。著者フェルナンデス＝アルメストの筆致には、成功を称える美辞麗句より、さまざまなエピソードに基づいての失敗に鞭打つ仮借のなさのほうが目立つ。それがある意味では本書を特異な読み物にしている。しかし、著者は決して非情の人ではない。それには読後のあらゆる読者が頷かれるはずだ。その一種慈愛の眼差しが、際立つ博識と物語の構成力とあいまって、この著者の歴史家としての人気の土台にあると思われる。

そんな間尺に合わない状況にもかかわらず、なぜ人間は怖い探検を志すのか？　この根源の問いに対し、著者はさまざまな答を用意しているが、その最初の一つが一二四〇年のノルウェーの書物に出ている次の引用である。「それは、人間の三つの性格による。第一は誉れ、第二は好奇心、第三は物欲」。これはヴァイキングの時代の話だから「物欲」とは略奪を意味するのだろう。それにしても第一と第二は言い得て妙。ぼくは膝をたたき納得した。そうか、千数百年の昔から遠いスカンジナヴィアでもそうだったのか……。

コロンブスの一時代前のポルトガルでは、本書の主役の一人、エンリケ航海親王という人物が絶大な人気を誇っていた。今でもリスボンの港の出口では彼の立派な記念碑が外洋を睥睨《へいげい》している。彼は徹底したアーサー王かぶれで、カナリア諸島やアフリカの地中海沿岸地方の利権から生ずる利潤を湯水のように浪費し、一群のランスロットかぶれの中世騎士を身辺に侍《はべ》らせていた。この連中の世渡り哲学は、いわば「男伊達」だった。あの古代の「誉れ」の中世版である。コロンブスもマゼランも、本書によれば、この影響下で育ったらしい。すべての案の断行も棄却もこの騎士道精神男伊達から発想される。それが彼らの行動を著しく曖昧にした。

二十世紀の初め、本書にも詳しい記述があるように、イギリスのスコット隊とノルウェーのアムンゼン隊による南極点一番乗りレースというものが展開され、世間の耳目を集めた。結果はノルウェー隊の楽勝に終わる。アムンゼンは極点で上機嫌でシガーをふかし、イギリス隊は吹雪で全滅した。スコットは海軍大佐で、当時の大英帝国海軍魂の権化のような人物だったらしい。生き残りが出れば、困難が原因の軍律違反が表沙汰になる。だから隊長スコットは全滅を選択した。これが著者の推理である。海軍魂はあの古代の「誉れ」や中世の「男伊達」の二十世紀版にほかならない。とすれば、ずいぶん索莫とした悲しい伝統だ。ぼくは、明治中期の八甲田山の吹雪の中での日本陸軍の悲劇を思い出した。事前調査を綿密に重ね、無理はいっさい避けた弘前連隊は全員無事生還した。一方、軍人魂を怒号し猪突猛進した青森連隊は、全滅に近い結果となった。著者はスコットに点が辛い。当然であろう。

海洋国家である関係か、日本に関する記述がしばしば出現する。いずれも納得できる好意的見解でずいぶんと裨益された。十六世紀の初めの日本人とポルトガル人の最初の接触で、「日本人は目上の人間の憐れむような態度でヨーロッパの蕃人に接した」とポルトガルのある航海者の記述が引用されているが、ここでは彼我の認識のギャップがずいぶんと興味深い。また、十六世紀末の日本の（秀吉の）朝鮮侵略に触れ、「利用できる技術の欠陥により遠征軍は押し戻された」との見解を示している。ぼくにはこの内容は見当がつきかねるし、著者にはまだ照会していないが、読者でなにかご意見があればお教えいただきたい。あらかじめお礼を申しあげておきたい。

二〇〇九年九月

関口 篤

世界探検全史 上巻

道の発見者たち

2009年10月10日 第1刷印刷
2009年10月15日 第1刷発行

著者——フェリペ・フェルナンデス－アルメスト
訳者——関口篤

発行人——清水一人
発行所——青土社
東京都千代田区神田神保町1-29 市瀬ビル 〒101-0051
電話 03-3291-9831（編集）、03-3294-7829（営業）
振替 00190-7-192955

本文印刷——ディグ
表紙印刷——方英社
製本——小泉製本

装幀——菊地信義

ISBN978-4-7917-6501-0 Printed in Japan

索引（上巻）

あ 行

アイスランド　83, 97, 98, 100, 102, 104, 105, 107, 156, 159, 198, 237, 242, 251-57, 260, 274
アイルランド人　104, 105, 247
アステカ　298
アゾーレス諸島　107, 207, 208, 219, 221, 230, 231, 260, 271
アフリカ　204-06, 208, 210, 215, 218, 220-24, 230, 241, 243, 250, 252, 255, 260, 264, 278, 279, 281, 286, 288, 291, 300
アマゾン川　48, 176, 270, 294, 296
アムンゼン、ロアルド　95
アメリカ　32, 39, 40, 42, 44, 47-49, 51, 52, 78, 82, 83, 95-97, 106, 125, 165, 171, 175, 177, 192, 197, 234, 240-42, 248, 251, 252, 257, 258, 290, 292, 297
アラビア　67, 71, 72, 109, 112, 113, 128, 148, 185, 300
アンデス　48, 82, 125, 171, 175, 176, 298
イギリス　58, 63, 101, 198, 242, 274
イスパニョラ島　270-73, 293, 294, 296
イスラム教徒　115, 117, 120, 169, 181, 187, 226, 239, 285, 286, 300
イタリア　142, 195, 197, 205, 206, 274, 280, 283
緯度　64, 65, 92, 98, 100, 171, 188, 191, 208, 218, 229, 241, 254, 260, 263, 268, 274, 276, 288, 298
イヌイット　95
イブン・マジド、アーマド　115, 116, 285, 286
イベリア　62, 63, 181, 193, 195, 196, 204, 205, 211, 224, 230, 231
イロクォイ族（インディアン）　52
インカ　51, 89, 176, 298

イングランド　101, 107, 194, 196, 200, 226, 237, 247, 248, 255, 274, 277
インド　52, 70, 71, 73, 76, 109, 113, 124, 125, 127, 128, 131, 134, 142, 144, 183, 258, 285, 300
インド洋　31, 63, 64, 67, 71, 75, 83, 98, 108, 111-17, 120, 124, 128, 147, 182, 185, 191, 223, 225, 240, 243, 248, 253, 262, 279, 281, 285, 286, 288-90, 300, 302
ヴェスプッチ、アメリゴ　220, 225, 293, 294, 297
エジプト　57-61, 64, 66, 68, 72, 140, 169, 189, 300
エチオピア　73, 165, 166, 264, 300
エンリケ航海王　208, 211-21, 223, 236, 260, 264, 279
黄金　54, 57, 64, 72, 160, 161, 166, 168-70, 204, 217, 219, 220-22, 255, 262,264, 269, 273
オーストラリア　27, 28, 30, 31, 36, 44, 78, 84
オランダ東インド会社　289

か 行

海賊　109, 118, 158, 160, 187, 196, 201, 224, 274, 301
カスティリア　193-95, 205, 206, 208-10, 213, 215, 216, 236, 255, 257, 262, 264, 265, 281
カナリア諸島　107, 200, 201, 204, 206-09, 211, 216-18, 220, 223, 226, 255-57, 260-65, 268, 272
ガマ、ヴァスコ・ダ　258, 278, 282, 285-90
カリブ海　107, 120, 166, 175, 241-43, 252, 265, 266, 269, 272, 285
カロリン諸島　86, 87, 92
技術　24, 25, 28, 34, 41, 43, 47, 54, 74, 76, 77, 82, 87, 93-96, 98, 120, 147, 149, 166, 92, 194, 196, 199, 223, 228, 228, 229, 231, 232, 240, 242, 252, 253
騎士道的努力　210-12, 214, 223, 235, 236, 238, 239
キャボット、ジョン　258, 274-78
キューバ　270, 273
ギリシア　46, 58, 59, 61-63, 65, 68, 71, 72, 75, 112, 156, 158, 164, 196, 274
グリーンランド　83, 95-98, 101, 103, 105-07, 156, 161, 237, 242, 251, 274
グンビヨアン・ウルフ・クラカソン　97, 105

紅海　45, 56-58, 64, 71, 76, 108, 116, 231, 279, 281, 300
航海者　50, 74, 75, 82, 83, 85, 89, 90-92, 94, 98, 102, 105, 111, 117, 191, 208, 218, 220, 221, 223, 228, 240, 242, 248, 253, 254, 259, 263, 275, 277-79
コルテス、エルニャン　175
コロンブス、クリストファー　57, 104, 175, 200, 209, 225, 235, 237, 238, 252-78, 282, 284, 290-94, 297
コンパス　98, 188, 228, 229

さ　行

サハラ砂漠　48, 52, 64, 67, 77, 125, 166, 169, 204, 205, 211, 215, 241, 262
サハラ・ルート　166, 168
四川、中国　125-27
ジョアン　221, 222
スカンジナヴィア　39, 58, 63, 83, 103, 162, 176, 199, 251
スカンジナヴィア人　96-98, 100, 101, 104-07, 124, 156, 163, 242, 250, 259
スマトラ島　24, 109, 115, 181, 183, 187, 280
西風　75, 199, 208, 219, 230, 241, 242, 249, 253, 258, 260, 271, 278, 291
聖ブレンダン　103, 104, 110
西洋文明　252
世界地図　65, 66, 72, 73, 77, 111, 131, 169, 200, 206, 225, 250, 263, 280
宣教師　137, 147, 154, 156, 160, 161, 202, 204, 298
先住民　210
戦争　34-36, 52, 76, 146, 155, 181, 251, 259, 281

た　行

太平洋　34-36, 52, 76, 146, 155, 181, 251, 259, 281
太陽コンパス　98, 229
タクラマカン砂漠　69, 70, 129, 130
ダリウス　71
地中海　31, 52, 56, 58, 59, 63, 70-72, 76, 77, 82, 101, 113, 120, 143, 150, 164, 166, 193, 194, 196, 197, 200, 206, 224, 230, 250, 252, 301
チャタム諸島　90, 93, 94

中国　27, 30, 33, 49, 52, 70, 109, 111, 115, 120, 125, 147, 200, 233, 234, 252, 301
長距離航海　76, 86, 91, 240, 243, 253
チリ　40, 298
チンギス・ハーン　135, 136, 139, 144, 176
鄭和　182-91, 239
計時　66, 229, 242
奴隷制　198

な 行

ナイル川　52, 54, 58, 67, 165, 279-82, 289, 291
日本　24, 39, 82, 116-20, 128, 148, 149, 177, 181, 191, 192, 196, 233, 262, 270, 301
ニューイングランド、アメリカ　26, 88, 90, 93, 240
ニュージーランド　26, 88, 90, 93, 240
ニューファウンドランド、カナダ　98, 100, 103, 105-07, 219, 258, 275-77

は 行

バルト海　120, 156, 158, 162, 164, 198, 251, 274
バロス、ホアン・ド　279, 283
ハワイ　90, 91, 93, 94, 240
東アフリカ　25, 28, 71, 166, 185, 191, 279, 281
ピンソン、ヴィンセント　263, 271, 296
ピンソン、マルティン　254, 263, 270, 271, 296, 297
プトレマイオス　66, 67, 279
ブラジル　219, 241, 252, 259, 275, 277, 291, 296, 297
ブラジル海流　242
ブリストル、イギリス　104, 219, 257, 258, 274-77
プリニウス　67, 68, 71
ブレーメン、ドイツ　155, 156
ブレーメンのアダム　156, 157, 167
文化の伝播　49
文化交流　125, 134, 164

ヘイエルダール　89
ヘロドトス　61, 62, 64, 66
貿易風　85, 86, 88-90, 111, 201, 230, 241, 242, 253, 263, 266, 290, 296
ポーロ、マルコ　137, 138, 141, 262, 273
北西航路　95, 96
北極海　82, 83, 95, 97, 197
ホモ・エレクタス　28, 29, 32, 45
ホモ・サピエンス　21, 28-32, 37, 45
ホモ・ヘルメイ　29
ポリネシア　32, 88-91, 94, 253
ポルトガル　108, 193-95, 197, 198, 205, 208, 210-23, 225, 226, 231, 232, 237, 241, 248, 253, 255, 257, 261, 262, 264, 277-79, 281-84, 287-90, 301, 302

ま　行

マグレブ　166-71, 204, 205, 216, 218, 242
メキシコ　26, 47, 166, 171-75, 242, 265
メソアメリカ　82, 166, 171, 175, 252
モンゴル　135-38, 141, 144, 147, 176, 181
モンスーン季節風　30, 76, 82
ヨーロッパ　27, 31, 46, 58, 164, 239, 252, 289, 290, 302

ら　行

リスボン、ポルトガル　158, 170, 213, 222, 255, 271, 278, 283, 291
レイフ・エイリックソン　100, 106
ロシア　158, 162-65, 177, 197, 226, 237, 240, 298-300

原注

第1章　手を伸ばす

1.　本書が印刷に入った段階で、デビッド・ノースラップは時代区分の表記に新しい案を提示された。('Globalisation and the Great Convergence,' *Journal of World History*, 16 (2005), 249-67).
2.　J. Goodall, *The Chimpanzees of Gombe: Patterns of Behavior* (Cambridge, Mass., 1986); F. de Waal, *Chimpanzee Politics: Power and Sex among Apes* (Baltimore, 1998), 19, 153, 210-13. チンパンジーと人間の文化の相違については、以下を参照されたい。M. Tomasello, 'The Question of Chimpanzee Culture', in R. Wrangham *et al*. (eds.), *Chimpanzee Cultures* (Chicago, 1994), 301-17.
3.　F. de Waal, *The Ape and the Sushi-Master* (New York, 2001), 199-212.
4.　B. Sykes, *The Seven Daughters of Eve* (New York, 2001), 49-62, 196-286. 時代の問題については、以下を参照されたい。L.M. Vigilant *et al*., 'African Populations and the Evolution of Human Mitochondrial DNA,' Science, 258 (1991), 1503-7.
5.　R.P. Clark, *The Global Imperative: An Interpretative History of the Spread of Humankind* (Boulder, Colo., 1997), 24-8.
6.　B. Fagan, *The Journey from Eden: The Peopling of Our World* (London, 1990), 104-38; L. and F. Cavalli-Sforza, *The Great Human Diasporas: The History of Diversity and Evolution* (Reading, Mass., 1995), 120-3.
7.　C. Gamble, *Timewalkers: The Prehistory of Global Colonization* (Cambridge, Mass., 1994), 110.
8.　これらの変数は、以下のマップでも扱われている。L. Cavalli-Sforza, P. Menotti, and A. Piazza, *The History and Geography of Human Genes* (Princeton, 1994). See L. and E. Cavalli-Sforza, *The Great Human Diasporas*, for a conspectus.
9.　See below, pp.210-12.

10. E. Morgan, *The Aquatic Ape Hypothesis* (London, 1997).
11. S. Oppenheimer, *The Real Eve: Modern Man's journey out of Africa* (New York, 2003), 220-41; fig 5.5, p.221; fig.5.7, p.233; fig.5.9, p.241.
12. Ibid., fig.3.1, pp.130-8.
13. T. Taylor, *The Prehistory of Sex* (New York, 1997).
14. A.H. Brodrick, *The Abbé Breuil, Prehistorian* (London, 1963), 11. Cf. S.R. James, 'Hominid Use of Fire in the Middle and Lower Pleistocene,' *Current Anthropology*, 30 (1989), 1-26, は、証拠は決定的でないと指摘している。
15. R. Wrangham, 'The Raw and the Stolen,' *Current Anthropology*, 40 (1999), 567-94.
16. J. Goudsblom, *Fire and Civilisation* (Harmcuidsworth, 1994), 21-5.
17. K. Lorenz, *On Aggression* (New York, 1996); R. Ardrey, *The Territorial Imperative* (New York, 1997). ［ローレンツ『攻撃』日高敏隆ほか訳、みすず書房、1985］
18. M. Mead, 'War Is an Invention, Not a Biological Necessity,' *Asia*, 40 (1940), 402-5.
19. L.H. Keeley, *War before Civilization* (New York, 1996), 37.
20. R. Wrangham and D. Peterson, *Demonic Males: Apes and the Origins of Human Violence* (London, 1997), 83-199.
21. B. de Vries and J. Goudsblom (eds.), *Mappae Mundi* (Amsterdam, 2002), 57.
22. J. Adovasio, *The First Americans* (New York, 2002), 146-88.
23. T. Dillehay, *Monte Verde: A Late Pleistocene Settlement in. Chile*, 2 vols. (Washington, DC, 1997, 2002), 11. 1-24.
24. M.W. Helms, *Ulysses' Sail* (Princeton, 1988); Craft and the Kingly Ideal (Austin, Tex., 1993).
25. J. Mellaart, Çatal Hüyük: *A Neolithic Town in Anatolia* (New York, 1967), 131-78.
26. J. Haas *et al*. (eds.), *The Origins and Development of the Andean State* (Cambridge, 1987), 44-5.
27. D.R. Harris (ed.), *The Origins and Spread of Agriculture and Pastoralism in Eurasia* (Washington, DC, 1996).

28. S. Mithen, *After the Ice* (Cambridge, Mass., 2004), 407-13.

29. J. Diamond, *Guns, Germs and Steel* (New York, 1999).［ダイアモンド『銃・病原菌・鉄』倉骨彰訳、草思社、2000］

30. J.B. Harley and D. Woodward (eds.), *The History of Cartography*, ii/III (Chicago, 1987-), 26.

31. Ibid. 27.

32. Ibid. ii/I. 307; E. Neumeyer, *Prehistoric Indian Rock-paintings* (Delhi, 1983), p.68, fig.26e.

33. Harley and Woodward (eds.), *History of Cartography*, ii/II. 132.

34. T. Save-Sondebergh, *Ägypten and Nubien* (Lund, 1941), 11-30.

35. J. Tyldesley, *Hatshepsut: The Female Pharaoh* (London, 1996), 144-53, 170-4.

36. H. Goedicke (ed.), *The Report of Wenamun* (Baltimore, 1975), 58-87.

37. Hesiod, *Works and Days*, 392-420, 450-75, 613-705; trans. A.W. Mair (Oxford, 1908), 11, 15-17, 23-5.［ヘシオードス『仕事と日』松平千秋訳、岩波文庫、1986］

38. M.R. Bierling (ed.and trans.), *The Phoenicians in Spain: An Archaeological Review of the Eighth-Sixth Centuries B.C.E.* (Winona Lake, Ind., 2002).

39. Herodotus, *Histories*, I.163, IV.152.［ヘロドトス『歴史』松平千秋訳、岩波文庫、2007］

40. Cunliffe, *The Extraordinary Voyage of Pytheas the Greek* (London, 2002).

41. Herodotus, *Histories*, IV.42-3.

42. L. Casson, *Ships and Seamanship in the Ancient World* (Baltimore, 1995).

43. Harley and Woodward (eds.), *History of Cartography*, i.177-200.

44. Strabo, *Geography*, I.I.8-10.

45. Horace, *Odes*, 3.29.27.

46. J. Needham, *Science and Civilisation in China*, i (Cambridge, 1956), 173-96.［ニーダム『中国の科学と文明』礪波護訳、思索社、1991］

47. R. and S. Whitfield and N. Agnew, *Cave Temples of Mogao* (Los Angeles, 2002), 19-20.

48. Needham, *Science and Civilisation in China*, i. 196-206.

49. L. Casson (ed.), *The Periplus Maris Erythraei* (Princeton, 1989), 61-91.

50. D.T. Potts, *The Arabian Gulf in Antiquity*, 2 vols. (Oxford, 1990), ii. 23-264;

M. Rice, *The Archaeology of the Arabian Gulf* (London, 1994), 121-6.
51. E.B. Cowell (ed.), *The Jatakas; or, Stories of the Buddha's Former Birth*, 7 vols. (Cambridge, 1895-1913), i. 10, 19-20; ii. 89-91; iv. 10-12, 86-90.
52. Harley and Woodward (eds.), *History of Cartography*, ii/II.72.

第2章　到達する

1. P.V.L. Kirch, *On the Road of the Winds: An Archaeological History of the Pacific Islands before European Contact* (Berkeley, 2000), 215-I9.
2. Ibid. 230.
3. T. Heyerdahl, *The Voyage of the Kon-Tiki* (London, 1952); *American Indians in the Pacific: The Theory behind the Kon-Tiki Expedition* (London, 1952); *La navegación marítima en el antiguo Peru* (Lima,1996). ［ヘイエルダール『コン・ティキ号探検記』水口志計夫訳、ちくま文庫、1996］
4. P. Bellwood, *The Polynesians: The History of an Island People* (London, 1978), 39-44; *Man's Conquest of the Pacific: The Prehistory of Southeast Asia and Oceania* (Auckland, 1979), 296-303; G. Irwin, *The Prehistoric Exploration and Colonisation of the Pacific* (Cambridge, 1992), 7-9, 43-63.
5. D.L. Oliver, *Oceania: The Native Cultures of Australia and the Pacific Islands*, 2 vols. (Honolulu, 1989), 1.361-422.
6. P.H. Buck (Te Rangi Hiroa), *Vikings of the Sunrise* (New York, 1938), 268-9.
7. Above, p.28.
8. A. Fienup-Riordan, *Boundaries and Passages: Rule and Ritual in Yup'ik Eskimo Oral Tradition* (Norman, Okla., 1994), 266-98.
9. J. Bockstoce, *Arctic Passages* (New York, 1991), 18-19, 32.
10. Ibid. 41-8.
11. G. Jones, *A History of the Vikings* (Oxford, 1968), 270. ［ジョーンズ『ヴァイキングの歴史』笹田公明訳、恒文社、1987］
12. *Navigatio Sancti Brandani Abbatis*, ed. C. Selmer (Dublin, 1989), 12.
13. T. Severin, *The Brendan Voyage* (London, 1978).
14. *Navigatio Brandani*, 80-1.
15. V.I.J. Flint. *The Imaginative Landscape of Christopher Columbus* (New

Haven 1992), 87, 91-7, 162-7.
16. F. Fernández-Armesto, 'The Indian Ocean in World History,' in A. Disney and E. Booth (eds.), *Vasco da Gama and the Linking of Europe and Asia* (Delhi, 2000), 11-29, at 14.
17. I. Glover and P. Bellwood, *Southeast Asia from History to Prehistory* (London, 2004), 238.
18. J. Miksic, *Borobudur: Golden Tales of the Buddha* (Hong Kong, 1990), 17, 67-93.
19. Al-Masudi, *Les Prairies d'or*, ed. C.Barbier de Meynard and A. Pavet de Courteille, 9 vols. (Paris, 1861-1914), iii. 6; E Fernández-Armesto, *Millennium* (London, 1999), 23.
20. G.R. Tibbetts, *Arab Navigation in the Indian Ocean before the Coming of the Portuguese* (London, 1971), 2.
21. Buzurg ibn Shahriyar, *The Book of the Wonders of India*, ed. G.S.P. Freeman-Grenville (London, 1981), 41 ff.
22. K.N. Chaudhuri, *Trade and Civilisation in the Indian Ocean* (Cambridge, 1985), 19; *Asia before Europe* (Cambridge, 1990).
23. Tibbetts, *Arab Navigation*, 189.
24. Ibid. 12.
25. D. Keene, *Anthology of Japanese Literature* (New York, 1960), 82-91; T.J. Harper, 'Bilingualism as Bisexualism,' in W.J. Boot (ed.), *Literatuur en Teetalifgheid* (Leiden, 1990), 247-62.

第3章　躍動する

1. I.C. Glover, 'The Southern Silk Road: Archaeological Evidence for Early Trade between India and Southeast Asia,' in N. Chuttiwongs *et al*. (eds.), *Ancient Trades and Cultural Contacts in Southeast Asia* (Bangkok, 1996), 57-85, at 81; V.M. Di Crocco, 'References and Artifacts Connecting the Myanmar Area with Western and Central Asia and China Proper,' ibid. 161-80.
2. *The Literary Works of Ou-yang Hsiu*, ed. R.C. Egan (Cambridge, 1984), 113.
3. R. von Glahn, *The Country of Streams and Grottoes* (Cambridge, Mass., 1987), 12, 36, 85-90.

4. R. and S. Whitfield, *Cave Temples of Mogao* (Los Angeles, 2002), 5-20.
5. O. Lattimore, *The Desert Road to Turkestan* (Boston, 1929), 183.
6. Si-yu-ki, *Buddhist Records of the Western World: Chinese Accounts of India*, i (Calcutta, 1957), 11-12.
7. *The Travels of Marco Polo*, ed. R. Latham (Harmondsworth, 1972), 85.
8. M. Ipsiroglu, *Painting and Culture of the Mongols*, trans. E.D. Phillips (London, 1967), 70-81, 102-4.
9. Lattimore, *Desert Road to Turkestan*, 274.
10. J. Mirsky, *The Great Chinese Travellers* (London, 1964), 29-118; Si-yu-ki, *Buddhist Records*, i.7-9, 74-81.
11. Above, pp.35, 56-7, 60-1.
12. Mirsky, *Great Chinese Travellers*, 124-71.
13. Ibid. 34-82.
14. *Travels of Marco Polo*, 39.
15. M. Rossabi, *Voyager from Xanadu* (Tokyo, 1992).
16. Ibid. 186.
17. Mirsky, *Great Chinese Travellers*, 185.
18. H. Yule, *Cathay and the Way Thither*, 4 vols. (1913-16), iii.146-52.
19. Above, p.31.
20. Yule, *Cathay and the Way Thither*, iii.146-52.
21. I. de Rachewiltz, *Papal Envoys to the Great Khans* (Stanford, 1971), 109.
22. G.G. Guzman, 'Reports of Mongol Cannibalism,' in S.D. Westrem (ed.), *Discovering New Worlds* (New York, 1991), 31-68.
23. *The Travels of Friar William of Rubruck*, ed. P. Jackson (Cambridge, 1981), 72-101.
24. H. Cortazzi, *Isles of Gold: Antique Maps of Japan* (New York, 1983), 4.
25. Above, p.22.
26. J. Veillard, *Le Guide du pèlerin* (Macon, 1938), 50, 26, 28.
27. Adam of Bremen, *History of the Archbishops of Hamburg-Bremen*, ed. F.J. Tschan (New York, 1959), 186.
28. Ibid. 202.
29. E. Christiansen, *The Northern Crusades* (Harmondsworth, 1997), 18.
30. Adam of Bremen, *History of the Archbishops*, 134.

31. Ibid. 194-7.
32. Ibid. 189.
33. Ibid. 204.
34. P M. Watts, *Nicolaus Cusanus: A Fifteenth-Century Vision of Man* (Leiden, 1982), 26.
35. Ibid. 212.
36. Ibid. 214.
37. A.S. Cook (ed.), 'Ibn Fadlan's Account of Scandinavian Merchants on the Volga in 922,' *Journal of English and Germanic Philology*, 22 (1923), 54-63.
38. N. Levtzion and J.F.K. Hopkins (eds.), *Corpus of Early Arabic Sources for West African History* (Cambridge, 1981), 13.
39. Ibid. 25.
40. Ibid. 270-1.
41. Ibid. 130-1, 190-1,272-3.
42. D. Drew, *The Lost Chronicles of the Maya Kings* (London, 1999); D. Stuart, 'The Arrival of Strangers,' in D.Carrasco, L. Jones, and S. Sessions (eds.), *Mesoamerica's Classical Heritage* (Boulder, Colo., 2000), 465-513; S. Martin and D. Grube, *Chronicles of the Maya Kings and Queens* (London, 2000), 28-9.
43. R.T. Zuidema, *El sistema de ceques del Cuzco* (Lima,1995).

第4章　跳躍する

1. S.-S. H.Tsai, *Perpetual Happiness: The Ming Emperor Yongle* (Seattle, 2001), 178-208.
2. J. Duyvendak, 'The True Dates of the Chinese Maritime Expeditions in the Early Fifteenth Century,' *T'oung Pao*, 34 (1938), 399-412.
3. Ibid. 399-406.
4. L. Levathes, *When China Ruled the Seas* (New York, 1994).
5. R. Finlay, 'The Treasure Ships of Zheng He: Chinese Maritime Imperialism in the Age of Discovery,' *Terrae Incognitae*, 23 (1991), 1-12.
6. Duyvendak, 'True Dates of the Chinese Maritime Expeditions,' 410.
7. Ma Huan, *The Overall Survey of the Ocean's Shores*, ed. J.R.V. Mills

(Cambridge, 1970), 69, 70, 179.
8. E.L. Dreyer, *Early Ming China* (Stanford, 1982), 120.
9. Kuei-Sheng Chang, 'The Ming Maritime Enterprise and China's Knowledge of Africa Prior to the Age of Great Discoveries,' *Terra Incognita*, 3 (1971), 33-44.
10. V. Rau, *Estudos sobre a historia do sal portugues* (Lisbon, 1984).
11. Above, pp.34-7, 63-5
12. A.V. Berkis, *The Reign of Duke James in Courland* (Lincoln, 1960).
13. Petrarch, *De Vita Solitaria*, ed. A. Altamura (Naples, 1943), 125-6.
14. F. Sevillano Colom, 'Los viajes medievales desde Mallorca a Canarias,' *Anuarioi de estudios atlànticos*, 23 (1978), 27-57.
15. A. Rumeu de Armas, *El obispado de Telde* (Madrid, 1960).
16. F. Fernández-Armesto, *Before Columbus* (Philadelphia, 1987), 143.
17. Cf. above.
18. *Monumenta Henricina* (Coimbra, 1960-), i.201-6.
19. E. Serra Rafóls and M.G. Martínez, 'Sermón de Clemente VI Papa acerca de la otorgación del Reino de Canarias a Luis de España, 1344,' *Revista de Historia Canaria*, 19 (1963-4), 99-104.
20. C. Rosell (ed.), *Crónicas de los reyes de Castilla*, 3vols. (Madrid, 1875-8), ii.274.
21. J. Pérez Vidal, *Endechas populaces* (La Laguna, 1952), 52, 38.
22. A.J. Russell_Wood, *The Black Man in Slavery and Freedom in Colonial Brazil* (London, 1982), 20.
23. P.E. Russell, *Prince Henry 'the Navigator': A Life* (New Haven, 2000), 73-4.
24. Ibid. 136.
25. *Monumenta Henricina*, v.91.
26. Fernández-Armesto, *Before Columbus*, 188-91; Russell, *Prince Henry*, 14-18.
27. *Crónica dos feitos notáveis que se passaram na conquista de Guiné*, ed. T. Sousa Soares, 2 vols. (Lisbon, 1978-81), i.45.
28. G. Beaujouan, 'Fernand Colomb et le traite d'astrologie d'Henri le Navigateur,' *Romania*, 82 (1961), 96-105.

29. *Monumenta Henricina*, v.256.
30. Cf. below, p146.
31. *Monumenta Henricina*, ii.235-7.
32. C. de la Roncière, *La Découverte de l'Afrique au moyen-age*, 3 vols. (Paris, 1924-7), ii.162-3, iii.1-11..
33. P.E. Russell, *O Infante Dom Henrique e as Ilhas Canárias* (Lisbon, 1979), 38-52.
34. Fernández-Armesto, *Before Columbus*, 192.
35. C. Verlinden, 'Un precurseur de Colomb: Le Flamand Fernand van Olmen,' *Reivista portuguesa de història*, 10 (1962), 453-9.
36. F. Fernández-Armesto (ed.), *Questa e una opera necessaria a tutti li navig[an]ti* (New York, 1992).
37. P.E Russell, 'White Kings on Black Kings,' in I. Michael and R.A. Cardwell (eds.), *Medieval and Renaissance Studies in Honour of Robert Brian Tate* (Oxford, 1986), 151-63.
38. Fernández-Armesto, *Before Columbus*, 188-91; Russell, *Prince Henry*, 14-18.
39. Above, pp.109-14.
40. F. Fernández-Armesto, 'Naval Warfare after the Viking Age,' in M. Keen (ed.), *Medieval Warfare* (Oxford, 1999), 230-52.
41. A. Hess, 'The Evolution of the Ottoman Empire in the Age of Oceanic Discoveries,' in F. Fernández-Armesto (ed.), *The Global Opportunity* (Aldershot, 1999) 199.
42. R. Cormack and D. Glaser (eds.), *The Art of Holy Russia* (London, 1998), 180.
43. G. Vicente, *Obras completas*, ed. A.J. da Costa Pimpão (Lisbon, 1956), 55.
44. G. Diez de Games, *El vitorial*, ed. J. de Mata Carriazo (Madrid, 1940), 40-7, 86-96, 201, 256-61, 300; J.R. *Goodman, Chivalry and Exploration, 1298-1630* (Woodbridge, 1998), 170.
45. W.D. and. C.R. Phillips, *The Worlds of Christopher Columbus* (Cilmbridge, 1992), 97-8.
46. F. Fernández-Armesto, 'Inglaterra y el Atlantico en la baja edad media,' in A.Bethencourt *et al.*, *Canarias e Inglaterra a través de la historia* (Las

Palmas, 1995), 11-28.
47. J. Canas (ed.), *Libro de Alixandre* (Madrid, 1988), 182.
48. C. Varela (ed.), *Cristobal Colon: Cartas y documentos completos* (Madrid, 1984), 205.
49. C. Picard, *L'Océan Atlantique mussulman au moyen-age* (Paris, 1997), 31-2.
50. M. Tymowski, 'Le Niger: Vole de communication des grands etats du Soudan jusqu'à la fin du XVIe siècle,' *African Bulletin*, 6 (1967), 73-98.

第５章　躍進する

1. T. McGovern, 'The Economics of Extinction in Norse Greenland,' in T. M.L. Wigley, M.J. Ingram, and G. Farmer (eds.), *Climate and History: Studies in Past Climates and Their Impact on Man* (Cambridge, 1980), 404-34; cf. K.A. Seaver, *The Frozen Echo: Greenland and the Exploration of North America, ca. AD 1000-1500* (Stanford, Calif., 1996).
2. R. Laguarda Trias, *El enigma de las latitudes de Colon* (Valladolid, 1974).
3. F. Fernández-Armesto, 'Cartography and Exploration,' in D. Woodward (ed.), *History of Cartography*, iii (Chicago, forthcoming).
4. F. Fernández-Armesto, 'The Origins of the European Atlantic,' *Itinerario*, 24/I (2000), 111-28.
5. F. Fernández-Armesto, 'La financiación de la conquista de Canarias durante el reinado de los Reyes Católicos,' *Anuario de estudios atlánticos*, 28 (1981), 343-78.
6. A. Szasdy-Nagy, *Un 'mundo que descubrió Colón: Las rutas del comercio prehispánico de los metales* (Valladolid, 1984).
7. Above, pp.57, 106, 156.
8. J.A. Williamson, *The Cabot Voyages and Bristol Discovery under Henry VII* (Cambridge, 1962), 197-203.
9. Ibid. 26-8.
10. Above, p.137.
11. J. de Barros, *Ásia*, DecadeI, bk.iv, ch.I (Lisbon, 1778), i.270.
12. S. Subrahmanyam, *The Career and Legend of Vasco da Gama* (Cambridge,

1997), 64-7, 224-79, 320.

13. Barros, *Ásia*, DecadeI, bk.iv, ch.1, 1.271-6.

14. Subrahmanyam, *Vasco da Gama*, 144.

15. J.C. van Leur, *Indonesian Trade and Society: Essays in Asian Social and Economic History* (The Hague, 1955), 122, 268-89; A. Disney (ed.), *Historiography of Europeans in Africa and Asia, 1450-1800* (Aldershot, 1981), 95.

16. G. Winius, 'The Settlement of Goa in the Bay of Bengal,' *Itinerario*, 7 (1983), 83-101; S. Subrahmanyam, *Improvising Empire: Portuguese Trade and Settlement in the Bay of Bengal, 1500-1700* (Delhi, 1990), 90.

17. P. Marshall, 'Retrospect on J.C. van Leur's Essay on the XVIIIth Century as a Category in Asian History,' *Itinerario*, 17 (1993), 45-58.

18. M. N. Pearson, *The Indian Ocean* (London, 2003), 113-89.

19. M. Rossabi, 'The Decline of the Central Asian Caravan Trade,' in J.Tracy (ed.), *The Rise of Merchant Empires: Long-Range Tirade in the Early Modern World, 1350-1750* (Cambridge, 1990), 351-70.

20. F. Fernández-Armesto (ed.), *Columbus on Himself* (London, 1992), 162.

21. Subrahmanyam, *Vasco da Gama*, 111.